Un jardín entre llamas

Un jardín entre llamas

La concepción del amor en Ibn Arabi

DAVID FERNÁNDEZ NAVAS

ALMUZARA

Primera edición: mayo de 2025

Editorial Almuzara • Colección HUهو — Biblioteca Ibn Arabí
Director de la colección: Pablo Beneito
Editora: Ángeles López
Corrección: Javier Alvaredo
Maquetación: Joaquín Treviño

www.editorialalmuzara.com
pedidos@almuzaralibros.com - info@almuzaralibros.com

Editorial Almuzara
Parque Logístico de Córdoba. Ctra. Palma del Río, km 4
C/8, Nave L2, nº 3. 14005 - Córdoba

Imprime: Romanyà Valls
I.S.B.N: 978-84-10526-87-7
Depósito Legal: CO-693-2025
Hecho e impreso en España - *Made and printed in Spain*

A María,
un mar en llamas,
cada noche y cada mañana,
en incesante renacer.

Índice

SOBRE LA COLECCIÓN *HU – BIBLIOTECA IBN ARABÍ* 11

EL DIRECTOR DE LA COLECCIÓN 11

SISTEMA DE TRANSCRIPCIÓN DEL ÁRABE 12

PRÓLOGO 13

INTRODUCCIÓN 15

PARTE I
DEL AMOR PROCEDEMOS... Y A ÉL ESTAMOS CONSAGRADOS 17

1. Del amor procedemos... 17
2. Primeros años y primeras experiencias iluminativas 19
3. El encuentro con Averroes 23
4. La entrada en la Vía 25
5. ʻUraybī y el camino de la servidumbre 28
6. El Corán y los hadices 32
7. Los 99 Bellos Nombres de Dios 37
8. Un océano sin orillas 42
9. La ciencia de las letras 45
10. El lenguaje de las alusiones 47
11. La Sharía como camino de amor 50
12. El acceso a la Vasta Tierra de Dios 56
13. Incomparabilidad y similaridad 58
14. El gran *barzaḫ* 60
15. El mundo imaginal 61

16. Los tres niveles de conocimiento 63
17. El intelecto 64
18. La facultad imaginal 65
19. El símbolo del corazón 67
20. La ambivalencia del *wuǧūd* 70
21. El conocimiento de fragancia 72
22. El viaje a Oriente 73
23. La Meca 76
24. Nuevos viajes 80
25. El Ser Humano Perfecto 81
26. La asunción de los Nombres 85
27. La morada de la no-morada 86
28. Damasco: hacer del propio ser un regalo de amor 88

PARTE II 91
«SOBRE EL CONOCIMIENTO DE FRAGANCIA DE LA MORADA DEL AMOR»:
ANÁLISIS DEL CAPÍTULO 178 DE *LAS ILUMINACIONES DE LA MECA* 91
1. Introducción a la estación del conocimiento de fragancia del amor 110
2. Las diferenciaciones del amor: Amor divino, espiritual, natural y elemental ... 156
3. Las cuatro denominaciones (*alqāb*) del amor: *hawā*, *ḥubb*, *ʿišq* y *wudd* 181
4. Los rasgos de los amantes 196
5. Las cámaras nupciales del amor 232

EPÍLOGO 263

REFERENCIAS BIBLIOGRÁFICAS 267

SOBRE LA COLECCIÓN
HU — BIBLIOTECA IBN ARABÍ

La ingente y fascinante obra de Muḥyī l-Dīn Ibn ʻArabī de Murcia (1165-1240 d. C.), uno de los autores más significativos e inspiradores de la literatura y la espiritualidad universales, máximo exponente del sufismo en lengua árabe, no ha sido aún suficientemente estudiada y traducida. A pesar de la extraordinaria relevancia del maestro en la historia del pensamiento, muchos de sus escritos todavía no han sido traducidos. Conscientes de la importancia de promover el estudio, la edición y la traducción de sus textos, hemos creado la colección *HU — Biblioteca Ibn Arabí* con el propósito de facilitar la lectura de su obra en castellano. La colección publica alternamente traducciones de obras originales —realizadas por especialistas directamente del árabe, acompañadas en su caso de edición crítica—, ensayos inéditos sobre sus textos o temas afines, y ocasionales reediciones de traducciones y estudios de particular relevancia y actualidad.

EL DIRECTOR DE LA COLECCIÓN

El director de la presente colección es Pablo Beneito, arabista e islamólogo especializado en el estudio y la traducción de Ibn ʻArabī y autores afines. Enseña en la actualidad en la Universidad de Murcia, donde dirige la edición de *El Azufre Rojo: Revista de Estudios sobre Ibn Arabi*, y coordina las actividades de MIAS-Latina.

HŪ هو

La escritura árabe del nombre divino 'Él' (*Huwa / Hū*) —que designa la identidad suprema del Misterio— consta de dos letras: una *hā'*, la primera letra del alifato fónico, articulada en el pecho, que por sí sola simboliza la Ipseidad divina (*huwiyya*), y una *wāw*, su última letra, articulada en los labios, que representa al Ser Humano Perfecto, finalidad y síntesis de la creación. Estas dos letras representan así el alfa y la omega de la palabra divina y la existencia. Ibn ʻArabī tiene muy presente este símbolo fundamental del sufismo (que contempló de modo eminente en una visión), cuyo nombre y grafía (هو) hemos adoptado como emblema de esta colección *HU – Biblioteca Ibn Arabí*. Gráficamente, la forma de la *wāw* está contenida en la propia grafía de la *hā'* que la precede como símbolo de que el Ser Humano ha sido creado a imagen de Dios.

SISTEMA DE TRANSCRIPCIÓN DEL ÁRABE

En esta obra se ha seguido el sistema internacional que transcribe las letras del alfabeto árabe del siguiente modo:

(ء) ’ - (ب) b - (ت) t - (ث) ṯ - (ج) ǧ - (ح) ḥ - (خ) ḫ - (د) d - (ذ) ḏ - (ر) r
- (ز) z - (س) s - (ش) š - (ص) ṣ - (ض) ḍ - (ط) ṭ - (ظ) ẓ - (ع) ‘ - (غ) g
- (ف) f - (ق) q - (ك) k - (ل) l - (م) m - (ن) n - (ه) h - (و) w - (ي) y

Hamza inicial no se transcribe; *tā' marbūṭa*: a (en estado absoluto), *at* (en estado constructo); artículo: *al-* o *l-* (precedido de palabra terminada en vocal); vocales breves: *a, i, u*; vocales largas *ā, ī, ū*; diptongos: *ay, aw*; a final de palabra aislada las secuencias *-uww, -iyy* se transcriben *ū, ī* respectivamente.

PRÓLOGO

La investigación ofrecida en este libro debe mucho al pensamiento de María Zambrano. Poco antes de terminar la licenciatura de Filosofía en la Universidad de Granada, tuve la suerte de leer *El hombre y lo divino*. La malagueña hablaba allí de tiempos de «indigencia» para el amor. Como si se encontrase a la intemperie, rechazado por una humanidad que, asida a la luz de la conciencia, reduce toda realidad a los límites del concepto. Una humanidad que, desde la lógica de la autoafirmación egoica y el enseñoreamiento, niega toda *otredad*, toda posibilidad de trascendencia:

> Una de las indigencias de nuestros días es la que al amor se refiere. No es que no exista, sino que su existencia no halla lugar, acogida, en la propia mente y aun en la propia alma de quien es visitado por él [...] tropieza con obstáculos, con barreras infinitas. Y ha de justificarse y dar razones sin término, y ha de resignarse por fin a ser confundido con la multitud de los sentimientos o de los instintos, si no acepta ese lugar oscuro de «la libido», o ser tratado como una enfermedad secreta, de la que habría que liberarse[1].

Este diagnóstico me animó a seguir formándome en filosofía. Pero ya en busca de una *razón ancha*, donde *nada fuese humillado* y se diesen cita la luz del intelecto y el vuelo de la poesía[2].

1 María Zambrano, *Obras completas*, vol. III, Madrid, Galaxia Gutenberg, 2014, p. 262.

2 Véase: X. L. Axeitos, «Dos arquivos do Dieste. Diálogo Rafael Dieste – María Zambrano», *Boletín Galego de Literatura*, nº 5, 1991, p. 102.

Fue así como me matriculé en el Máster en Filosofía de la UNED. Allí conocí a la profesora Teresa Oñate y su apuesta por la *nóesis* y la hermenéutica como respuesta a la violencia de la Modernidad. Ella me animó a viajar a Oriente Medio y a sumergirme en las aguas del sufismo. Y me presentó al profesor de la Universidad de Murcia, Pablo Beneito, quien desde entonces se ha convertido en mi gran guía hacia la obra de Ibn ʿArabī. De su mano, descubrí un espíritu Omni-Compasivo dotado de una profundidad y una finura como jamás había imaginado, de manera que mi amor inicial por Zambrano se convirtió en un amor doble. Y dediqué cinco años a escribir una tesis sobre la concepción del amor en Ibn ʿArabī y María Zambrano. Dicha investigación me llevó por Beersheba, Barcelona, Tel Aviv, Ramallah, San Salvador y Ciudad de Guatemala... hasta doctorarme en la Universidad Complutense de Madrid, en abril de 2022. Ahora, en estas páginas, ofrezco una reelaboración de lo que allí decía sobre Ibn ʿArabī. En general, callo más y digo menos. Espero que con más fortuna. Ojalá sea capaz de transmitir una mínima parte de lo que recibí en todo este trayecto.

Antiguo Cuscatlán, La Libertad,
El Salvador, 21 de junio de 2024

INTRODUCCIÓN

Este libro se articula en dos partes bien diferenciadas. En la primera, tratamos la centralidad del amor en Ibn ʿArabī. Mediante un recorrido biográfico y un repaso de sus obras más significativas, dibujamos las líneas fundamentales de su ontología, su epistemología y su antropología, siempre con el amor como llave interpretativa. Ello nos permite mostrar que desde el amor comprendió a Dios, el Ser, el conocimiento y la condición humana. Y que al amor se consagró para realizar su plena humanidad.

En la segunda parte, ofrecemos el primer estudio integral en lengua española sobre el gran escrito que dedicó al amor, el capítulo 178 de su monumental obra *Las Iluminaciones de La Meca* (*al-Futūḥāt al-Makkiyya*), titulado «Sobre el conocimiento de fragancia de la morada del amor» (*fī maʿrifat maqām al-maḥabba*). La complejidad y las posibilidades interpretativas de este texto resultan difíciles de exagerar. De un lado, las referencias —explícitas e implícitas— a la tradición espiritual, filosófica y teológica del islam resultan constantes. Del otro, la pluma del maestro andalusí combina la rigurosa luz del intelecto con el ardor expresivo de una poesía en constante uso del símbolo. Especial importancia tiene, además, el recurso al «lenguaje de las alusiones», un *logos* sugestivo, muy utilizado por los sufíes, donde las letras encierran un significado oculto que se abre en el plano de los sonidos, la forma y los números. A ello se suma la continua oscilación entre perspectivas aparentemente opuestas, genuina característica de la escritura akbarí. Y por supuesto, hay que tener en cuenta el reto que supone toda escritura mística: captar el sentido de unas palabras que tratan de expresar aquello que no se puede decir. Cabe hacerse, por tanto, una idea del estimulante haz de posibilidades hermenéuticas que se abren para el investigador. Y también de la amplitud de caminos abiertos para cualquier persona interesada en el pensamiento islámico. Por nuestra parte, hemos intentado presentar el discurso amoroso de Ibn ʿArabī del modo más claro posible, pero sin descuidar la precisión y la profundidad. A nivel de fuentes, hemos cotejado las más importantes traducciones realizadas hasta el momento en castellano (Asín Palacios), francés (Maurice Gloton) e inglés (Eric Winkel), con el original árabe, según la edición crítica de al-Manṣūb de 2017.

Esperamos así que nuestro trabajo resulte accesible para quien se acerque por primera vez al Gran Maestro del Sufismo, pero también sea de interés para cualquier especialista. Solo el lector/a podrá juzgar si hemos cumplido nuestro propósito.

PARTE I

DEL AMOR PROCEDEMOS...
Y A ÉL ESTAMOS CONSAGRADOS

1. DEL AMOR PROCEDEMOS...

La noche del 28 de julio de 1165, el día 17 del mes de ramadán de 560 H, nace en al-Ándalus, en la ciudad de Murcia, Muḥyī l-Dīn Ibn al-ʿArabī, una las figuras más importantes de la historia de la filosofía árabe e islámica, popularmente conocido como el «Más Grande de los Maestros» (*al-Šayḫ al-Akbar*) del sufismo. Su vida estuvo marcada por singulares experiencias de carácter iluminativo, la adhesión a un sinfín de maestros, la tutela de una larga estela de discípulos e incontables viajes en el plano físico y espiritual. Un periplo continuo, animado por un espíritu que, insobornablemente, buscó a Dios a cada instante y en cada lugar, con la fidelidad y la pasión característica de quienes han sido tocados e imantados por el amor.

Su obra resulta tan inabarcable, tan rica en perspectivas, como ilimitado fue su deseo de abrirse todas las dimensiones de lo real. Fuertemente enraizados en la tradición islámica y siempre abiertos al infinito haz de posibilidades interpretativas de la palabra revelada, los textos del maestro andalusí combinan la luz del intelecto y el fuego del corazón, la precisión de un lenguaje altamente técnico y la apertura de la poesía extática, la consideración del Ser en Su sustraerse y el cuidado amoroso del dominio de la manifestación. Un logos dinámico, multiplicador y armonizador de perspectivas, en constante fluir entre polos aparentemente opuestos, cuya nota fundamental es el «sí» profundo a lo real en toda su complejidad. Un «sí» que trata de imitar el «Sí» Omni-Compasivo con el que Dios asiste a cada elemento de lo creado, en cada suspiro, en cada segundo.

Esta afirmación profunda, que hace del servicio al amado la razón del propio ser, será la clave desde la que nos acerquemos a un hombre que entendió el amor como origen y destino de lo humano:

Del amor procedemos,
con él fuimos creados;
así al amor tendemos
y estamos consagrados[3].

Un dragomán que invitaba a abrazar la realidad en toda su riqueza, más allá de la limitación de la propia creencia:

¡Qué asombroso es el prodigio
de una gacela velada
que señala un azufaifo
y hace señas con sus ojos,

y cuyos pastos se encuentran
entre costillas y entrañas!
¡Qué maravilla un jardín
en medio de tanto fuego!

Capaz de acoger cualquiera
de entre las diversas formas
mi corazón se ha tornado.
Es prado para gacelas
y convento para el monje;

para los ídolos templo,
Kaaba del que en torno gira;
es las Tablas de la Tora
y es el libro del Corán.

---

3 Pablo Beneito, «La doctrina del amor en Ibn Al-ʿArabî. Comentario del nombre divino *al-Wadd*». *Anales del seminario de Historia de la Filosofía*, nº 18, 2001, p. 62.

La religión del amor
sigo adonde se encamine
su caravana, que amor
es mi doctrina y mi fe[4].

2. PRIMEROS AÑOS Y PRIMERAS EXPERIENCIAS ILUMINATIVAS

El nacimiento de Ibn ʿArabī fue motivo de especial alegría para sus padres[5]. Desde muy pequeño disfrutó de una educación exquisita, con estudios en historia, retórica, leyes, poesía y ciencias coránicas[6]. En el hogar respiró, además, un ambiente de profundo amor espiritual, sobre todo por parte de su padre. Así recuerda su fallecimiento:

> [...] lo enterramos con la duda entre el aspecto de su rostro, que era el de uno que vive, y entre el hecho cierto de que sus venas estaban sin pulso y su respiración había desaparecido, señales seguras de la muerte. Quince días antes de morir, me había asegurado que se moría y que su muerte acaecería en miércoles, como efectivamente sucedió. Al llegar ese día, aunque estaba gravemente enfermo, sentose sin apoyo de nadie, y me dijo: «¡Hijo mío! ¡Hoy es la marcha, hoy es el encuentro con Dios!». Yo le dije: «Dios ha escrito que serás salvo en este viaje y bendice ya tu encuentro». Estas palabras mías le llenaron de gozo y añadió: «Dios te recompensará, hijo mío, con la felicidad después de mi muerte, porque cuanto te acabo de oír, yo no lo entendía mientras lo estabas diciendo y hasta quizá lo hubiera contradicho; pero ahora doy testimonio de que es así como lo dijiste».

---

4 Pablo Beneito, *La Taberna de las luces: Poesía sufí de al-Ándalus y el Magreb (del siglo XII al siglo XX). Ibn ʿArabī de Murcia, Aš-Šuštari de Granada, Al-Harraq y otros autores.* (selec., present. y trad. P. Beneito), Murcia, Editorial Regional de Murcia, 2004, p. 43.

5 Claude Addas, *Ibn ʿArabī o la búsqueda del Azufre Rojo.* Buenos Aires, Yerrahi, 2021, p. 21

6 Fernando Mora, *Ibn ʿArabī: vida y enseñanzas del gran místico andalusí.* Barcelona, Kairós, 2011, p. 30.

> Y de improviso apareció sobre su frente un blanco resplandor que contrastaba con el color de su cuerpo, aunque sin afearle; aquel brillo producía una luz que centelleaba. Mi padre se dio cuenta de esto. Luego, aquel brillo se fue extendiendo por su rostro y poco a poco llegó a invadir todo su cuerpo. Tomele la mano y me despedí de él, abandonando el aposento después de decirle: «Me voy a la mezquita, hasta que vengan a anunciarme que has muerto». Él exclamó entonces: «Vete y que no entre aquí nadie». Mandó luego venir a todos los de casa y a sus hijas, y a la hora del mediodía vinieron a notificarme su muerte. Volví a casa y lo encontré como antes dije: en un estado que hacía dudar si estaba vivo o muerto. Así lo enterramos[7].

Otros familiares con una singular vocación espiritual fueron sus tíos. ʿAbd Allāh Ibn Muḥammad Ibn al-ʿArabī al-Ṭāʾī, que ingresó a la vía sufí a los ochenta años y también fue capaz de predecir la propia muerte[8]. Abū Muslim al-Ḫawlānī que pasaba las noches en vigilia, rezando al Bienamado. Y Yaḥyā Ibn Yūgān, rey de la ciudad argelina de Tremecén, que renunció a su poder mundano para entregarse a una humilde vida de servicio y piedad:

> [mi tío Ibn Yūgān] era rey en la ciudad de Tremecén. Vivía en su tiempo, apartado del mundo, un hombre, jurisconsulto y asceta, llamado Abdalá el Tunecino, que pasaba por ser el más devoto de su siglo [...]. Mientras que este santo varón caminaba un día por la ciudad de Tremecén [...], encontrose con él mi tío [...] rodeado de su séquito y guardia. Alguien le dijo que aquel hombre era Abuabdalá el Tunecino, el más famoso asceta de su tiempo. Detúvose entonces el rey, tirando de la brida de su caballo, y saludó al santo, que le devolvió el saludo. El rey, que llevaba puestas unas preciosas vestiduras preguntole: «¡Oh, *xeij*!

---

7 Miguel Asín Palacios. *El Islam cristianizado: estudio del «sufismo» a través de las obras de Abenarabi de Murcia.* Madrid, Plutarco, 1931, pp. 38-39. Según Claude Addas, este relato invita a pensar en el padre como uno de los amigos (*awliyāʾ*) de Dios y, más concretamente como uno de los Omni-Compasivos (*al-raḥmāniyyūn*), un tipo de fieles capaces de percibir realidades espirituales y sensibles a través del olfato (*šamm*). C. Addas, *Ibn ʿArabī, op. cit.*, pp. 22-23. V. también Pablo Beneito, *El lenguaje de las alusiones: amor, compasión y belleza en el sufismo de Ibn ʿArabī.* Murcia, Editorial Regional de Murcia, 2005, pp. 78-80.

8 F. Mora, *Ibn ʿArabī, op. cit.*, p. 30.

> ¿Me será lícito hacer la oración ritual llevando este vestido?». El *xeij* se puso a reír, en vez de contestar a la pregunta. «¿De qué te ríes?», le dijo el rey. «De la terquedad de tu entendimiento —le respondió—, de la ignorancia en que vives acerca del estado de tu alma. A mi juicio, nada hay más semejante a ti que el perro: se revuelca en medio de la sangre de los cadáveres putrefactos y los come, a pesar de su inmundicia; pero luego, cuando va a mear, levanta la pata para no mancharse de orines. Tú eres un vaso lleno de inmundicias y ¿preguntas, no obstante, por tu manto, cuando eres responsable de todas las injusticias de tus súbditos?». Rompió a llorar el rey, apéose de su caballo, abdicó del reino desde aquel momento y se consagró a la vida devota, al servicio del *xeij*.[9]

Hay en esta historia un interesante entrecruzamiento entre justicia social y espiritualidad, entre amor horizontal a la humanidad y amor vertical a Dios. Este doble y profundo compromiso con lo terreno y lo espiritual será reconocible más tarde en Ibn ʿArabī[10]. Durante los primeros años de su juventud, no terminaba sin embargo de entregarse a la vida religiosa. Acostumbraba a pasar las noches enteras bailando con amigos. Y cuando por la mañana tocaba el momento de la oración, llegaba tarde a la mezquita o participaba en el rezo esforzándose lo menos posible, mientras rememoraba los deleites nocturnos[11]. Según sus propias palabras, «no es que desobedeciera a Dios, sino que le daba el mínimo»: una época de «disipación» que tocó fin gracias a varias experiencias iluminativas[12].

Una de las primeras fue a los doce años. Mientras atravesaba una dura enfermedad, se le apareció la azora Yā'-sīn. Este capítulo coránico juega un papel muy especial en el mundo musulmán. Trata de tres de los pilares de la fe: la Unidad Divina, la vida después de la muerte y la Misión Profética. Un conocido hadiz la reconoce como el corazón del Libro, pues despierta los corazones

9 M. Asín Palacios, *El Islam cristianizado*, pp. 34-35.

10 Sobre las posibilidades políticas del pensamiento akbarí véase D. Fernández Navas, «Sufismo y política en María Zambrano», *Anales del Seminario de Historia de la Filosofía*, 42 (2), 2024, pp. 393-403.

11 Ibid.

12 *Cf.* M. Asín Palacios, *El Islam cristianizado*, pp. 31-42.

«muertos» a la vida[13]. Por ello el Profeta aconsejó su recitación a las personas agonizantes. Ibn ʿArabī recuerda así su experiencia:

> Estuve enfermo, y en mi enfermedad llegué a perder el sentido de tal modo, que me daban por muerto. Vi entonces un grupo de gentes de horroroso aspecto que querían hacerme daño; pero vi también a una persona hermosa que exhalaba un aroma muy agradable y que con fuerza rechazaba el ataque de los otros, hasta que logró dominarlos. Díjele yo entonces: «¿Quién eres tú?». «Yo soy —me respondió— la azora Yas que te defiende». Desperté de mi letargo y me encontré con que mi padre estaba llorando a mi cabecera y acababa de rezar aquella azora[14].

Otra importante experiencia visionaria tuvo lugar en la ciudad de Sevilla[15]. Ibn ʿArabī estaba en una fiesta, en casa de un miembro de la realeza almohade. Como parte del festín, comenzaron a servir copas de vino, pero cuando llegó su turno, escuchó una voz que le dijo: «¡Oh, *Muḥammad*, no es para eso que has sido creado!»[16]. Aterrado, arrojó la copa. Salió corriendo. Cambió sus caras ropas por las de un pastor. Y se escondió durante cuatro días en un cementerio. Según contarán sus futuros discípulos, en el camposanto recibió todo el conocimiento del que gozó en vida[17], siendo todos sus escritos posteriores no más que la expresión gradual de lo que entonces le fue confiado[18]. En *Las Iluminaciones de La Meca*, obra muy posterior a este episodio, encontramos un fragmento que apunta justo en esa dirección:

---

13 *Cf.* S. H. Nasr, C. K. Dagli., M. M. Dakake, J. E. B. Lumbard y M. Rustom (ed.), *The Study Quran: A New Translation and Commentary*, Nueva York, Harper Collins, 2015, p. 1958.

14 M. Asín Palacios, *El Islam cristianizado*, p. 38.

15 Claude Addas advierte que este relato debe ser tomado con cautela, pues la única fuente es al-Qārī al-Bagdādī, autor muy posterior (m. 1418) que falsificó algunos textos en su intento de defender la ortodoxia del maestro andalusí. *Cf.* C. Addas, *Ibn ʿArabī*, pp. 39-41.

16 Ibid. p. 40.

17 Ibid.

18 William C. Chittick, *The Sufi Path of Knowledge: Ibn al-ʿArabi's Metaphysics of Imagination*, Nueva York, SUNY, 1989, p. XVI.

Mientras llamaba a la puerta de Dios
esperé concentrado, sin distracciones,

hasta que apareció ante mis ojos la gloria de Su Rostro
y una llamada para mí, nada más.

Abracé el Ser en conocimiento:
nada hay en mi corazón sino Dios[19].

Todo lo que hemos mencionado en nuestro discurso es solo el despliegue de la realidad contenida en esa mirada a la Realidad Única[20].

3. EL ENCUENTRO CON AVERROES

La fama del joven Ibn ʿArabī se extendió pronto por al-Ándalus. Antes de tener siquiera vello facial, la noticia de su experiencia teofánica había circulado entre la población andalusí, hasta llegar a oídos del mismísimo Ibn Rušd (Averroes), una de las personalidades más célebres del Califato:

> Cierto día, en Córdoba, entré a casa de Abulgualid Averroes, cadí de la ciudad, que había mostrado deseos de conocerme personalmente, porque le había maravillado mucho lo que había oído decir de mí, esto es, las noticias que le habían llegado de las revelaciones que Dios me había comunicado en mi retiro espiritual; por eso mi padre, que era uno de sus íntimos amigos, me envió a su casa con el pretexto de cierto encargo, solo para dar así ocasión a que Averroes pudiese conversar conmigo. Era yo a la sazón un muchacho imberbe. Así que hube entrado, levantose del lugar en que estaba y, dirigiéndose hacia mí con grandes muestras de cariño y consideración, me abrazó y me dijo: «Sí». Yo le respondí: «Sí». Esta respuesta aumentó su alegría, al ver que yo le había comprendido;

19 Ibid. (trad. propia), «When I kept knocking on God's door / I waited mindfully, not distracted, / Until there appeared to the eye the glory of His Face / and a call to me, nothing else. / I encompassed Being in knowledge— / nothing is in my heart but God».

20 Ibid. (trad. propia), «Everything we have mentioned after that [vision of the glory of God's face] in all our speech (*kalām*) is only the differentiation of the all-inclusive reality wich was contained in that look at the One Reality».

> pero dándome yo, a seguida, cuenta de la causa de su alegría, añadí: «No». Entonces Averroes se entristeció, demudose su color, y comenzando a dudar de la verdad de su propia doctrina, me preguntó: «¿Cómo, pues, encontráis vosotros resuelto el problema, mediante la iluminación y la inspiración divina? ¿Es acaso lo mismo que a nosotros nos enseña el razonamiento?». Yo le respondí: «Sí y no. Entre el sí y el no, salen volando de sus materias los espíritus y de sus cuerpos las cervices». Palideció Averroes, sobrecogido de terror, y sentándose comenzó a dar muestras de estupor como si hubiese penetrado en el sentido de mis alusiones[21].

Mucho se ha escrito sobre este misterioso encuentro[22]. El reputado filósofo pregunta al joven si lo que le ha sido revelado coincide con lo que a él le ha mostrado la indagación racional. Ibn ʿArabī responde que sí. Pero al comprender que Averroes toma la respuesta en un sentido fuerte —como si conocimiento iluminativo y reflexión intelectual coincidieran totalmente—, añade un «no». Y a continuación, añade: «sí» y «no». Hay aquí una simultánea afirmación de la afirmación y de la negación que rompe con la lógica de no-contradicción y obliga al interlocutor a aceptar la posibilidad de que las cosas puedan ser y no ser, que razón e iluminación se iluminen mutuamente, pero sin invalidarse la una a la otra. Un enfoque que, gracias al gozne del amor, a la conjunción copulativa «y», permite una aproximación a lo real donde los opuestos son conciliados. Según avancemos en nuestro estudio, comprenderemos mejor esta cuestión.

21 M. Asín Palacios, *El Islam cristianizado*, pp. 39-40.

22 Véase: Henry Corbin, *La imaginación creadora en el sufismo de Ibn ʿArabî*, Barcelona, Destino, 1993, pp. 33-34 y 56-58.; William Chittick, «Between the Yes and the No: Ibn al-ʿArabī on Wujūd and the innate capacity», en R. Frosman (ed.), *The Innate Capacity*, Oxford University Press, 1998, pp. 95-110; Salman H. Bashier, *Ibn al-ʿArabī'sBarzakh*, Albany: SUNY, 2004, pp. 66-74; Mikko Telaranta, *Aristotelian Elements In the Thinking of Ibn al-ʿArabí and the Young Martin Heidegger*, Tesis Doctoral, University of Helsinky, 2012, pp. 66-74; 293-322; David Fernández Navas, «El "sí" y el "no" de Ibn ʿArabī a Averroes: un profundo "sí" de amor», en Vicente Raga Rosaleny y Manuel Bermúdez Vázquez (ed.) *Filosofía, método y otros prismas: historia y actualidad de los problemas filosóficos*, Madrid, Dykinson, 2022, pp. 145-159.

4. LA ENTRADA EN LA VÍA

Aproximadamente cinco años después de su iluminación[23], Ibn ʿArabī ingresa en la Vía del sufísmo, corriente espiritual habitualmente presentada como el camino interior o rama mística del islam. La palabra *islam* significa «someterse, reconocerse como dependiente y siervo del Creador»[24]. Suele decirse que, desde los tiempos del Profeta, han convivido tres enfoques o tres vías mediante las que llevar a cabo este objetivo: quienes se han enfocado en un seguimiento exterior de la Ley revelada —como por ejemplo, los alfaquíes o doctores de la Ley (Sharía)—, quienes han buscado una aproximación racional —como los expertos en filosofía (*falsafa*) o teología (*kalām*)— y quienes habrían buscado una inmersión íntima y personal, mística, en el sentido de la Palabra divina —como los sufíes—. El problema es que, si le preguntásemos a un maestro sufí por esta distinción, es probable que se reivindicase como seguidor simultáneo de esas tres vías.

Quienes practican el sufismo se consideran herederos de la sabiduría que Muhammad confió a Ali y a algunos compañeros, como Uways al-Qaranī, o Salmān al-Fārisī, también conocido como Salmān Pāk (Salmán el Puro). Dicho conocimiento habría sido transmitido hasta la actualidad en cadenas maestro-discípulo[25], de tal manera que la base de la Vía no sería más que el seguimiento del Corán y el ejemplo de vida del Profeta. Desde este punto de vista, no habría diferencia entre sufismo e islam. El mismo término sufismo (*taṣawwuf*) incide en la cuestión del sometimiento. Se trata de una derivación de *ṣūf* (lana) que habría aparecido por primera vez con Abū Hāšim (m. 716, 98 H), apodado el sufí por llevar una prenda desgastada de este tejido, como símbolo de ascetismo (*zuhd*) y desprendimiento (*taǧrīd*) de los bienes materiales.

---

23 *Cf.* F. Mora, *Ibn ʿArabī, op. cit.*, pp. 32 y ss.

24 Algunos autores reclaman así que *islam* debe entenderse como verbo, acción abierta, más que como un sustantivo cerrado y finalizado. Acerca del islam como verbo y no como sustantivo, véase Abdennur Prado, *El islam anterior al Islam*. Barcelona, Oozebap, 2007, pp. 9-17.

25 Anne Marie Schimmel, *Las dimensiones místicas del islam*. Madrid, Trotta, 2001, pp. 43-47.

Precisamente, la ascesis y el desprendimiento resultaron muy importantes en el ingreso de Ibn ʿArabī en la Vía. Según su testimonio, fue el mismo Jesús quien precipitó su conversión y le prescribió dichas prácticas[26]:

> Es entre sus manos como me convertí; rezó por mí para que yo persistiera en la religión en este mundo y en el otro, y me llamó su amado. Me ordenó que practicara la renuncia, la ascesis [*zuhd*] y el desprendimiento [*taǧrīd*][27].

> Fue mi primer maestro, aquel ante quien regresé a Dios; mostró hacia mí una inmensa benevolencia y no me descuidó ni por un instante[28].

El maestro andalusí no valora, sin embargo, estos actos como signos de perfección en sí mismos, sino como herramientas de transformación personal correspondientes a una etapa temprana en el camino del conocimiento[29]. Lejos de invitar a una huida del mundo, llama a realizar un constante y activo cuidado de la Realidad (*al-Ḥaqq*), de la Verdad, de Dios: una incesante y amorosa atención a cada una de Sus faces en su inagotable caudal:

> La renuncia a las cosas puede ocurrir solamente debido a la ignorancia de quien renuncia a través del velo que cubre sus ojos, que es la carencia de desvelamiento y de presencia [...]. Si supiera o

26 Este esquema coincide estructuralmente con el presentado por Luce López-Baralt, con relación a san Juan de la Cruz, siendo la noche oscura, un período de ocultación, tras la experiencia iluminativa, en la que el místico desea y pone todo su empeño en reencontrarse con el Bienamado. *Cf.* Luce López-Baralt, *Asedios a lo indecible: san Juan de la Cruz canta al éxtasis transformante*, Madrid, Trotta, 2016, pp. 147 y ss. Acerca de la importancia de Jesús en Ibn ʿArabī, véase Michel Chodkiewicz, *An Ocean Without Shore: Ibn Arabi, the Book, and the Law* (trad. David Straight). Albany, State University of New York Press, 1993. pp. 101 y ss. Véase también, *Souad Hakim, «The Spirit and the Son of the Spirit: A Reading of Jesus according to Ibn Arabi», Journal of the Muhyiddin Ibn 'Arabi Society, Vol. 31, 2002, pp. 1-28;* y Jaume Flaquer, «The Akbarian Jesus: The Paradigm of a Pilgrim in God», en https://ibnarabisociety.org/the-akbarian-jesus-jaume-flaquer/ [consultado el 19 de mayo de 2021].

27 C. Addas, *Ibn ʿArabī*, pp. 43-44.

28 Ibid. p. 44.

29 W. C. Chittick, *The Sufi Path of Knowledge*, p. 157.

presenciara, que el cosmos habla glorificando y alabando al Creador... ¿cómo podría entonces renunciar a él [...]?[30]

La renuncia debe entenderse, por tanto, como una estación preparatoria dentro del viaje amoroso. Desasirse no significará tanto darle la espalda al mundo como limitar nuestra pretensión de dominio. Será liberarse de las cadenas de lo superficial para atender a lo profundo. Y aceptar, tal y como es, aquella parte de la realidad que escapa a nuestra voluntad. Implicará un trascendimiento de lo egoico que permite ver más allá. El iniciado que se desprende de los bienes materiales certifica, al mismo tiempo, su profunda confianza en la divina providencia, en la naturaleza benéfica del Ser[31], más allá de la limitación de la propia mirada. Las motivaciones y los miedos del yo superficial quedan entonces superados. Y la atención puede dirigirse mejor hacia el Amado. Como escamas que caen de los ojos y dejan ver con claridad.

Guiado por el encuentro con Jesús, el joven Ibn ʿArabī renunció a la vida de lujos y comodidades que había llevado hasta ese momento. Se entregó al estudio del Corán y los hadices, buscó incesantemente el diálogo con teólogos, juristas, filósofos, poetas y artistas, y aceptó la dirección de innumerables maestros sufíes[32]. En virtud de la profundidad de sus experiencias contemplativas, fue reconocido por sus maestros como depositario de un conocimiento espiritual que lo hacía muy superior. Surge entonces la pregunta de por qué esa búsqueda de tutores. ¿Por qué someterse a la dirección de alguien con un conocimiento menos elevado?

Podemos responder a este interrogante al menos desde tres ángulos. En primer lugar, si la entrada en la Vía respondía al propósito de concentrarse en el amor a Dios y alejarse de las distracciones de la vida corriente, se entiende que personas con años de experiencia en el autoejercitamiento pudieran brindarle una gran ayuda. En segundo lugar, aunque alguien adquiera por inspiración divina un alto grado de conocimiento, no significa que esté

30 Ibid. (trad. propia).

31 Sobre el uso akbarí de la palabra ser, véase *infra*. p. 70.

32 *Cf.* C. Addas, *Ibn ʿArabī*, pp. 43-44. En la tradición sufí, el discípulo debe entregar todos sus bienes al maestro, pero como Ibn ʿArabī no poseía en aquel entonces ningún guía terrestre, optó por dárselos a su padre.

preparado para enseñar a otros. Quizá conozca la cumbre de la montaña, pero no las dificultades del camino. Desde este enfoque, el discipulado de Ibn ʿArabī puede entenderse como producto de la voluntad amorosa de quien desea ser maestro algún día y compartir el tesoro que le ha sido confiado. En tercer lugar —y como tendremos ocasión de ver más adelante—, la concepción akbarí de la verdad aboca a un multiperspectivismo donde todas las visiones son valiosas al corresponderse con cierta dimensión del Ser. Que el joven Ibn ʿArabī gozase de un grado de conocimiento superior no significa, por tanto, que el resto de perspectivas carecieran de importancia o que él hubiese alcanzado un saber absoluto y definitivo. Al contrario: el pensamiento akbarí aboga justamente por una radical apertura amorosa hacia cada una de las faces de lo real, un reconocimiento de la limitación de cualquier perspectiva que exige una constante oscilación entre miradas aparentemente contrapuestas. Como en el célebre poema, la religión del amor requiere un corazón capaz de acoger todas las formas.

5. ʿURAYBĪ Y EL CAMINO DE LA SERVIDUMBRE

La relación de Ibn ʿArabī con el primero de sus maestros, ʿUraybī, no fue sencilla[33]:

> [ʿUraybī] discutía en cierta ocasión conmigo acerca de quién era una persona a la cual el Profeta había regocijado con su aparición: él me dijo: «Es fulano, hijo de fulano», y me nombró a un individuo a quien yo conocía de nombre, pero no de vista, aunque sí conocía personalmente a un primo suyo. Yo me quedé vacilando y sin decidirme a aceptar lo que el maestro me aseguraba de aquel individuo, porque yo creía tener bastantes motivos para saber a qué atenerme respecto del asunto. Indudablemente, mi maestro se sintió defraudado por mi actitud y se molestó, pero interiormente, pues

33 Antes leído por muchos como ʿUryabī. Agradecemos esta precisión al profesor Pablo Beneito, quien remite a Jorge Lirola Delgado y José Miguel Puerta-Vílchez (coord.), *Enciclopedia de Al-Ándalus vol. I: diccionario de autores y obras andalusíes*, Almería, Fundación Ibn Tufayl de Estudios Árabes, 2006.

yo entonces no me di cuenta de ello, porque esto ocurría en los principios de mi vida religiosa[34].

Un rato después, mientras paseaba por el zoco de la ciudad, se encontró con una figura misteriosa que le dijo: «¡Acepta lo que te dice el maestro!». Aterrado, Ibn ʿArabī salió corriendo hacia la casa de ʿUraybī para disculparse. Pero la respuesta de este fue: «¡Oh, Mohamed, pero ¿es que voy a necesitar, para cada cuestión en que me contradigas, que el Jadir te recomiende la sumisión a los maestros?»[35]. El joven aceptó la amonestación. Pero la lección que tenía que recibir no terminaba, sin embargo, ahí:

> [...] pasado algún tiempo, entré a casa del maestro y lo vi que volvía a tratar de aquella misma cuestión, pero resolviéndola conforme a mi opinión. Díjome entonces: «Yo estaba en un error y en cambio fuiste tú el que acertaste». Yo le respondí: «¡Oh, señor mío! Ahora comprendo por qué el Jádir me recomendó únicamente la sumisión; pero sin que me diese a conocer que tú eras el que habías acertado en la solución del problema...»[36].

Según la tradición, el Jadir es un profeta que pertenece al plano de lo invisible. En cierto pasaje del Corán, transmite a Moisés instrucciones que parecen ir en contra del sentido exterior de la Ley[37]. Tras la sorpresa y el choque iniciales, Moisés obedece. En primera instancia, esto supone dejar en suspenso lo que creía recto y verdadero. Pero, finalmente, termina comprendiendo que aquellas instrucciones no se oponían en realidad al mensaje del Señor, sino que formaban parte de Su plan. De modo similar, Jadir llama al joven Ibn ʿArabī a poner entre paréntesis sus propias convicciones. Lo importante no es la solución al problema discutido. No importa quién tenía razón en la disputa. La clave es adoptar una disposición humilde, de apertura hacia faces inadvertidas de lo real.

Justamente, la aceptación amorosa y humilde es el nervio central de las enseñanzas de ʿUraybī. Ibn ʿArabī se refiere a su maestro

34 M. Asín Palacios, *El Islam cristianizado,* pp. 49-50.
35 Ibid. p. 50.
36 Ibid.
37 C.18:65-82.

como alguien estrechamente conectado a la renuncia, un crístico (*ʿīsawī*) y como un iletrado (*ummī*)[38]:, un campesino que no sabía leer ni contar, pero que a pesar de ello gozaba de una gran sabiduría. Iletrado (*ummī*) es un término que aparece en el Corán para referirse al Profeta (C. 7:157-158) y a los destinatarios de su mensaje (C. 62:2). En el sufismo suele entenderse como alusión a un particular estado de receptividad, independiente de si la persona sabe leer y escribir. Según nuestro autor:

> Es iletrado aquel que no emplea su consideración reflexiva y su juicio racional para desentrañar los sentidos y misterios que encierra el Corán. No utiliza pruebas racionales para obtener conocimiento de las cosas divinas. Y no emplea las pruebas jurídicas, ni analogías, ni asigna causas que ocupan a las autoridades legales para captar las reglas de la Sharía [...]. Allí donde el corazón está a salvo de consideración reflexiva, entonces, de acuerdo tanto a la Ley como a la razón, hay recepción hacia la apertura divina en el modo más perfecto y sin demora[39].

Cabe interpretar así la receptividad como un retroceso hacia la condición originaria, natural (*fiṭra*) o estado matricial[40] del ser humano, que permite la manifestación de lo real, según una luz distinta a la de la conciencia ordinaria. Según el sabio sufí al-*Ḥallāǧ*, es iletrado «aquel que está como cuando su madre le dio a luz»[41].

Ibn ʿArabī recordará a ʿUraybī como un hombre orientado hacia la total servidumbre (*ʿubūdiyya*), la cual no debe confundirse con la servitud. La servitud (*ʿubūda*) es un acto de adoración esencial, involuntario y necesario. Cualquier ser, desde una piedra a una planta, un animal o un ser humano, solo por el mero hecho de existir, actualiza su condición de siervo respecto al Creador, pues el simple hecho de existir significa obedecer al mandato divino existenciador: la orden «¡Sé!» mediante la que Dios dio inicio a la creación. La servidumbre, en cambio, se restringe a los seres dotados

38 Ibn ʿArabī, *Sufíes de Andalucía*. Barcelona, Sirio, 2007, p. 12.

39 W. C. Chittick, *The Sufi Path of Knowledge*, *op. cit.*, pp. 235-236, (trad. propia).

40 La raíz de iletrado (*'-m-m*) es la misma que la de madre y matriz (*umm*), pues *ummī* deriva de *umm*. Acerca de las alusiones en el sufismo y la interreferencia léxica, *vid. infra*. «El lenguaje de las alusiones», pp. 47-49.

41 M. Chodkiewicz, *An Ocean without a Shore*, *op. cit.*, p. 31.

de libertad[42]. Consiste en la adoración voluntaria a Dios, el rezo o recitación del Corán, acompañado de unos movimientos determinados y en unos momentos específicos del día, según lo dispuesto en el propio Libro y en el ejemplo del Profeta.

La tradición diferencia entre oraciones obligatorias (*ṣalāt al-farḍ*) —los conocidos cinco rezos diarios— y oraciones supererogatorias (*nawāfil*) —también circunscritas a determinados momentos del día—. La realización de las primeras está vinculada a la recompensa divina —o al castigo en caso de no ser cumplidas—. Son, por tanto, formas de amor del ser humano hacia Dios, de carácter condicional. Mientras que las segundas tienen un carácter gratuito[43], son dones, regalos del siervo que se entrega a su Señor, sin esperar nada a cambio. Según Ibn ʿArabī, cuando el ser humano practica la adoración, en cualquiera de sus modalidades, actualiza su condición de siervo y afirma a Dios como su Señor. El más alto nivel que puede alcanzar una persona —la Humanidad Perfecta— consistirá en realizar la perfecta servidumbre, como Muhammad, que se afirma a sí mismo doblemente —en la máxima humildad como siervo (*ʿabd*), y en la máxima altura como Vicerregente (*ḫalīfa*) de Dios en la tierra— al tiempo que reconoce a Dios de forma ambivalente —como oculto y como manifiesto—[44]. Para

---

42 Los seres dotados de libertad son los humanos y los genios (*ǧinn*). En lo que sigue, nos referiremos únicamente al modo de adoración prescrito para los primeros.

43 En la raíz de *nawāfil* (*n-f-l*) encontramos justamente palabras vinculadas a un acto de donación: como *nāfila* (don, presente) o *nafal* (regalar, ceder el botín a los soldados).

44 A pesar de esto, ciertos pasajes de *La imaginación creadora* de Henry Corbin, presentan a unIbn ʿArabī enfrentado al seguimiento de la ley externa, cuyo mensaje vendría a revocar el orden de la religión exotérica, en beneficio de una consideración esotérica de lo real. Como si lo invisible estuviera por encima de lo visible, *cf.* David Fernández Navas, «*Eugenio Trías e Ibn ʿArabī: una sombra de la filosofía del límite*», *Anales del Seminario de Historia de la Filosofía, 37 (2), 2020, pp. 203-215.* En los siguientes epígrafes, veremos cómo el enfoque de Ibn ʿArabī supone justamente un trascendimiento o conciliación amorosa de opuestos. Para un análisis profundo del pensamiento corbiniano, véanse los trabajos de José Antonio Antón Pacheco: «Cuatro calas en Henry Corbin», *Axis mundi: cosmología y pensamiento tradicional*, nº 8, 1996, pp. 73-75; *Intersignos: aspectos de Louis Massignon y Henry Corbin*. Sevilla, Athenaica, 2015; e «*Hic et nunc*: una categoría de la hermenéutica de la existencia en Henry Corbin», *Utopía y Praxis Latinoamericana*, nº 72, 2016, pp. 113-121.

entender esta doble dimensión de lo divino y cómo es posible que el ser humano se afirme a la vez en la máxima humildad y en el máximo poder, dedicaremos el siguiente epígrafe al Corán y los hadices, explícito centro de la obra del autor andalusí.

6. EL CORÁN Y LOS HADICES

Los musulmanes consideran el Corán como la Palabra revelada de Dios. Según la tradición, el Libro refleja las palabras exactas del arcángel Gabriel tal y como le fueron transmitidas a Muhammad. Cada término, cada sonido, cada letra e incluso cada espacio en blanco posee carácter teofánico, de tal modo que su sentido será insondable: «Si todos los árboles de la tierra fueran cálamos, si todos los mares fueran tinta —y si se les añadieran otros siete mares— la Palabra de Dios no podría ser agotada»[45]. Debido a la ilimitada profusividad del Verbo y a que Dios eligió la lengua árabe, con todas sus particularidades, como vehículo de manifestación, los fieles entienden que se trata de un texto intraducible. Al ser la base de la devoción ritual se presenta, además, como escala mediante la que canalizar el amor hacia Dios. El papel que ejerce en la vida de las comunidades es central:

> En cuanto teofanía central de la religión islámica, todo lo relacionado con el Corán, la revelación palabra a palabra de la Palabra Divina, es sagrado —desde las ideas, preceptos, leyes, y otros aspectos de su mensaje; hasta la presencia física del Texto sagrado, que los musulmanes leen y llevan consigo o guardan en un lugar de honor en sus hogares; hasta el sonido de su recitación, que los acompaña a lo largo de sus vidas. Los dos testimonios (*šahādatān*), el que afirma la Unicidad de Dios y el que afirma a Muhammad como su Profeta, ambos versos del Corán son las primeras palabras vertidas en los oídos de los recién nacidos y en muchos casos las últimas palabras que se susurra a los musulmanes, durante los últimos momentos de su vida consciente antes de la muerte. Entre estos dos momentos marcando el alfa y el omega de la existencia humana en la Tierra, la vida del musulmán se colma con la presencia del Corán. El sonido de su recitación está

45 M. Chodkiewicz, *An Ocean Without Shore, op. cit.*, p. 25.

prácticamente siempre presente en las ciudades, pueblos e incluso aldeas islámicas; y también en un sentido interno que determina la experiencia cualitativa del espacio en que viven los musulmanes tradicionales[46].

La relación de Ibn ʿArabī con el Corán y los hadices debe ubicarse en estas mismas coordenadas. El Más Grande de los Maestros del sufismo no solo dedicó su vida al estudio del Libro y los dichos del Profeta, sino que toda su obra puede leerse como comentario a los textos sagrados, un discurso en continua apelación e intento de profundización en el sentido de la Palabra divina: «todo de lo que hablamos en nuestros encuentros y en nuestros escritos proviene del Corán y de sus tesoros»[47]. Dicen que una vez, ciertos juristas intentaron quemar sus obras bajo la acusación de herejía. Pero llegada la hora de la verdad, se vieron en una situación complicada, pues las citas coránicas eran tan abundantes que resultaba imposible quemar una sola página sin quemar también la Palabra de Dios[48]. Podemos tomar este episodio como efecto de superficie de la profunda devoción que el maestro andalusí dedicó al Libro. A propósito de la inagotabilidad del Verbo divino, compuso los siguientes versos:

Pues Su discurso nuestra escucha excede
y no tiene en nosotros impresión,
no basta la audición para captarlo;

así que lo escuchamos
y en signos desciframos,
en orden tal que interrupción no cabe[49].

En el texto revelado puede reconocerse un constante juego entre perspectivas aparentemente contrapuestas. De un lado, se subraya la Unidad divina: Dios es Uno, no hay más dios que Dios que Él[50].

---

46 H. S. Nasr *et al.*, *Study Quran*, *op. cit.* p. 25 (trad. propia).

47 M. Chodkiewicz, *An Ocean Without Shore*, p. 20.

48 Ibid.

49 P. Beneito, *La taberna de las luces*, p. 20.

50 «Vuestro Dios es un Dios Uno. No hay más Dios que Él, El Compasivo [*al-Raḥmān*], El Misericordioso [*al-Raḥīm*]». C. 2:163. Trad. J. Cortés.

De otro lado, esa unidad se conjuga con una multiplicidad de imágenes fruto de Su relación con las Criaturas: es el Omni-Compasivo (*al-Raḥmān*), el Omni-Misericordioso (*al-Raḥīm*)[51], el Primero y el Último[52], la Verdad Suprema o Realidad (*al-Ḥaqq*)[53], el Amoroso o Constante en Su Amor (*al-Wadūd*), el Rey de los cielos y la tierra...[54] En un plano fenomenológico o con relación a Su presencia, Dios es descrito como el Oculto (*al-Bāṭin*) y el Manifiesto (*al-Ẓāhir*)[55]. El Oculto es un modo de señalar Su carácter invisible, de principio de Unidad (*tawḥīd*) de lo real, inaccesible en su Mismidad; mientras que el Manifiesto apunta al principio de manifestación que se regala de modo infinito e incesante a los seres humanos. Esta ambivalencia o concepción binocular de la Realidad (*ḥaqq*) divina está presente en la misma declaración de fe que ha de realizar cada musulmán, la *šahāda*: «No hay dios sino Dios y Muhammad es su Enviado». Es decir, nada en el mundo es como Dios —ocultación divina— y Muhammad transmite el mensaje de Dios —teofanía—.

Los seres humanos son presentados también desde una lógica ambivalente. De un lado, se exhorta a las personas a un movimiento de humildad, a un rebajamiento o sometimiento a hacia el Creador. De otro, se llama a investirse de poder, hasta el punto de denominar al ser humano como Vicerregente (*ḫalīfa*) de Dios en la Tierra[56]. Esta ambivalencia afecta a la pregunta por la libertad. Algunas aleyas y hadices invitan a pensar en Dios como el único agente[57]. Mientras que en otras se reconoce la capacidad de libre elección de la persona[58].

Desde una perspectiva epistemológica, decíamos que el Corán se refiere a Dios como realidad incognoscible. Pero también lo describe como principio único y universal de conocimiento, a través del símbolo de la luz: fuente de claridad que se regala por todas

---

51 Cada una de las azoras del Corán comienza con la fórmula: «En el nombre de Dios, el Omni-Compasivo [*al-Raḥmān*], el Omni-Misericordioso [*al-Raḥīm*]».

52 C. 57:3.

53 C. 23:116.

54 C. 2:30, 57:2.

55 C. 57: 3.

56 C. 2:30, C.6:165, C:35:39.

57 C. 8:17.

58 C. 9:118. Trad. Cortés.

partes, en los cielos y en la tierra, ofreciendo a los seres humanos la posibilidad de un conocimiento relativo y situado:

> Dios es la Luz de los cielos y de la tierra. Su Luz es comparable a una hornacina en la que hay un pabilo encendido. El pabilo está en un recipiente de vidrio, que es como si fuera una estrella fulgurante. Se enciende de un árbol bendito, un olivo, que no es del Oriente ni del Occidente, y cuyo aceite casi alumbra aun sin haber sido tocado por el fuego. ¡Luz sobre Luz! Dios dirige a Su Luz a quien Él quiere. Dios propone parábolas a los hombres. Dios es omnisciente[59].

El Libro invita a la humanidad a incrementar su conocimiento sobre Dios: «¡No te precipites en la Recitación antes de que te sea revelada por entero!». Y di: «¡Señor! ¡Aumenta mi ciencia!»[60]. Este conocimiento es presentado de modo coherente con la ambivalente condición del Uno-Oculto y Sus múltiples manifestaciones, así como con la doble faz dimensión de siervo y Vicerregente que corresponde al ser humano. De una parte, se invita a reparar en la condición limitada de la humanidad que impide acceder al fondo de lo real, a la Mismidad incomparable a nada de lo creado[61]. De otra parte, se llama a reconocer los signos del Creador: «De Dios son el Oriente y el Occidente. Adondequiera que os volváis, allí está la faz de Dios»[62], y a sentir la cercanía divina: «Estamos más cerca de él que su misma vena yugular»[63]. Pero siempre recordando la importancia de no asociar (*širk*), de no confundir al Creador con Su creación: «¡No os prosternéis ante el sol ni ante la luna! ¡Prosternaos ante Dios, que los ha creado!»[64].

Especialmente recurrente es la apelación coránica al conocimiento cordial. Son numerosas las aleyas donde Dios pide a los seres humanos que mantengan su corazón sano para que puedan

---

59 C. 24:35. Trad. Cortés.
60 C. 20:114. Trad. Cortés.
61 C. 59:23, 4:1.
62 C. 2:115. Trad. Cortés.
63 C. 50:16. Trad. Cortes.
64 C. 41:37. Trad. Cortés.

conocerLo[65]. Un hadiz, muy apreciado entre los sufíes, reconoce la inconmensurable Grandeza de Dios, desde la perspectiva de lo mundano, y al mismo tiempo, la maravillosa capacidad del corazón humano para abarcarLo: «Ni Mis cielos, ni Mi tierra pueden contenerme, pero sí Me contiene el corazón de Mi siervo fiel»[66].

El amor es sin duda otra de las líneas fundamentales de la Palabra revelada, quizá la más importante, nos atreveríamos a decir, al menos según la interpretación akbarí. Las menciones al amor de Dios hacia Sus criaturas y, en concreto, hacia los seres humanos no son pocas: «¡Pedid perdón a vuestro Señor! Luego, ¡volveos a Él! Mi Señor es misericordioso, lleno de amor»[67], «A quienes hayan creído y obrado bien, el Compasivo les dará amor»[68], «Invocadme y os escucharé»[69], «Si amáis a Dios, seguidme, y Dios os amará»[70]. También encontramos alusiones al amor reverencial de todas las criaturas hacia el Creador: «¿No ves que glorifican a Dios quienes están en los cielos y en la tierra, y las aves con las alas desplegadas? Cada uno sabe cómo orar y cómo glorificarLe. Dios sabe bien lo que hacen»[71], «Le glorifican, incansables, noche y día»[72]. Y cruciales resultan las menciones al amor de los seres humanos, que se desdobla entre los que aman a Dios reconociéndoLo como el único objeto digno de adoración y quienes incurren en la asociación (*širk*): «Hay hombres que, fuera de Dios, toman a otros que equiparan a Él y los aman como se ama a Dios. Pero los creyentes aman a Dios con un amor más fuerte»[73]. En un hadiz, muy utilizado por los sufíes, Dios dice:

> Mi siervo se acerca a Mí solo mediante lo que he establecido como un deber para él. Y mi siervo no cesa de aproximarse a Mí a través

65 Ibid.

66 Cecilia Twinch, «La sabiduría del corazón: "Una estrella giróvaga, una estrella viajera"», *El Azufre Rojo*, nº 3, 2016, p. 122.

67 C. 11:90. Trad. Cortés.

68 C. 19:96. Trad. Cortés.

69 C. 40:60. Trad. Cortés.

70 C. 3:31. Trad. H. S. Nasr *et al., Study Quran, op. cit.*

71 C. 24:41. Trad. Cortés.

72 C. 41:38. Trad. Cortés.

73 C. 2:165. Trad. Cortés.

> de las obras supererogatorias hasta que Yo lo amo. Y cuando Yo lo amo, me vuelvo el oído con el que oye, la vista con la que ve, la mano con la que agarra y el pie con el que camina. Y si él Me pide [algo], se lo doy. Si busca refugio en Mí, le doy cobijo bajo Mi protección. En nada titubeo tanto como titubeo [al tomar] el alma de un creyente. Él tiene horror a la muerte, y yo tengo horror a hacerle daño[74].

Más adelante, volveremos sobre este importante texto profético[75]. Por el momento, valga adelantar que Ibn ʿArabī considera al amor como la genuina fuente de la Revelación. Si Dios se manifiesta y se relaciona con las criaturas, si las trae al ámbito de la existencia, es por amor. Esta perspectiva nos conduce a otro de los puntos de apoyo de la doctrina akbarí: los 99 Bellos Nombres de Dios.

7. LOS 99 BELLOS NOMBRES DE DIOS

Según la tradición, el Corán enumera una lista de nombres, los 99 Bellos Nombres de Dios, que permiten que los seres humanos conozcan al Creador[76]. Su naturaleza y significado ha sido un tema de estudio clásico entre pensadores y teólogos musulmanes[77], y en especial entre los sufíes. Conocerlos es conocer a Dios a través de las diferentes relaciones que establece con las criaturas:

---

74 «My servant draws near to Me by nothing dearer to Me than that which I have established as a duty for him. And My servant does not cease to approach Me through supererogatory acts until I love him. And when I love him, I become his hearing with which he hears, his sight with which he sees, his hand with which he grasps, and his foot with which he walks. And if he asks Me [for something], I give it to him. If he seeks refuge with Me, I place him under My protection. In nothing do I hesitate so much as I hesitate [to take] the soul of a believer. He has a horror of death, and I have a horror of harming him», en Ibn ʿArabī, *Divine Sayings: 101 hadith qudsi. The Mishkāt al-Anwār,* (ed. S. Hirtenstein, y M. Notcutt), Oxford, Anqa, 2004, p. 70 (trad. propia).

75 Sobre la *ʿubūdiyya, vid. supra*. p. 28. Sobre el Ser Humano Perfecto, *vid. infra*. p. 81.

76 En C. 7:180, leemos: «Dios posee los nombres más bellos. Empléalos, pues, para invocarlo y apártate de quienes los profanen, que serán retribuidos con arreglo a sus obras». Trad. Cortés.

77 W. C. Chittick, *The Sufi Path of Knowledge,* p. 33.

«Dios posee los más bellos nombres. Empleadlos, pues, para invocarlo [...]»[78].

Se dividen en dos grupos. Nombres de Belleza (*al-Ǧamāl*) como El Omni-Compasivo (*al-Raḥmān*), El Omni-Misericordioso (*al-Raḥīm*), El Vivificador (*al-Muḥyī*) o el Amigo (*al-Walī*). Y nombres de Majestad (*al-Ǧalāl*), como El Rey (*al-Malik*), El Avasallador (*al-Ǧabbār*), El Altivo (*al-Mutakabbir*) o El Opresor (*al-Qahhār*). Los primeros se vinculan habitualmente a una disposición espiritual de temor reverencial, como si la persona contempla la Grandeza divina, experimentase una congoja que le impulsase a alejarse. Los segundos producirían el efecto contrario: un íntimo deseo de cercanía[79].

Debido a que los Nombres son vehículos teofánicos, cabe reconocer un juego simultáneo entre la ocultación y la manifestación, al menos en tres niveles. Por un lado, todo Nombre muestra a Dios según una faz al tiempo que Lo oculta en su Mismidad incognoscible. Por otro, los nombres de Belleza obturan Su dimensión de Majestad mientras que los nombres de Majestad oscurecen Su dimensión de Belleza. Y al mismo tiempo, cada Nombre contiene al resto gracias a Su identidad con la Unidad Divina[80].

En virtud de estas perspectivas, podemos considerar los Nombres Divinos como velos, en el doble sentido de realidad intersticial que muestra y esconde lo que cubre. Según un célebre hadiz, Dios está cubierto por 70.000 velos de luz y oscuridad que permiten a los seres humanos contemplarLo sin caer fulminados, pues si Lo vieran directamente, serían completamente aniquilados. Tanto el ocultarse como el mostrarse cumplirían entonces una función amorosa. A través de Su manifestación, Dios permite que los seres humanos gocen de Su presencia. Y a través de Su sustraerse, salva a quien Lo contempla.

---

78 Ibn ʿArabī, *El secreto de los bellos nombres de Dios*, (ed. Pablo Beneito), Murcia, Tres Fronteras, 2012, p. 37.

79 Puede reconocerse una similitud con la distinición de Rudolf Otto entre *mysterium tremendum* y *mysterium fascinans.* A propósito de la complejidad del tratamiento akbarí de la cercanía y la lejanía, véase P. Beneito, *El lenguaje de las alusiones, op cit.* pp. 89-99.

80 *Cf.* W. C. Chittick, *The Sufi Path of Knowledge*, pp. 36-37.

Una de las vías mediante las que Ibn ʿArabī se hace cargo de esta ambivalencia es el juego entre la perspectiva de la Unidad y de la Multiplicidad. De una parte, los Nombres contribuyen a expresar una profusión de sentidos: permiten la manifestación de las distintas faces de Dios. De otra, conducen hacia una óptica de la Unidad, pues su referente es siempre la fuente Oculta e inconmensurable, la Ipseidad divina:

> Los nombres de Sus más hermosos Nombres
> que externamente son manifestados,
> si son considerados uno a uno
> son múltiples, diversos, singulares;
>
> mas Sus Nombres bellísimos, guardados
> de los entendimientos,
> de la razón ocultos, nombran solo
> la realidad del Uno en cuanto Esencia.
>
> Sus más hermosos Nombres perdurables
> para nosotros son, aunque se ignoren,
> innumerable cifra[81].

Otro aspecto importante que considerar es la ordenación jerárquica de los nombres[82], tema que fue desarrollado singularmente por Ibn ʿArabī[83]. Por lo general, se entiende que *Allāh* es el nombre más elevado que aúna a todos los demás, el nombre Omni-Comprehensivo que recoge todos y cada uno de los atributos divinos. Justo por debajo, se situarían el Omni-Compasivo (*al-Raḥmān*) y el Omni-Misericordioso (*al-Raḥīm*). La *basmala*, fórmula ritual que encabeza cada una de las azoras del Corán, sigue justamente ese orden: «En el nombre de Dios (*Allāh*), el Omni-Compasivo (*al-Raḥmān*), el Omni-Misericordioso (*al-Raḥīm*)».

El Omni-Compasivo (*al-Raḥmān*) es un nombre ligado al mismo acto de la creación del mundo, los cielos y la tierra, el día y la noche, así

---

81 P. Beneito, *La taberna de las luces*, p. 14.

82 Como advierte Chittick, los nombres no tienen ser propio, no son entidades, según la concepción akbarí, sino que son relacionales. *Cf.* W. C. Chittick, *The Sufi Path of Knowledge*, pp. 36-46.

83 V. Ibn ʿArabī, *El secreto de los nombres, op. cit.* p. 18.

como a la creación del ser humano[84]. A través de Su Mandato Divino Existenciador, la orden «¡Sé!» (*kun*), Dios logra que lo no-existente pase a la existencia[85]. Ibn ʿArabī insiste en sus textos, en el carácter gratuito y Omni-Comprehensivo de la creación. Dios siente compasión por lo que no está dotado de existencia. Y por eso decide regalarle Su aliento (*nafs*) existenciador. Su amor se dirige hacia todas y cada una de las dimensiones de lo real. Sin esperar nada a cambio. Y de modo constante. Pues el acto creador no está ya terminado, sino que, a cada instante y con cada respiración, El Omni-Compasivo renueva incesantemente la creación, ofrece Su continua asistencia a cada una de Sus criaturas. Cada vez que exhala, vivifica. Y cada vez que inhala, se produce una cierta aniquilación. De tal modo que el universo se encuentra en continua renovación y dinamismo, una nueva creación (*ḫalq ǧadīd*) acontece a cada instante, fruto del amor incondicional de un Dios que nunca deja de prestar servicio[86].

---

84 Acerca de la creación del cielo y de la tierra, véase C. 20:5: «El Compasivo se ha instalado en el Trono. / Suyo es lo que está en los cielos y en la tierra, entre ellos y bajo tierra. / No es preciso que te expreses en voz alta, pues Él conoce lo secreto y lo aún más recóndito. / Dios! ¡No hay más dios que Él! Posee los nombres más bellos» (trad. Cortés). También, C.25:59: «Él es Quien ha creado en seis días los cielos, la tierra y lo que entre ellos hay. Luego, se ha instalado en el Trono. El Compasivo. ¡Interroga a quien esté bien informado de Él!» (trad. Cortés). Sobre la creación del día y la noche: 25:62: «Él es Quien ha dispuesto que se sucedan la noche y el día para quien quiera dejarse amonestar o quiera dar gracias. / Los siervos del Compasivo son los que van por la tierra humildemente y que, cuando los ignorantes les dirigen la palabra, dicen: "¡Paz!"», (Trad. Cortés). En cuanto a la creación del ser humano, por el hálito omnicompasivo de Dios, un célebre hadiz *qudsī*, muy tenido en cuenta por Ibn ʿArabī, dice: «When God created Adam and breathed into him the spirit, Adam sneezed and said "Praise be to God!", and he praised Him with His permission», Ibn ʿArabī, *Divine Sayings*, p. 24.

85 Véase C. 2:117: «Es el Creador de los cielos y de la tierra. Y cuando decide algo, le dice tan solo: «¡Sé!» y es». (trad. Cortés). Según un célebre hadiz, Muhammad dijo: «Nada existe sino Él, sin nada debajo de Él y nada sobre Él».

86 Estamos, así pues, ante una concepción del tiempo en cierta sintonía con el *kairós* y el ocasionalismo, un tiempo dinámico donde cada instante se halla cualitativamente diferenciado. A propósito de la concepción islámica del tiempo como tiempo de instantes, véase el importante estudio de Louis Massignon, «El tiempo en el pensamiento islámico», en: Louis Massignon, *Palabra dada*, (ed. Jesús Moreno Sanz), Madrid, Trotta, 2005, pp. 289-295. Sobre el instante en el pensamiento de Henry Corbin, véase J. A. Antón Pacheco, «Hic et nunc» *op. cit.* Sobre la concepción akbarí del tiempo, v. Pablo Beneito, «El tiempo de la gnosis: consideraciones acerca del pasado y el futuro de la mística en la obra de Ibn ʿArabī», en *La mística en el siglo XXI*, Madrid, Trotta, 2002, pp. 89-106.

El amor del Misericordioso (*al-Raḥīm*) es, en cambio, un amor restringido a los seres dotados de libertad. En virtud de cómo se ajusten las personas a la voluntad divina, de cómo sigan la guía de la revelación, serán objeto de Su Misericordia (*raḥma*) o de Su Ira (*gaḍab*). Si bien la tradición advierte que la primacía siempre corresponde a la primera, como si se tratase de una madre cuya ternura siempre se impone a todo castigo[87].

El amor del Misericordioso es, además, un amor subordinado al del Omni-Compasivo. A lo largo del Corán se insiste en esta jerarquía. E Ibn ʿArabī parece tenerla constantemente presente, como, por ejemplo, en el célebre poema de la religión del amor: «Capaz de acoger cualquiera / de entre las diversas formas / mi corazón se ha tornado»[88]. Otro tanto sucede con su comentario a los 99 Bellos Nombres de Dios, titulado *La develación del significado que revela el secreto de los Más Bellos Nombres de Allāh* (*Kitāb Kašf al-maʿnà ʿan sirr asmā' Allāh al-Ḥusnà*). Allí plantea ni más ni menos que una igualdad de rango entre el nombre *Allāh* y *al-Raḥmān*: «La *divina revelación* enseña que el significado del nombre *Allāh* es idéntico al significado del nombre *al-Raḥmān*»[89]. Como fundamento de este enfoque, apunta al mismo Corán: «Invocad a Dios o invocad a *al-Raḥmān*, a quien quiere que llaméis, Él posee los más bellos nombres» (C. 17:110)[90].

Además de la perspectiva de la creación del mundo como un acto de amor gratuito de *al-Raḥmān*, la tradición musulmana incluye

87 Según el profesor Pablo Beneito: «La raíz *r-ḥ-m* está relacionada en la lengua común con la delicadeza, la piedad, la benevolencia, la entrañable ternura... El término *raḥim* designa la matriz, el útero materno y, de ahí, la relación de parentesco y consanguineidad (*raḥim*). La noción de *raḥma* está pues directamente vinculada a la maternidad, en virtud de lo cual la compasión está asociada a la condición maternal en el plano del sentimiento y a la condición matricial creativa en el plano metafísico», P. Beneito, *El lenguaje de las alusiones*, p. 60. Según un hadiz muy utilizado por Ibn ʿArabī, «la misericordia (*raḥma*) de Dios predomina sobre Su ira». William C. Chittick, *Mundos imaginales,* Sevilla, Mandala, 2004, p. 6.

88 V. *supra.* p. 18.

89 Ibn ʿArabī, *El secreto de los nombres*, p. 49.

90 Ibid.

otro enfoque, en cierto modo contrapuesto. Según un hadiz muy citado en el ámbito sufí, Dios dijo: «Yo era un Tesoro Oculto y quise darme a conocer. Así que he creado a las criaturas para que se me conozca»[91]. El amor que inspira el acto creador puede ser visto, entonces, como otro caso de ambivalencia en los textos sagrados.

8. UN OCÉANO SIN ORILLAS

En el segundo capítulo de *Las Iluminaciones de La Meca*, Ibn ʿArabī llama a sumergirse en las profundidades del Corán:

> Sumérgete en el océano del Corán incomparable si estás dotado de poderoso aliento. En caso contrario, limítate al estudio de las obras que comentan su sentido exterior y no te adentres en él porque, si no, perecerías, pues profundo es el mar del Corán. Si el que se zambulle no se mantuviese en los lugares próximos a la orilla, jamás retornaría. Los profetas y sus herederos, guardianes de la ciencia profética, son aquellos que vuelven de esos lugares por misericordia hacia el universo. Los que se han quedado detenidos, tras haber llegado a la meta, permanecen allí sin volver jamás a la superficie. Nadie saca provecho de ellos y ellos no sacan provecho de nadie: pusieron el punto de mira en el fondo del océano o, más bien, es el océano quien apuntó hacia ellos- y se sumergieron en él eternamente[92].

Estas palabras son cruciales para entender la voluntad exegética del maestro andalusí. El Libro no aparece como destino, sino como estación. Tras la experiencia teofánica hay que regresar al mundo, regresar a la superficie. No basta con ver: lo visto tiene

91 Ibn ʿArabī, *El secreto de los nombres,* p. 80. Este dicho profético ejerce un papel central en la doctrina de Ibn ʿArabī. En *Las Iluminaciones de La Meca*, afirma que conoció su autenticidad mediante una experiencia personal de iluminación o desvelamiento (*kašf*). Sin embargo, en su famosa recopilación de hadices *El nicho de las luces* (*Miškāt al-Anwār*), el texto no aparece, lo cual puede interpretarse como muestra de prudencia y cortesía, en cierto modo emparentada con esa aceptación de la autoridad del maestro que el Jadir le aconsejó una vez. El maestro andalusí habría supeditado la indubitable certeza de una experiencia personal de saboreo a la asentada verdad de la comunidad de creyentes.

92 *Cf.* M. Chodkiewicz, *An Ocean Without Shore,* pp. 22-23. La traducción que utilizamos es de Fernando Mora, en *Ibn ʿArabī, op. cit.* p. 129.

que transformarnos. Y no basta con lo que uno ha visto. El océano es insondable y por eso hay que compartir e interesarse por lo que otros vieron. De ese modo se contribuye a iluminar un océano de fondo inagotable, de infinitas posibilidades. Y la superficie se convierte en un lugar más luminoso. Lejos de cualquier lógica egoica, advertimos en la invitación akbarí al zambullirse un dinamismo amoroso que refleja el constante servicio del Omni-Compasivo.

Este importante símbolo del océano puede encontrarse también en otro texto de nuestro autor, *El grifo del Oeste* (*Kitāb ʿAnqāʾ Mugrib*), con algunas variaciones. Ibn ʿArabī destaca allí la tensión erótica como íntimo e indescifrable deseo que empuja al ser humano hacia sus aguas, al tiempo que apela al movimiento de las esferas dibujando un asombroso juego de espejos y reunión de contrarios, entre los astros y el océano, entre la luz y la oscuridad, entre el horizonte de la unidad y el íntimo anhelo de las entrañas:

> Me maravillé ante un océano sin orillas;
> y ante una orilla sin océano;
> y ante una luz matinal sin oscuridad,
> y ante una noche que no tenía amanecer;
> y ante una esfera sin lugar
> conocido, ni por los ignorantes ni por los eruditos;
> y ante una cúpula azur que se alza sobre la tierra,
> circulando alrededor de su centro.
> Y en una tierra rica sin esa bóveda arqueada
> y sin lugar específico, el secreto escondido…[93]

93 Adaptamos al español, la versión inglesa de Gerald Elmore en «The Alchemical Marriage of Intellect and Soul», en https://ibnarabisociety.org/alchemical-marriage-of-intellect-and-soul-gerald-elmore/ [consultado el 25 de mayo de 2021]: «I marveled at an Ocean without shore / and at a Shore that did not have an ocean; / And at a Morning Light without darkness, / and at a Night that was without daybreak; / And then a Sphere with no locality / known to either fool or learned scholar; / And at an azure Dome raised over the earth, / circulating 'round its center – Compulsion; / And at a rich Earth without o'er-arching vault /and no specific location, the Secret concealed…». Esta conexión entre el oscuro e íntimo sentir y el orden cósmico puede entenderse según dos perspectivas. De un lado, el ser humano como parte de lo creado, en cuanto obra de *al-Raḥmān*, participa de la misma adoración esencial que las piedras, los vegetales, los animales y cualquier otra criatura, incluidos los astros. En este sentido, ser humano y astros giran en torno a un mismo centro. De otro lado, resulta interesante reparar en que la pupila humana

Un elemento que contribuye a la inagotable apertura de significado del Corán es la misma naturaleza de la lengua árabe, preñada de formas polisémicas y de construcciones gramaticales que producen situaciones de manifiesta ambigüedad interpretativa. Ibn ʿArabī permanece especialmente atento a estos fenómenos y trata de apurarlos hasta el fondo. El filósofo francés Michel Chodkiewicz llama la atención sobre un caso paradigmático: el tratamiento akbarí de la expresión «*Laysa ka-mit̠lihi šay'un*». Esta fórmula coránica se lee habitualmente como «No hay nada que sea Su semejante»[94]. El maestro andalusí acepta esa posibilidad. Pero al mismo tiempo lee: «No hay nada como Su semejante»[95], iluminando una alusión al ser humano como ser creado a imagen y semejanza de Dios. La clave de este giro interpretativo está en la partícula *ka* (como). Los eruditos musulmanes suelen reconocer su mero valor enfático respecto a*mit̠lihi* (Su semejante). Ibn ʿArabī admite este enfoque. Pero al mismo tiempo reivindica que Dios nunca dice nada en vano y que, por tanto, la partícula *ka* debe ser considerada también con toda su fuerza. Así pues, sin despegarse un milímetro de la letra revelada, deshace una fijación interpretativa y abre un nuevo horizonte de contemplación.

Desde este espíritu profundamente atento a la inagotable profusividad de la Palabra, se entiende que quien recita dos veces el Corán y las dos comprende lo mismo, no ha comprendido demasiado. El místico andalusí conviene con el maestro sufí Abū Ṭālib al-Makkī, en que «Dios nunca se revela a Sí mismo de la misma manera a dos individuos, ni en la misma forma dos veces»[96]. Una invitación pues, a adoptar una actitud de continuo dinamismo y atención amorosa a las faces aún no advertidas de lo real.

---

es principio ordenador del cosmos; en virtud del propio anhelo, el mundo entero, desde las piedras hasta los astros, se despliega ante el ser humano. Desde esta perspectiva, la pupila es esfera «sin lugar» visible (pertenece a la interioridad de lo humano) en torno a cuyo centro orbita la bóveda celeste y el conjunto del universo.

94 M. Chodkiewicz, *An Ocean Without Shore,* p. 37. Cortés traduce como «No hay nada que se le asemeje».

95 Ibid.

96 W. C. Chittick, *The Sufi Path of Knowledge*, p. 103. «God never discloses Himself in a single form to two individuals, nor in a single form twice».

9. LA CIENCIA DE LAS LETRAS

A la hora de adentrarse en las insondables aguas de la revelación, el Šayḫ explora diversas vías. Una de ellas es el estudio de «La ciencia de las letras» (*ʿilm al-ḥurūf*), un método de conocimiento que, según la tradición, se remonta a Abū Talīb, el tío del Profeta, y que sabemos, fue traído a al-Ándalus por el filósofo cordobés Ibn Masarra[97], con cuya escuela Ibn ʿArabī tuvo estrecha relación y al cual calificó como «uno de los más grandes entre los hombres de la Vía»[98]. Este saber consiste en una indagación en el sentido oculto de cada una de las letras y espacios en blanco del texto revelado, según diferentes criterios, como su forma, su sonido en la recitación o su dimensión aritmosófica[99].

Con relación a la forma, una de las técnicas habituales es considerar la línea imaginaria sobre la que se escribe cada grafema, para determinar si la letra se orienta más hacia lo oculto o hacia lo manifiesto[100]. Si ensayáramos algo similar en castellano, podríamos decir que la letra «l» pertenece al ámbito de la manifestación, mientras que la letra «g» pertenece a lo oculto. Otras variables son el sentido de los movimientos que ejecuta la mano, la descomposición de unos grafemas en otros —como si en castellano, de una «u», extrajésemos dos «íes»— o la indagación en la forma invisible apuntada —como si una «u» fuera una «o» en potencia, que solo necesita continuar su recorrido—[101].

Esta excepcional atención al sentido oculto de las letras encuentra su raíz doctrinal en la tradición según la cual Dios creó el mundo a través de Su Palabra. Ibn ʿArabī entiende que cada una de las 28 letras del alifato árabe se corresponde con las 28 letras

97 F. Mora, *Ibn ʿArabī*, p. 131.

98 V. Pilar Garrido Clemente, «Ibn Masarra a través de las fuentes: obras halladas y escritos conocidos», *Estudios humanísticos, Filología*, nº 31, 2009, p. 88. Acerca de la relación entre el pensamiento akbarí y la escuela de Ibn Masarra, además de los trabajos de Garrido, véase Michael Ebstein *Mysticism and Philosophy in al-Andalus: Ibn Masarra, Ibn al-ʿArabī and the Ismāʿīlī Tradition*, Leiden, Brill, 2014.

99 *Cf.* F. Mora, *Ibn ʿArabī*, pp. 131-132.

100 *Cf.* Ibn ʿArabī, *The Meccan Revelations*, vol. II, Nueva York, Pir, 2004, pp. 148-149.

101 Ibid.

cósmicas, a partir de las cuales, el mundo fue creado[102]. Cada letra sería así vehículo de manifestación del Ser, en una modalidad específica.

En el plano de los sonidos, el maestro andalusí atiende al modo en que el aire atraviesa el aparato de fonación articulando los fonemas. En función de si la letra es velar, dental, gutural, etc., se determina como alusión al ámbito de lo manifiesto o de lo oculto. Más adelante en el análisis del capítulo 178 de *Las Iluminaciones de La Meca*, veremos el interesante uso que da a esta herramienta para interpretar el acto creador de Dios[103].

En cuanto al plano aritmosófico, Ibn ʿArabī entiende que cada una de las letras está asociada a un número que tiene a su vez correlación con ciertas proporciones cósmicas[104]. Estaríamos por tanto ante «una suerte de álgebra cósmica», como saber de «correspondencias entre las letras y los niveles de existencia y de acción del cosmos»[105]. El siguiente fragmento de Pablo Beneito y Stephen Hirtenstein sobre el simbolismo del número 14, ilustra el grado de complejidad que alcanzó la especulación aritmosófica akbarí, así como su íntima conexión con la tradición pitagórica:

> Respecto al ciclo de los 28 días lunares, el número 14 representa la luna llena, y es así un símbolo de la más completa belleza, allí donde la luz del sol se refleja [...]. En la lengua árabe, la verdadera belleza es simbolizada por «una joven doncella de catorce años». En su comentario al decimocuarto poema de *El intérprete de los deseos* (*Tarǧumān al-Ašwāq*), Ibn ʿArabī explica otro significado cuando se atribuye el 14 a una mujer joven: «El atributo de la perfección se relaciona con ella, así que la mayor perfección del número es adjudicada a ella, que es el número 4, y que es también el 10 (1 + 2 + 3 + 4 = 10). De ahí procede el 14 (4+10).

---

102 *Cf.* W. C. Chittick, *The Sufi Path of Knowledge*, pp. 128-129.

103 V. *infra*. pp. 167-168.

104 *Cf.* Gril, Denis, «The Science of Letters», en: Ibn ʿArabī, *The Meccan Revelations*, vol. II, *op. cit.* p. 156.

105 Pierre Lory, «El simbolismo de las letras y el lenguaje según Ibn ʿArabī», *El Azufre Rojo*, nº 4, 2017, p. 101. En opinión de Denis Gril, traductor del capítulo de *Las Iluminaciones de La Meca* dedicado a este saber, la ciencia de las letras representa uno de los modos de expresión más complejos, sintéticos y alusivos del esoterismo islámico.

> El número 4 contiene así el 3 y el 2 y el 1, al mismo tiempo que contiene el 10. En términos matemáticos, los números 4 y 14 son ambos divisores de 28, lo que ha sido conocido por los griegos como el segundo número perfecto (siendo la suma de sus divisores 1 + 2 + 4 + 7 + 14)»[106].

10. EL LENGUAJE DE LAS ALUSIONES

Otra herramienta importante en el acercamiento akbarí al océano sin orillas de las teofanías es el lenguaje de las alusiones (*išāra*), un tipo de escritura que se sirve del potencial evocativo del lenguaje simbólico para decir aquello que no se puede decir directamente[107]. Conscientes del complejo juego de ambivalencias de la Palabra revelada, los sufíes desarrollaron un lenguaje técnico, de carácter poético-alusivo, con el que poder referirse a la dimensión interior, inagotable, del océano de la revelación. Así lo explica el profesor Pablo Beneito:

> Los sufíes concilian el lenguaje expresivo y claro (*ʿibāra*) con el lenguaje sugestivo de las alusiones (*išāra*). Esta distinción fundamental entre ambos modos de expresión revela a la par su lucidez y su maestría en la concepción y el empleo de su lengua [...]. Si la *ʿibāra* es el lenguaje que «hace pasar», lo interior al exterior y «expresa» lo que se ha experimentado y comprendido, la *išara* es el lenguaje que, remontándose al ámbito del símbolo en un movimiento ascensional de la palabra, sugiere las cosas sin decirlas, cifrándolas en términos que velan aquello que revelan.

---

106 Ibn ʿArabī, *The Seven Days of the heart: prayers for the nights and days of the week* (eds. Hirtenstein S. y P. Beneito), Oxford, Anqa, 2008, p. 9 (trad. propia).

107 Esta imposibilidad de comunicar lo acaecido en la experiencia iluminativa es uno de los temas sobre los que más ha escrito Luce López Baralt, una dificultad de la que, según nos dice, ya habría advertido el mismo san Juan de la Cruz. Sobre esta cuestión, puede consultarse, L. López-Baralt, *Asedios a lo indecible: san Juan de la Cruz canta al éxtasis transformante, op. cit.* Asi mismo, en *La cima del éxtasis*, la investigadora portorriqueña abre con la célebre afirmación del poeta español por excelencia: «Esto creo no lo acabará de entender quien no lo hubiere experimentado», Luce López-Baralt, *La cima del éxtasis*, Madrid, Trotta, 2020, p. 30.

> La terminología de los sufíes no es ni una abstracción ni un mero recurso estilístico, sino un lenguaje técnico, es decir, práctico, cuya originalidad surge de la necesidad de conferir a las palabras un nuevo sentido adecuado a su experiencia. Su autenticidad reside, precisamente, en esta conformidad de la expresión y la vivencia, conformidad que confiere al lenguaje de los sufíes, profundamente enraizado en la tradición, una cualidad universal[108].

Este lenguaje tiene una importante función didáctica al tiempo que suscita una puesta en cuestión de interpretaciones asumidas previamente que facilita la recreación de nuevos sentidos:

> Por su carácter gnómico y sapiencial, cuando recomienda una dirección o sugiere un modo de aproximación a su objeto, la alusión supone un intento de transmisión de conocimiento y representa una enseñanza no convencional [...]. Toda *išara* es, en cierto modo, una advertencia o llamada de atención (*tanbīh*) [...] un intento de producir un despertar en la conciencia. Aunque sea formulada como afirmación, la *išara* conlleva, de hecho, un interrogante. Su orientación pedagógica se caracteriza, en cierto modo, por una tendencia al procedimiento mayeútico: al poner en cuestión un sentido previo induce la comprensión de un nuevo sentido, virtualmente conocido[109].

El ejercicio alusivo se apoya en características específicas de la lengua árabe, en especial, en un fenómeno denominado «interreferencia léxica»[110], del cual fueron muy conscientes los miembros de la Vía e Ibn ʿArabī en particular. La mayoría de las palabras del árabe posee una raíz de tres o cuatro consonantes. Aquellos términos que las comparten en un mismo orden se unen en lo que podríamos llamar una constelación o familia de significado. De tal modo que, para un hablante nativo, y en especial si ha sido entrenado en el estudio de este fenómeno, cada vez que se utiliza una palabra perteneciente a una familia léxica se produce una suerte

108 P. Beneito, *El lenguaje de las alusiones*, p. 30.

109 Ibid. p. 27.

110 *Cf.* P. Beneito, *El lenguaje de las alusiones*, pp. 30-62; también, Louis Massignon, *Essai sur les origines du lexique technique de la mystique musulmane*, París, Cerf, 1999 y Paul Nwyia, *Exégèse Coranique Et Langage Mystique, Nouvel Essai Sur Le lexique Technique Des Mystiques Musulmans*, Beirut, Dar-El Machreq, 1991.

de resonancia musical, un efecto alusivo y poético. Como si al tocar una estrella en el firmamento, sus vecinas resonaran y brillaran:

> La extraordinaria capacidad alusiva de la lengua árabe —o de cualquier otra lengua semítica— reside en las posibilidades asociativas que brinda su sistema de raíces léxicas trilíteras [...]. Este sistema permite establecer, a partir de relaciones morfológicas y etimológicas, una sutil «red de referencias» semánticas. Tal intercomunicación léxica es una de las más fecundas fuentes de inspiración de la poesía árabe y uno de los pilares genuinos del pensamiento y la reflexión en esta lengua y. muy en particular, del lenguaje alusivo[111].

Ibn ʿArabī se sirve de este fenómeno lingüístico, tanto en la indagación del sentido de los textos revelados como en la construcción de su propio discurso. Puede recordarse aquí lo apuntado más arriba sobre los iletrados, aquellos que se acercan al mensaje revelado con una disposición de apertura que no asfixia el caudal de la manifestación entre los barrotes del intelecto[112]. En juego está una renovación del sentido del texto que sea espejo de la renovación de la creación llevada a cabo por Dios a cada instante. Según el Šayḫ, ya Muhammad advirtió que no es lo mismo el descenso del Corán a los corazones que a la garganta[113]. La palabra viva no fija la realidad, sino que la acompaña en su ilimitada dinamicidad.

Llegados a este punto, podemos tomar conciencia del reto que supone acercarse a los textos del maestro andalusí. El lector está conminado a realizar un dinamismo análogo, a cambiar su mirada de modo constante para seguir los pasos de aquel que trató de imitar el movimiento vivificador del Omni-Compasivo. Hay que seguir el perpetuo servicio amoroso de Dios sobre todas y cada una de las dimensiones de lo real. En este sentido, el amor se descubre no solo como clave de la cosmología akbarí, sino como irrenunciable luz mediante la que acercarnos a sus escritos.

---

111 P. Beneito, *El lenguaje de las alusiones*, p. 27

112 V. *supra*. p. 30.

113 M. Chodkiewicz, *An Ocean Without Shore*, p. 25.

11. LA SHARÍA COMO CAMINO DE AMOR

Algunos investigadores han presentado a Ibn ʿArabī como un autor enfrentado a la tradición, prácticamente herético y radicalmente inclinado hacia lo esotérico. Asín Palacios, por ejemplo, lo describió como «panteísta místico», una etiqueta que no parece adecuada, pues para el maestro andalusí tan importante es la capacidad de Dios para manifestarse como Su dimensión inaccesible, tan importante es la distancia que separa al Creador de lo creado como el amor que los vincula[114]. Otros autores, como Henry Corbin y su discípulo Christian Jambet, presentaron al Šayḫ como un «teósofo» cuya indagación de lo oculto buscaba una «emancipación» de la Sharía o Ley exterior[115]. Este planteamiento adolece de una parcialidad similar a la de Asín. En el pensamiento akbarí no cabe hablar de oposición entre la dimensión visible y oculta de la Palabra. No hay binarismo excluyente, sino articulación amorosa de perspectivas aparentemente contrapuestas. Y la Ley o Sharía no es algo de lo que librarse, sino un camino de amor que el siervo asume con humildad: una guía para hacer del propio ser un regalo de amor y espejar el movimiento de amor incondicionado de Dios hacia todas y cada una de Sus criaturas.

Este vínculo entre Sharía y amor quizá resulte sorprendente. Hoy en día, es típico pensar en la Ley musulmana como una regulación estricta de todos los aspectos públicos y privados de la vida, basada en una interpretación literalista de los textos sagrados y que atenta contra derechos humanos fundamentales. Sharía suele ser sinónimo de barbarie y violencia, de heteropatriarcado y homofobia, de intolerancia y tiranía. En la popularización de esta percepción confluyen una serie de factores históricos, geopolíticos y epistemológicos que no podemos tratar aquí[116]. Pero sí es

---

114 *Cf.* M. Asín Palacios, *El Islam Cristianizado*, pp. 106-115, 252-255 y 463.

115 Véase H. Corbin, *La imaginación creadora, op. cit.*, pp. 41-42, 70-77, 95-107. Acerca de la oposición en Jambet, entre exterior e interior, véase Christian Jambet, *La lógica de los orientales: Henry Corbin y la ciencia de las formas, Madrid, Fondo de Cultura Económica, 1989,* pp. 49-55 y Christian Jambet, *La Grande Résurrection d'Alamût: les formes de la liberté dans le shi'isme ismaélien, París, Verdier, 1990,* pp. 67-92.

116 En octubre de 2020 abordamos este tema, en el curso «Introducción al pensamiento decolonial latinoamericano» que ofreció el Departamento de

necesario explicar por qué la mirada de Ibn 'Arabī se sitúa en coordenadas muy distintas.

La palabra Sharía significa «camino (*šarʿ*) que conduce al agua». El maestro andalusí la concibe, justamente, como sendero de amor mediante el que reencontrarse con Dios. Vía mediante la que sumergirse en el océano sin orillas de Su manifestación. Esto sucedería a diversos niveles. En primer lugar, quien sigue las indicaciones dispuestas en el mensaje revelado, contribuye a satisfacer el anhelo amoroso de Dios de ser conocido: «Yo era un Tesoro Oculto y quise darme a conocer. Así que he creado a las criaturas para que se me conozca». En segundo lugar, quien cumple las obras de adoración obligatorias recibe Su amor condicionado: el premio del Paraíso, que Ibn Arabī concibe como reencuentro amoroso de la

---

Filosofía de la Universidad Centroamericana José Simeón Cañas (UCA) de El Salvador. A la luz del pensamiento de Ibn 'Arabī, María Zambrano y Enrique Dussel, tratamos cómo el colonialismo europeo y el modernismo islámico han contribuido a extender la percepción del sufismo como tradición que difiere de una supuesta ortodoxia musulmana. Próximamente publicaremos un artículo que desarrolle los contenidos allí presentados. Para una visión sobre el sufismo en clave decolonial, véase: Carl Ernst y Richard Martin (eds.) *Rethinking islamic studies. From Orientalism to cosmopolitism,* Columbia, University of North Carolina Press, 2010; Carl Ernst, «Between Orientalism and Fundamentalism: Problematizing the Teaching of Sufism», en: Brannon Wheeler (ed.) *Teaching Islam*, Oxford, Oxford University Press, 2002, pp. 108-123; Carl Ernst, *Following Muhammad. Rethinking Islam in the Contemporary World. Islamic civilization and Muslim networks,* Chapel Hill & London, University of North Carolina Press, 2003; Atif Khalil y Shiraz Sheikh «Sufism in the World of Islam & Orientalist Scholarship», *Philosophy East and West,* 66, nº1, 2016, pp. 194-217; Algis Uždavinys «Sufism in the Light of Orientalism», *Acta Orientalia Vilnensia,* 6.2, 2005, pp. 114-125; Abdennur Prado, *El Islam anterior al islam, op. cit.*; Abdennur Prado, *Genealogía del monoteísmo. La religión como dispositivo colonial,* Ciudad de México, Akal, 2018; Irfan Khawaja, «Essentialism, Consistency and Islam: A Critique of Edward Said's Orientalism», *Israel Affairs,* 13:4, pp. 689-713; Antonio de Diego González, «Islam(s) periférico(s). Miradas desde una perspectiva decolonial», en: *Acción-Saberes decoloniales/Semilleros de Investig-acción,* Universidad de Granada, 2017. Otra perspectiva interesante en este campo es el enfoque hermenéutico politeísta propuesto por Teresa Oñate. Su apuesta por la noética como alternativa a la violencia de la modernidad resulta especialmente afín al camino interior akbarí. Véase: G. Vattimo, T. Oñate, A. Núñez (coords.), *Politeísmo y encuentro con el Islam. Hermenéutica entre civilizaciones II* Madrid: Dykinson, 2008, Oñate y Zubía, Teresa. «Hermenéutica y *nóesis* en la posmodernidad: contra la violencia del inmundo idiota y su desmesurado color». *Scientia Helmantica: revista internacional de Filosofía*, nº 6 vol. 3, 2016, pp. 12-32.

criatura con el Creador. En tercer lugar, quien realiza las obras de adoración supererogatorias gana un acercamiento a Dios y alcanza la felicidad en este mundo, lo cual representa un anticipo del reencuentro escatológico —recordemos que según el Corán Él es el Primero y el Último—. Así quedaría expresado en el célebre hadiz: «Mi siervo no cesa de aproximarse a Mí a través de las obras supererogatorias hasta que Yo lo amo. Y cuando Yo lo amo, me vuelvo el oído con el que oye, la vista con la que ve, la mano con la que agarra y el pie con el que camina. Y si él Me pide [algo], se lo doy. Si busca refugio en Mí, le doy cobijo bajo Mi protección».

Y si bien es cierto que a quien no sigue la Ley le espera el castigo del infierno, este castigo no será una excepción al amor divino. Al contrario, el infierno encierra la primacía de Su amor incondicional sobre el incondicional. Ibn ʿArabī considera que los condenados a las llamas tienen una temperatura corporal tan alta, relacionada con su temperamento ígneo, que si estuvieran en otro lugar sufrirían más[117]. Habría, por tanto, un acto de amor compasivo en la misma «condena»[118]. El *Šayḫ* añade, además, que la estancia en el infierno no es para toda la eternidad, sino que el fuego cumple una función purificadora, depurativa. Se trataría de una estancia transitoria cuyo objetivo sería preparar a la persona para el posterior retorno a Dios, el cual considera como la mayor fuente de gozo posible. La felicidad más alta es, entonces, el fin del camino. Y el infierno solo un compasivo proceso de purificación.

Respecto a quienes entienden la Sharía de modo fijo y cerrado, quienes pretenden quedarse con una literalidad chata y desnuda, la postura del maestro andalusí no puede ser más clara: la Palabra es inagotable, como un océano sin orillas que exige un continuo dinamismo y ejercicio dinámico entre perspectivas aparentemente contrapuestas. Desde este punto de vista, la Sharía se descubre no solo como Escalera mediante la que ascender a Dios, sino también como Balanza, imagen de equilibrio entre el peso de la ocultación y de la manifestación, entre el temor reverente hacia

117 Ibn ʿArabī, *Los engarces de las sabidurías,* Madrid, Edaf, 2006, p. 193.

118 Ibn ʿArabī apunta a la raíz compartida (*ʿ-ḍ-b*) entre «castigo» (*ʿaḍāb*) y «agradable» (*yaʿḍubu*) v. M. Chodkiewicz, *An Ocean Without Shore, op. cit.*, p. 45. Con ello, no se trata de negar la realidad de la punición, sino de señalar la preeminencia del amor Omni-Compasivo de Dios.

Dios y la íntima y amorosa cercanía, entre el sentido interior y el exterior[119]. La tarea del ser humano será por tanto oscilar en busca del equilibrio. Y el fiel de la balanza será aquel Nombre que rige sobre los demás: *al-Raḥmān*, aquel que regala Su amor de modo constante e incondicional. Así pues, frente a cualquier pretensión de osificar el mensaje revelado, la Palabra exige una apertura compasiva y constante por parte del creyente. De lo contrario, estaríamos reduciéndola a algo manejable por el ser humano e imposibilitando su fluencia dinámica, al tiempo que obviando cómo nuestra propia mirada condiciona la forma en que percibimos la realidad. Como decía Ǧunayd, y no se cansaba de repetir Ibn ʿArabī: «El agua es del color del recipiente que la contiene»[120]. El compromiso con la dimensión interior y exterior de la Manifestación obliga así a un ejercicio binocular por parte del creyente, a asumir una radical disposición de apertura en el seguimiento de la Ley, en el que resulta fundamental la asunción de la propia limitación, el reconocimiento humilde de la relatividad de la propia mirada.

Por este motivo, es importante no confundir la indagación en el sentido oculto de la letra con una revocación de lo exterior. Corbin habla de una superación de la Ley exterior a partir de una experiencia extática[121]. Por nuestra parte, entendemos que en el enfoque akbarí ninguna perspectiva puede ser definitiva. Quien se sumerge en el océano sin orillas de la Palabra revelada y en el intricado juego de contrapesos de las ambivalencias está obligado a un continuo movimiento de oscilación, donde ningún aspecto puede quedar superado, donde ninguna dimensión debe ser humillada[122]. A este efecto, resulta significativo que uno de los críticos acérrimos de Ibn ʿArabī y defensor de una interpretación exterior de la

---

119 Acerca de Ley como balanza, véase W. C. Chittick, *The Sufi Path of Knowledge*, pp. 172-174. La idea de la balanza tendrá así mismo gran importancia en el acercamiento de María Zambrano al sufismo, transmutada en el símbolo del péndulo. Véase Jesús Moreno Sanz, «María Zambrano e Ibn ʿArabī: la confluencia entre dos mares y el Dios compadeciente», *El Azufre Rojo*, nº 2, 2015, pp. 261-284.

120 Ibn ʿArabī, *Los engarces de las sabidurías, op. cit.*, p. 283.

121 *Cf.* Corbin, *La imaginación creadora*, p. 70.

122 *Cf.* Ibn ʿArabī, *Meccan Revelations*, vol. II, p. 59.

Ley, como Ibn Taymiyya, tuviera buenas palabras hacia el maestro andalusí:

> [Ibn ʿArabī] habla elocuentemente en un buen número de dominios [...]. Su posición acerca de lo que está prescrito y lo que está prohibido, y acerca de todo lo concerniente a la Ley en general, es conforme a lo que debería ser[123].

En la siguiente cita del maestro andalusí, puede apreciarse el respeto que profesó a la dimensión exterior de la revelación y su inextricable ligazón al fondo de la Realidad Esencial:

> A él [el Profeta] le fue dicho: ¡transmite lo que se te ha revelado! Y él no se apartó en nada de la forma en que se le había revelado, sino que nos lo transmitió exactamente como se le dijo: pues los significados que descendieron sobre su corazón lo hicieron en forma de cierta combinación de letras, cierta composición de palabras, cierto orden de versos, cierta composición de azoras cuya totalidad comprende el Corán. A partir de ese momento, Dios le dio forma al Corán. Es esa forma la que el Profeta mostró, tal y como la contempló... Si hubiera cambiado algo, lo que nos trajo hubiera sido la forma de su propio entendimiento y no la revelación de lo que había recibido. No sería pues el Corán; tal y como vino hacia él, nos lo transmitió a nosotros[124].

En el capítulo 88 de *Las Iluminaciones de La Meca*, encontramos una actitud similar. El maestro andalusí trata las fuentes de la Ley, pero lejos de romper con la tradición, al calor de una experiencia iluminativa privada, examina con el máximo respeto y según un espíritu binocular —con un ojo puesto en la manifestación de Dios y con el otro en Su inextricable sustraerse—, temas clásicos de la jurisprudencia y la teología musulmana, como la analogía, el consenso de la comunidad, la contradicción entre aleyas o hadices y la posibilidad de su abrogación[125]. Interpretaciones del camino que censuren otras creencias, interpretaciones osificadoras de la norma o perspectivas donde se descuide la primacía del

---

123 Ibid. p. 60.

124 *Cf.* M. Chodkiewicz, *An Ocean Without Shore,* p. 23 (trad. propia).

125 *Cf.* Ibn ʿArabī, *Meccan Revelations,* vol. II, pp. 62-76.

amor Omni-Compasivo de Dios, no serían sino una perversión del mensaje coránico. Tanto aquellos que se cierran a una interpretación exterior de la Ley, como aquellos que pretenden una primacía de la experiencia iluminativa interior estarían dando la espalda a la llamada binocular de la Manifestación divina.

Ibn ʿArabī invita, así, a realizar un abrazo amoroso que abarque todas las creencias, similar al servicio incondicional del Omni-Compasivo. Pese a afirmar con rotundidad su propia tradición, o, mejor dicho, gracias a dicha afirmación, el corazón del Šayḫ está abierto a acoger otras formas, de tal modo que tradicionalismo y universalismo confluyen en su mirada:

> Aquel que se limita a un objeto de adoración en particular se muestra ignorante [...]. Si conociera el sentido de las palabras de Ǧunayd («el color del agua es el del recipiente que la contiene»), dejaría a cada uno en paz con su propia creencia. Conocería a Dios bajo toda forma y en toda religión[126].

No podía ser de otro modo para quien se mueve en una concepción multiperspectivista de la verdad. Desde este enfoque, la revelación exige una radical apertura, disposición a aceptar cualquier creencia, en cuanto se entiende que Dios se manifiesta a todas Sus criaturas, de distintos modos, y que ninguna perspectiva puede agotar el caudal que mana de Su realidad esencial. Humildad epistemológica y amor hacia la otredad van así de la mano, de modo inseparable e inequívoco.

La guía en el seguimiento de la Sharía no podrá ser entonces otra que el amor. Amor de Dios hacia los seres humanos y amor de los seres humanos hacia Dios. El incesante balance de perspectivas, el reconocimiento humilde de la dependencia respecto al Creador, la asunción de la limitación de la propia mirada y del inextricable sustraerse de lo Real, la divina voluntad de facilitar el retorno del ser humano a Sí, la humana voluntad de retornar a Dios... todos estos elementos apuntan en una dirección: la del amor como unión entre los amantes, como interés en el bien del amado e interés del amante en satisfacer su propio deseo. Introducirse en la noción akbarí de Ley es por tanto adentrarse en el terreno de la

126 Ibn ʿArabī, *Los engarces de las sabidurías*, p. 283.

binocularidad, ser capaces de mirar lo revelado según dos lógicas simultáneas, diferentes y aparentemente opuestas, pero sin que ninguna anule a la otra: afirmándolas en un mismo movimiento. Como Ibn ʿArabī en su respuesta a Averroes, se trata de ofrecer un «sí» y un «no», que significa profunda afirmación, profundo «sí» al carácter ambivalente de lo real. Lo interior y lo exterior, lo visible y lo invisible, no pueden imponerse uno sobre el otro. Al contrario, han de concebirse en amorosa unión dinámica y continua interreferencia.

12. EL ACCESO A LA VASTA TIERRA DE DIOS

Tras este paso por las fuentes de la tradición musulmana y las bases de la hermenéutica akbarí, podemos retomar el recorrido por la vida de nuestro autor. Decíamos que, rondando la veintena, Ibn ʿArabī decide abandonar todo lujo y forma de disipación, para concentrarse en la devoción amorosa a Dios. Durante años, recorre al-Ándalus de modo incansable, en busca de nuevos maestros y personas con las que dialogar. Especialmente importantes serán las enseñanzas que recibirá de maestras sufíes como Yasmīna de Marchena o Fátima de Córdoba[127] —a esta última le dedicará un importante apartado en el capítulo 178 de *Las Iluminaciones de La Meca*—. Acostumbra también a realizar retiros en cementerios. Ello propicia diversas experiencias visionarias[128]. En dos de ellas, ve a todos los profetas y se le revela que él es el Sello de la santidad muhammadí, «el último santo en recibir íntegramente la herencia espiritual del profeta Muhammad»[129].

En 1194 (590 H) realiza, por primera vez, un viaje más allá de tierras andalusíes. Tras una temporada en Ceuta, se instala en Túnez, donde frecuenta la compañía de su fiel amigo al-Mahdawī, un discípulo del célebre maestro sufí Abū Madyan. Allí

127 Sobre Fátima de Córdoba, véase *infra*. p. 226.

128 F. Mora, *Ibn ʿArabī*, p. 46.

129 Ibid. p. 47. Sobre este título, véase Michel Chodkiewicz, *Seal of the Saints: Prophethood and Sainthood in the Doctrine of Ibn ʿArabī*, Cambridge, The Islamic Text Society, 1993, pp. 128 y ss.

experimenta un segundo encuentro con el Jadir[130]. Pero, sobre todo, Túnez es el lugar donde accede por primera vez a la «Vasta Tierra de la Realidad», un dominio de símbolos donde lo sensible se hace inteligible y lo inteligible se hace sensible, territorio intermedio entre el mundo físico y espiritual, restringido a quienes han transitado el sendero de la amorosa servidumbre (*ʿubūdiyya*):

> Cuando penetré en esa morada, en la época en que me hallaba en Túnez, lancé inconscientemente un grito; nadie lo oyó sin perder el conocimiento. Las mujeres que se encontraban en los terrados vecinos se desmayaron; algunas cayeron del terrado al patio; pero, a pesar de la altura, no se hicieron ningún daño. Yo fui el primero en recobrar el conocimiento; estábamos cumpliendo con el rito de la oración detrás del *imām*; vi que habían caído todos fulminados; al cabo de un momento, volvieron en sí, y yo les pregunté: «¿Qué os ha sucedido?». Me respondieron: «¡Eres tú quien tienes que decirnos qué te ha ocurrido! Has lanzado tal grito que has provocado lo que ves». Les dije: «¡Por Dios, no me he dado cuenta de que yo haya lanzado ningún grito!»[131].

Para entender en qué consiste este ámbito, hemos de abandonar nuevamente la biografía del Šayẖ y explicar primero cuál es su forma de entender el cosmos, lo cual exige hablar de las nociones de similaridad e incomparabilidad y de su manera de entender el Ser y el conocimiento.

---

130 Escribe el Šayẖ: «Me encontraba en el puerto de Túnez, en una embarcación sobre el mar, cuando de pronto me dio un dolor de vientre. Mientras los pasajeros dormían, subí a cubierta a contemplar el mar. De pronto, a la luz de la luna, que esa noche estaba llena, vi a lo lejos venir a alguien hacia mí caminando sobre el agua. Cuando llegó a mi altura, se detuvo y luego levantó un pie, apoyándose sobre el otro; reparé en que la planta de su pie estaba seca; hizo lo mismo con el otro pie y constaté idéntica cosa. A continuación, me habló según un lenguaje propio de él; luego se despidió y se marchó en dirección del faro situado en la cima de una colina, casi a tres kilómetros de allí. Franqueó esa distancia en tres pasos. Pude escuchar cómo hablaba a Dios en el faro. Tal vez se dirigía a casa de nuestro *šayẖ* Ibn *Ḫamīs* al-Kinānī, uno de los grandes maestros del camino, que vivía en Marsa ʿIdūn, de cuya casa venía esa noche. Cuando volví a la ciudad un hombre con el que me encontré me preguntó qué me había ocurrido durante la noche en el barco con al-Jadir, qué me había dicho y qué le había dicho yo a él», en F. Mora *Ibn ʿArabī,* pp. 55-56.

131 Ibid. pp. 56-57.

13. INCOMPARABILIDAD Y SIMILARIDAD

Como ya sabemos, en la Palabra revelada se da un constante juego entre perspectivas aparentemente contrapuestas: Unidad-Multiplicidad, Oculto-Manifiesto, Interior-Exterior, siervo-Vicerregente, etc. Para tratar estas ambivalencias, Ibn ʿArabī recoge dos nociones clásicas de la tradición sufí: incomparabilidad (*tanzīh*) y similaridad (*tašbīh*). La perspectiva de la incomparabilidad ilumina la dimensión Unitaria, Oculta e Interior de la Divinidad. Se orienta hacia su diferencia respecto al mundo de lo creado. Al considerar los seres mundanos, se repara en su carencia, imperfección y distancia respecto a la Realidad divina. Y al considerar la Realidad divina, se destaca su carácter inaccesible, el sustraerse de Su Mismidad, más allá de cualquier donación positiva. La perspectiva de la similaridad ilumina la dimensión Múltiple, Manifiesta y Exterior de la Divinidad. Se orienta hacia su semejanza respecto al mundo de lo creado. Al considerar los seres mundanos, se repara en ellos como obras del Creador, manifestación de Su poder, de Su Compasión amorosa. Y al considerar la Realidad divina, se destaca su carácter manifiesto, la procesión de Sus luces que tienden un puente entre Dios y el ser humano.

De esta manera, el mundo de la creación es incomparable a Dios y similar a Dios. Realidad absolutamente diferente a la realidad divina y, a un mismo tiempo, manifestación de Su Amor creador. El mundo es «no-Él» (*lā huwa*) y a la vez es como «Él» (*huwa*). Desde la tradición filosófica cristiana, puede reconocerse cierta similitud con el discurso de Dionisio el Pseudo-Areopagita: «Él es todas las cosas y nada de lo que es»[132]. Si bien la fórmula akbarí parece más pulcra a la hora de subrayar el abismo entre lo divino y lo humano. Menos acertado sería en cambio, identificar, sin más, incomparabilidad con trascendencia y similaridad con inmanencia. Si hablamos de trascendencia-inmanencia, el punto de referencia es el ser humano y el mundo visible, lo presente, lo que está ya aquí. Trascendente es lo que está más allá de esto que se me presenta. E inmanente es lo presente, esto que tengo ante mí. En

132 Pseudo Dionisio Areopagita, *Obras Completas*. Madrid, Biblioteca de Autores Cristianos, 2007, p. 13

cambio, cuando hablamos de incomparabilidad y similaridad, el punto de referencia es Dios en cuanto Ausente y Presente. El sufí observa el mundo desde esta posición. Y dice «esto que se me presenta es incomparable al Dios ausente, no es Él». O «esto que se me presenta es similar al Dios ausente, es como Él». El centro de su mirada está puesto en el Amado. Y justamente, similaridad e incomparabilidad son nociones en íntima sintonía con la experiencia amorosa. En clave fenomenológica, podemos decir que el deseo amoroso es intencionalidad del sujeto hacia una otredad ausente, presencia de una ausencia, así como afirmación de ese otro ausente-presente. El ahínco de Ibn ʿArabī en reconocer estas dimensiones de modo simultáneo puede leerse, entonces, como fruto de su profundo amor, un amor binocular, a la realidad divina, en su doble dimensión una y múltiple, oculta y manifiesta, interior y exterior.

Llevada al campo de la ontología, esta mirada bifronte y dinámica conduce a nuestro autor a hablar del ser o existencia (*wuǧūd*) también en términos ambivalentes. El mundo de lo creado será algo que es y que no es: un ser relativo entre el Ser absoluto de Dios, la Esencia (*al-Ḏāt*) o Realidad (*al-Ḥaqq*) del cual procede su existencia y el no-Ser absoluto. En cuanto el Único Ser verdadero es Dios y según la perspectiva de la incomparabilidad, ningún existente verdaderamente es. Pero al mismo tiempo, según la perspectiva de la similaridad, el plano de la existencia es manifestación de la Realidad esencial, de modo que todo lo existente es. A esta imagen se suman otras perspectivas que redundan, sin embargo, en un mismo esquema. Podemos fijarnos, por ejemplo, en las nociones de necesidad y posibilidad —probablemente heredadas del pensamiento de Avicena—. Dios es el Ser Necesario (*wāǧib*), del que procede todo lo posible (*mumkin*), mientras que lo imposible se correspondería con el ámbito del no-Ser absoluto, de tal modo que lo posible es un estado intermedio, que depende en última instancia de la voluntad divina, de Su amor Omni-Compasivo. Otra perspectiva interesante es la de la luz y la oscuridad. El mundo de los seres o existentes es un ámbito de claroscuros donde se advierte tanto la obscura ausencia de Dios, como la luminosa presencia de Su asistencia amorosa.

Este juego de luces y esquemas triádicos es crucial también en la cosmología akbarí. Gracias al aliento vivificador de *al-Raḥmān,* el universo existe. Con cada exhalación, el conjunto de lo creado es afirmado y sostenido en el ser. Pero ello supone también que cada vez que el aliento se retira, las criaturas dejan de existir. Debido a esta relación de dependencia, Ibn ʿArabī sostiene que el conjunto de lo creado posee un rango ontológico inferior al del Creador, igual que un sueño posee un rango inferior respecto al de quien está soñando. La propia existencia depende en ambos casos de un otro.

14. EL GRAN *BARZAḪ*

Desde la consideración ambivalente del ser, el universo al completo se descubre en su carácter ilusorio, realidad sin consistencia propia. Ibn ʿArabī llama a reparar en esta óptica que entronca con el célebre hadiz donde Muhammad dice: «Todos los hombres están dormidos; solo cuando mueren despiertan»[133]. Así pues, con relación a la Esencia divina, el conjunto de lo creado no-es, mientras que, con relación a Su Manifestación, cada criatura forma parte de la Divina presencia. Desde este enfoque, el universo se presenta como un gran *barzaḫ*, un «istmo» o realidad intermedia que separa dos realidades opuestas a la vez que participa de ambas. En el Corán, el término *barzaḫ* aparece en tres ocasiones, una de ellas como separación entre dos grandes mares, uno dulce y agradable, el otro de agua salobre y amarga[134]. El Universo como espacio intermedio entre el Ser Absoluto de Dios y el No-Ser absoluto, cumpliría una función similar, según nuestro autor[135].

Que el conjunto de la creación pueda ser interpretado como un gran istmo, realidad intermedia entre el Ser y el no-Ser, no excluye, sin embargo, la posibilidad de reconocer diferentes grados ontológicos en su seno. Ibn ʿArabī concibe el acto de la Creación como un movimiento de despliegue descendente, desde la Absoluta Ocultación de Dios en su Esencia hacia Su Manifestación, desde lo

133 *Cf.* Toshihiko Izutsu, *Sufismo y taoísmo: estudio comparativo de conceptos filosóficos clave,* vol. I, Madrid, Siruela, 1993, p. 20.

134 Véase C. 25:53.

135 Para una visión más completa de la cosmología akbarí, véase William C. Chittick, *The Self-Disclosure of God: Principles of Ibn ʿArabī's Cosmology.* Albany, SUNY, 1998.

Interior hacia lo Exterior, desde lo Invisible hacia lo Visible, desde la Unidad hacia la multiplicidad, desde lo sutil hacia lo denso, desde lo espiritual hacia lo corpóreo, desde el Ser hacia el no-Ser[136]. Para comprender mejor el planteamiento akbarí, podemos imaginar el universo como un cuerno de luz. El extremo puntiagudo estaría junto al Ser y la base, o parte más ancha, junto al no-Ser. En la punta se situaría el inicio de la manifestación, o inicio de la creación, un rayo luminoso —recordemos la Azora de la Luz[137]— que, en su despliegue, en su difractación, se va ensanchando cada vez más, como símbolo del movimiento desde la unidad hacia la multiplicidad, del Ser hacia el no-Ser, de la luz hacia la oscuridad. Gracias a este movimiento —que desde una perspectiva amorosa se descubre como donación desde el máximo poder hacia la máxima carencia—, es posible diferenciar distintos grados ontológicos. Cuanto más cerca estemos del extremo puntiagudo, mayor será el grado de Ser. Y cuanta más distancia haya, menor consistencia ontológica habrá. La posibilidad de diferenciar grados será, entonces, tan ilimitada como insondable resulta el Océano de la Manifestación divina. Si el movimiento creador es un continuo, cabe reconocer infinitos grados ontológicos en el universo, de igual modo que una línea recta puede ser dividida en infinitos segmentos. Desde esta perspectiva, cualquier ser, independientemente del lugar ocupe en el cosmos, se descubre como *barzaḫ*, realidad de límites ambiguos, descriptible en función de lo que la rodea y del punto de vista que adoptemos.

15. EL MUNDO IMAGINAL

Ibn ʿArabī es muy consciente de este juego de posibilidades y usará diferentes categorizaciones a la hora de hablar del cosmos. Una de las más recurrentes parte de la distinción entre cuerpo y espíritu. El Universo se dividiría en tres mundos, en jerarquía ontológica descendente: espiritual, imaginal y corpóreo. El mundo de la imaginación, o «mundo imaginal» según la

136 En términos amorosos puede pensarse en este movimiento como un acto compasivo de donación, un regalo de Dios hacia lo inexistente, desde la máxima plenitud, dirigido hacia la más pura de las carencias.

137 Véase C. 24:35.

denominación popularizada por Henry Corbin, se corresponde con la llamada «Vasta Tierra de la Realidad». El maestro andalusí lo describe como un *barzaḫ*: ámbito que separa lo espiritual y lo corpóreo, pero a la vez participa de ambos, espacio donde los cuerpos se espiritualizan y los espíritus se corporeizan, donde lo sensible se hace inteligible y lo inteligible se hace sensible. Para explicar esta noción es común, en el sufismo, recurrir a la experiencia onírica. En el ámbito de los sueños también se produce cierta mezcla de órdenes, no es raro soñar realidades sensibles que encierran un significado profundo. Según Ibn ʿArabī: «El soñador ve significados con forma de objetos sensoriales, ya que la realidad de la imaginación consiste en corporeizar aquello que no es propiamente un cuerpo»[138]. Por eso también es común hablar del mundo imaginal como espacio de símbolos, lugar donde forma y contenido, cuerpo y espíritu, aparecen entrelazados.

Ibn ʿArabī entiende que, en virtud de su naturaleza intersticial, el mundo imaginal resulta necesariamente ambiguo. En función del punto de referencia que adoptemos, mostrará unas cualidades u otras. Por ejemplo: con relación al mundo corpóreo, será luminoso, sutil y con mayor grado de realidad, pero con relación al mundo espiritual será oscuro, denso e ilusorio[139].

La entrada en la Vasta Tierra de la Realidad supone, por tanto, acceder a un nivel de conciencia sutil, superior al de quienes solo admiten como real aquello que se puede tocar. Sin suponer una cancelación del mundo corpóreo —pues lo incluye—, el reconocimiento de las realidades imaginales implica una transformación del mundo de la percepción. Los seres materiales se presentan en forma inteligible y los seres inteligibles se presentan en forma sensible. Se trata así de un ámbito cognoscitivo de confluencia entre órdenes habitualmente considerados como opuestos e irreconciliables.

En lo que respecta al conocimiento de Dios, el mundo imaginal ofrece una mayor cercanía, ya que quien accede a la conciencia de las realidades intermedias se halla más cerca del principio del cuerno cósmico, del origen de la luz, que cuando se hallaba en

138 W. C. Chittick, *Mundos imaginales*, p. 105.

139 W. C. Chittick, *The Sufi Path of Knowledge*, pp. 14-15.

un nivel de conciencia corpórea. Según Ibn ʿArabī, en un estado de conciencia ordinario, Dios se presenta meramente como ausencia, oscuridad. Resulta invisible a los sentidos, a la vista al oído. Quien accede al mundo imaginal puede gozar, en cambio, de las luces de Su manifestación. El Creador se le hace visible, se muestra de modo positivo. Se hace cognoscible.

16. LOS TRES NIVELES DE CONOCIMIENTO

Como vimos en el epígrafe dedicado al Corán y los hadices, en el mensaje revelado hay una continua exhortación a adquirir conocimiento (*ʿilm*)[140]. En cuanto Dios es realidad Oculta y principio de Unidad, el ser humano está llamado a reconocer Su diferencia respecto al mundo y la unidad del Ser (*tawḥīd*). Pero al mismo tiempo, en cuanto Dios se manifiesta de modo ilimitado y Su aliento vivificador engendra el universo, el ser humano puede acceder a la multiplicidad ilimitada de Sus teofanías. La declaración de fe musulmana, la *šahāda,* concentra estas dos perspectivas. Dios como unidad oculta: «No hay dios, sino Dios». Y Dios como realidad manifiesta: «Muhammad es su Enviado». La llamada a adquirir conocimiento se descubre, entonces, como una tarea infinita para el siervo fiel.

En la introducción a *Las Iluminaciones de La Meca,* Ibn ʿArabī diferencia tres niveles en el conocimiento humano[141]. En un primer nivel, sitúa el intelecto (*ʿaql*), que se despliega en dos modalidades: la aprehensión intelectual de forma inmediata o autoevidente y la inteligencia que «extrae» un aspecto relevante a partir de la observación de signos (*dalīl*), como premisas, argumentos o fenómeno naturales[142]. Esta mención a la extracción está ligada a la propia etimología del término intelecto (*ʿaql*), en cuyo campo de interreferencia léxica aparecen voces como «atar» y «separar». Desde este sentido alusivo, puede pensarse en la inteligencia como

140 V. *supra*. p. 32.

141 V. James Morris, «How to Study the *Futûhât*: Ibn 'Arabi's Own Advice» (1993) en https://ibnarabisociety.org/how-to-study-the-futuhat-james-morris/ [consultado el 5 de mayo de 2021].

142 Ibid.

un arte de separar y dividir según conceptos, de forma similar a la visión platónica de la *diánoia* como técnica de caza mediante la que atrapar la cosa[143]. En el caso de la aprehensión intelectual, puede apreciarse la similitud con el concepto griego de *noesis*.

En un segundo nivel, Ibn ʿArabī sitúa el conocimiento a través de un estado (*ḥāl*). Se trata de un saber que precisa de una experiencia directa y no puede ser sustituido por ningún medio conceptual. El maestro andalusí invita a pensar en la dulzura de la miel, el placer del coito o la profundidad del anhelo amoroso. Quien no lo experimente en sus propias carnes, jamás lo conocerá de verás. Y quien lo haya experimentado no incurrirá jamás en error cuando hable de su propia experiencia, pues la verdad de lo vivido es inapelable. El error solo puede darse cuando se afirma algo que trasciende la relatividad de la vivencia.

En un tercer nivel se situaría el conocimiento de los secretos divinos. El maestro andalusí explica que su objeto es lo divino y que no puede ser alcanzado mediante el mero esfuerzo humano, sino que necesita del concurso de la gracia. Es producto «del soplo del espíritu de Dios en el corazón del ser humano» y caracteriza a santos y profetas[144]. Se divide en tres clases. Una primera donde está implicado el intelecto, por ejemplo, el hadiz: «Nada existe, sino Él, sin nada debajo de Él y nada sobre Él». Una segunda relacionada con el conocimiento a través de un estado, saber de experiencia directa, como cuando el Profeta describe el río del Paraíso como más dulce que la miel. Y una tercera, donde el conocimiento se basa en la recepción de un mensaje (*iḫbār*) que emana directamente de Dios, como cuando el Corán habla sobre la existencia verdadera del Jardín del Paraíso.

17. EL INTELECTO

Ibn ʿArabī concibe el intelecto como herramienta que permite conocer a Dios según Su incomparabilidad (*tanzīh*), contemplar el mundo según su diferencia respecto al Creador, y decir «es *no-Él*»

143 V. Platón, *Diálogos III, Fedón, Banquete, Fedro*. Madrid, Gredos, 1988, pp. 329-330 y 336.

144 *Cf.* J. Morris, «How to Study the *Futûhât*», *op. cit.*

(*lā huwa*). Por eso se relaciona con el hadiz: «Nada existe, sino Él, sin nada debajo de Él y nada sobre Él». Puede advertirse aquí algo de ese atar y separar contenido en la interreferencia léxica de *ʿaql*. Mundo y divinidad son separados por la inteligencia. Son atados, preservados en su mismidad. La dimensión incomparable de Dios queda así protegida.

El maestro andalusí advierte, sin embargo, sobre la importancia de utilizar esta facultad adecuadamente. Cuando se trata de conocer el mundo, el intelecto puede usarse en su modalidad extractiva: esto es, como técnica lógico-discursiva que abre positivamente la realidad y permite dominarla. Pero si se quiere conocer a Dios, su uso debe restringirse a la función negativa: limitarse a señalar la incomparabilidad que existe entre mundo y divinidad. De lo contrario, podría darse una limitación y simplifcación del caudal de la manifestación a los estrechos márgenes de la inteligencia humana. El correcto encauzamiento de la facultad intelectual pasa, entonces, por asumir su propio orbe y no pronunciarse sobre un ámbito que la supera[145].

18. LA FACULTAD IMAGINAL

Tan importante como la facultad intelectual será la facultad imaginal (*ḫayāl*). Mientras la primera se orienta hacia la perspectiva de la incomparabilidad, la segunda es fiel de la perspectiva de la similaridad (*tašbīh*). La imaginación permite reconocer la faz de Dios en el mundo, Su manifestación (*tağallī*) y decir «es *como Él*» (*huwa*). Esta óptica supone un cambio cualitativo respecto a la percepción ordinaria, donde no hay conexión con lo oculto. Quien reconoce el brillo de la manifestación divina realiza un movimiento

145 Puede advertirse cierto paralelismo con la Teología Negativa de Pseudo-Dionisio. Mientras que, en clave heideggeriana, y de la mano de Henry Corbin, puede reconocerse a Ibn ʿArabī como un autor plenamente consciente de la diferencia ontológica y que, por ello, no podía más que afirmar la Unicidad del ser en un sentido trascendental, y no en un sentido teológico, como *Ens Supremum*. Véase H. Corbin, «De Heidegger à Sohravardî: entretien avec Philippe Nemo: entretien avec Philippe Nemo» (1976), en https://www.amiscorbin.com/biographie/de-heidegger-a-sohravardi/ [consultado el 20 de octubre de 2020].

de ascenso cognoscitivo, inverso al descenso ontológico del hálito Omni-Compasivo de Dios. La persona reconoce la *imagen* de Dios en Sus criaturas, el brillo de lo divino en el mundo. A este respecto, Henry Corbin subraya la importancia de no confundir la facultad imaginal con la capacidad inventiva[146]. Lo imaginal no es lo mismo que lo imaginario, no es producto de la voluntad de la persona, sino el reconocimiento de cierto orden, cierta dimensión de la realidad que permanece oculta en un nivel percepción corriente. Reconocer la faz de Dios en el cosmos implica una concurrencia de sensibilidad e inteligibilidad, lo cual resulta coherente con la idea de la Vasta Tierra de la Realidad como ámbito intersticial, *barzaḫ*, que separa al mismo tiempo que hace confluir los opuestos. La facultad imaginal permite acceder a ese lugar donde lo material se espiritualiza y lo espiritual se materializa. Es momento de sensibilización de lo inteligible e inteligibilización de lo sensible.

El saber imaginal se ubica dentro del género de conocimiento de los secretos divinos, en su segunda modalidad. Esto significa dos cosas. Que no habrá otro modo de alcanzarlo más que la vivencia directa. Y que está ligado a un estado (*ḥāl*)[147]. El estado es la experiencia iluminativa de encuentro con la divinidad. Como un destello de luz. Para que se produzca, es necesario el concurso de la gracia. Se goza de una imagen divina, gracias a que Dios se revela. Pero la tonalidad que adquiera esa visión, la forma en que es recibida por la persona depende del nivel de realización espiritual que haya logrado, de la estación o morada (*maqām*) que el viajero espiritual haya alcanzado previamente[148]. Como decíamos más arriba: «El agua es del color del recipiente que la contiene»[149]. El conocimiento imaginal requiere, por tanto, de un trabajo previo por parte de la persona, una propedéutica espiritual que propicie

146 *Cf.* H. Corbin, *La imaginación creadora, op. cit.*, pp. 209-215.

147 La incomunicabilidad del conocimiento obtenido a través de la experiencia teofánica es un tema recurrente dentro de la literatura mística. Como decía san Juan de la Cruz: «Esto creo no lo acabará de entender quien no lo hubiere experimentado».

148 Como apunta Chittick, el sentido básico de la raíz de *ḥāl* es «cambio de una situación a otra», W. C. Chittick, *The Sufi Path of Knowledge*, p. 264.

149 V. *supra*. p. 53.

una adecuada recepción de la teofanía[150]. Podemos conectar este punto con el papel de la servidumbre (*ʿubūdiyya*) como modo de hacer el corazón del ser humano adecuado espacio para acoger a Dios. Por eso decíamos que el acceso de Ibn ʿArabī a la Vasta Tierra de la Realidad, durante su estancia en Túnez, fue posible gracias a su adhesión previa a la *ʿubūdiyya*. El discípulo sufí se sumerge con decisión en el sendero de la humildad. Reconoce su dependencia respecto al Creador. Practica el desasimiento (*taǧrīd*) del mundo para concentrarse en Dios. Y renuncia a limitar la realidad a la horma de su propio intelecto. Así es como hace del corazón adecuado espejo de la realidad divina.

19. EL SÍMBOLO DEL CORAZÓN

El símbolo del corazón ocupa el lugar más alto en la teoría del conocimiento akbarí. El órgano cordial es centro de confluencia dinámica entre la imaginación y el intelecto. De un lado, es diástole, cavidad que se ensancha para que entre nueva sangre: como un anfitrión que ofrece su casa o un engarce que abarque una joya. Fiel a la perspectiva de la similaridad, el corazón dice «sí» a cualquier manifestación de lo real, en cuanto expresión relativa de lo Absoluto. Del otro lado, es sístole, cavidad que se cierra, paredes que se estrechan para expulsar la sangre. Fiel a la perspectiva de la incomparabilidad, el corazón reconoce que ninguna forma limitada puede agotar el fondo unitario de lo Real. Por eso no se *con-forma*, no se fija a nada recibido. El reconocimiento de la insuficiencia de

150 No obstante, Ibn ʿArabī se cuida mucho de presentar un esquema determinista. Aunque es cierto que cada estación está asociada a determinados estados, igual que los distintos lugares por los que se asciende una montaña se asocian a distintas perspectivas posibles, la gracia divina juega un papel decisivo, en un doble sentido. De un lado, Así lo explica Michel Chodkiewicz*cf.* Ibn ʿArabī, *Meccan Oppenings,* vol. II, p. 11. Es posible experimentar el estado característico de una estación sin haber alcanzado la estación. Y viceversa: es posible alcanzar una estación sin experimentar su estado correspondiente. Lo único importante para el verdadero viajero espiritual, según el Šayḫ, es el conocimiento alcanzado, es decir, no importa tanto lo que suceda en el conocedor, como la labor de servicio a Dios en cuanto Realidad que demanda ser conocida. En este sentido, podemos hablar, desde una óptica amorosa, de una concentración de todo el interés del amante en el interés del amado.

toda forma le hace dar espacio de nuevo. Y así se perpetúa el movimiento. La sangre circula hacia otro lugar y el corazón se expande otra vez. La profunda fidelidad a lo absoluto conduce, por tanto, a decirle «sí» al flujo de lo relativo, a lo limitado aún por venir.

Ese doble compromiso con la ocultación y la manifestación implica reflejar el mismo dinamismo de las procesiones teofánicas. En cuanto cada nueva teofanía supone una renovación de la anterior, un más allá, que muestra una faz inédita, el corazón participa de la continua recreación del mundo y de la imagen divina. Por eso Ibn ʿArabī dice que quienes acceden a la perspectiva de la similaridad (*tašbīh*) no saben lo que significa el hastío o el desinterés[151] y que quienes constriñen a Dios a la forma de su propia creencia «no tienen conciencia de la renovación de la existencia en cada aliento»[152]. Igual que el hálito del Omni-Compasivo se derrama «en todas direcciones», el corazón akbarí hace circular la sangre en ramificaciones innumerables[153]. Su forma de ser es la continua fluctuación amorosa, atento siempre al movimiento del Amado[154].

> En tanto que Dios Se diferencia en Su Manifestación en las formas, el corazón se ensancha y se encoge necesariamente a la medida de la forma en la cual la manifestación divina se opera, sin sobrepasarla en nada[155].

---

151 W. C. Chittick, *The Sufi Path of Knowledge,* p. 105.

152 Ibn ʿArabī, *Los engarces de las sabidurías,* p. 127.

153 Ibid. p. 125. Ibn ʿArabī toma la expresión «movimiento en todas las direcciones» del maestro sufí Ǧunayd.

154 Escribe Cecilia Twinch: «Las cualidades del corazón, que son cruciales para reconocer al Verdadero cuando aparece en diferentes formas son, como destaca Ibn ʿArabī, su capacidad para cambiar y su capacidad para aceptar las diferentes formas. Esto está ligado a la propia palabra "corazón" que en árabe es *qalb*, cuya raíz léxica implica los significados de cambio y transformación, de giro y fluctuación. La idea de "un cambio del corazón" está implícita en la palabra misma. También lo está la idea de la inversión, ya que cuando la segunda letra de la raíz *qalb* (Q-L-B) se invierte, nos quedamos con la raíz Q-B-L, que significa aceptar o recibir, como en las famosas líneas: *laqad ṣāra qalbī qābilan kulla ṣūratin*, "Mi corazón se ha tornado capaz de aceptar todas las formas" o "Mi corazón se ha vuelto receptivo a cada imagen"», C. Twinch, «La sabiduría del corazón», *op. cit.* pp. 124-125.

155 Ibn ʿArabī, *Los engarces de las sabidurías, op. cit.,* p. 121.

A este movimiento espejante que responde a la lógica del amor servicial, se une la dimensión del deseo. Ibn ʿArabī entiende que el ser humano, como el resto de las criaturas, está en tensión hacia el Creador, que hay una tendencia innata e irremediable en él, a retornar (*ruǧūʿ*) a la Unidad de la que procede[156]. Como *al-Raḥmān*, Dios imprime en todas las criaturas el impulso hacia el retorno. Y como *al-Raḥīm*, ofrece a los seres humanos la posibilidad de conocerLo, en este mundo, anticipando el gozo del encuentro definitivo[157]. En cuanto cada persona forma la imagen del Amado desde su propio anhelo de presencia y cercanía, Ibn ʿArabī considera que el ser humano no conoce propiamente a Dios en Su Esencia, sino a su Señor. Como reza el célebre hadiz: «Quien se conoce a sí mismo conoce a su Señor». Nuevamente podemos decir que «el agua es del color del recipiente que la contiene»[158].

Al corazón corresponde, justamente, la función de invertir esa relación. De él depende que el ser humano no sea lugar de limitación y confinamiento del flujo divino, sino espacio de receptividad dinámica y transparencia. Que en vez de comportarse como recipiente que reduce las posibilidades cromáticas del agua a un solo color, la persona sea cristal transparente capaz de adoptar cualquier coloración en cualquier momento. Estar continuamente abierto y dispuesto a fluctuar según el signo de la Manifestación de Dios, tal es la propuesta del maestro andalusí:

> El corazón cambia (*taqallaba*) de un estado a otro, así como Dios (Allāh), que es el Amado, está «cada día ocupado en un cometido». Así que quien ama varía (*tanawwaʿa*) en la adecuación de su amor a la variación del Amado en Sus acciones, al igual que un cristal puro y transparente varía dependiendo del líquido que se vierta en él. El color de quien ama es el color de su Amado[159].

Este servicio amoroso se relaciona íntimamente con el hadiz del Tesoro Oculto, ya que cuando el ser humano conoce al Amado a través de sus teofanías, se produce una satisfacción del deseo

---

156 W. C. Chittick, *The Sufi Path of Knowledge*, p. 20.

157 Ibid.

158 Ibn ʿArabī, *Los engarces de las sabidurías*, p. 283.

159 C. Twinch, «La sabiduría del corazón», p. 128.

divino. La acción de apertura del siervo, que imita el abrazo amoroso del Omni-Compasivo, genera así un círculo virtuoso de reciprocidad amorosa, gratuita y Omni-Comprehensiva.

Por si este juego de espejos no fuera suficientemente rico, Ibn ʿArabī analiza el acto de contemplación de Dios por parte del ser humano, desde la perspectiva de la Unidad divina. Si Dios es el único agente, el único ser verdadero, el acto de amor por el que el ser humano conoce a Dios no es más que una ilusión. En realidad, es el propio Dios quien, en última instancia, se conoce a Sí mismo, a través de la pupila de Su criatura.

Puede apreciarse, entonces, una relación amorosa en el conocimiento cordial que se despliega, al menos, en cuatro dimensiones. En primer lugar, desde una perspectiva cosmológica, el hálito del Omni-Compasivo se regala como aliento vivificador sobre lo que está privado de existencia: es regalo incondicional, pura donación amorosa, de Quien gozando de la máxima plenitud se derrama sobre la máxima carencia. En segundo lugar, la persona que reconoce el brillo de lo divino en el cosmos contribuye a hacer realidad el deseo del Amado de ser conocido. Tercero, la persona que reconoce a Dios satisface su profundo anhelo de encontrarse con Aquel hacia el que está amorosamente tendido. Y cuarto, desde la perspectiva de la Unidad del Ser, es en realidad Dios quien se conoce y se ama a Sí mismo.

20. LA AMBIVALENCIA DEL *WUǦŪD*

Uno de los aspectos más interesantes del pensamiento de Ibn ʿArabī es la forma en que considera la expresión *wuǧūd*, un término empleado durante siglos por teólogos y filósofos musulmanes para referirse al Ser divino. El maestro andalusí ahonda en el potencial alusivo de la palabra para desplegar un sentido ambivalente. Desde una perspectiva ontológica, entiende que *wuǧūd* significa, en efecto, «ser» o «existencia». Pero desde una clave gnoseológica, y de acuerdo con su interreferencia léxica, el *wuǧūd* puede leerse también como un «encontrar»[160]. Esta doble perspectiva enlaza con

160 W. C. Chittick, *The Sufi Path of Knowledge, op. cit.* p. 6.

la posibilidad de concebir lo real según el movimiento descendente del hálito del Omni-Compasivo o según el movimiento ascendente cognoscitivo del ser humano. El ser o existencia se descubre entonces como producto del amor compasivo de Dios, al tiempo que como tesoro descubierto por un ser humano amante, impulsado por el deseo de encontrarse con el Amado. Cabe hablar, en este sentido, de una estructura circular de co-constitución dinamizada por el impulso del amor. Puede advertirse aquí cierta similitud con la noción husserliana de co-constitución trascendental entre noema y nóesis[161]. El planteamiento akbarí parte igualmente de una concepción ambivalente, dinámica, del ser y el conocimiento, más allá de toda pretensión objetivista o subjetivista. Así mismo, en cuanto la dinámica del círculo responde a una lógica amorosa, cabe reconocer también cierta consonancia con el pensamiento de un Max Scheler, que precisamente llevó los planteamientos de Husserl a un ámbito de cordialidad, situado aun antes que el espacio de la claridad de la conciencia[162]. Este es también un interesante punto de encuentro entre la razón poética de María Zambrano y el sufismo akbarí[163].

Resulta por otro lado importante añadir que *wuǧūd* es un término ligado a la perspectiva de la similaridad, bien utilicemos el sentido de *ser/existencia,* bien usemos el de *encontrar.* Las criaturas se muestran como seres gracias a que manifiestan, o encontramos en ellas, el brillo teofánico. Cuando se muestran en su diferencia respecto al Ser, o encontramos en ellas, la ausencia de Dios, Ibn ʿArabī emplea el término *mawǧūd* (entidad). El *mawǧūd* puede ser visto entonces como el reverso tenebroso de la luz epifánica. Este aspecto jamás debería ser despreciado, pues como ya sabemos tan importante es la fidelidad a la dimensión de la similaridad como la de incomparabilidad divina. Tan importante será el mundo como vehículo que permite conocer a Dios en Su dimensión Manifiesta como en Su dimensión oculta. De modo que podemos decir que

161 *Cf.* Javier San Martín, *La fenomenología de Husserl como utopía de la razón: introducción a la fenomenología,* Madrid, Biblioteca Nueva, 2008.

162 *Cf.* Max Scheler, *Ordo amoris.* Madrid: Caparrós, 2008.

163 Sobre Zambrano e Ibn Ibn ʿArabī, véase D. Fernández Navas, «Sufismo y política en María Zambrano», *Anales del Seminario de Historia de la Filosofía,* n º 41 vol. 2, 2024, pp. 393-403.

cualquier perspectiva acerca de la realidad cumple una singular e irreductible función amorosa.

21. EL CONOCIMIENTO DE FRAGANCIA

Un término que aún no hemos mencionado, pero que resulta crucial en la obra del maestro andalusí, es *maʿrifa*. Desde tiempos de Ḏū l-Nūn, los sufíes utilizan esta palabra para referirse al conocimiento producido mediante el ejercicio de la facultad imaginal[164]. En castellano, *maʿrifa* suele traducirse como «conocimiento» o «gnosis». El problema de la voz «conocimiento» es que no especifica el singular saber aquí involucrado, mientras que con «gnosis» corremos el riesgo de asociar la doctrina akbarí a algunas formas de gnosticismo que han promovido una visión profundamente negativa del cosmos y el cuerpo, como si se tratase de un ámbito de realidad impuro irremisiblemente enfrentado a lo divino[165]. En el pensamiento del maestro andalusí no cabe hablar, sin embargo, de adversidad entre Dios y mundo. Muy al contrario, encontramos un Dios que le da Su «sí» profundo a todos y cada uno de los elementos de la existencia. Y un movimiento de amor por parte de todas y cada una de las criaturas hacia el Creador[166]. Nada material es objeto de rechazo en sí mismo. Ni nada que exista resulta ajeno a la divinidad, tanto si nos movemos en el plano de la dependencia ontológica como en la de las teofanías. Sobre esta cuestión, Ibn ʿArabī recuerda en *Las Iluminaciones de La Meca* un día que caminaba sosteniendo algo que desprendía un olor nauseabundo[167]. Sus discípulos creyeron que trataba de mortificar su alma. Pero él les

164 *Cf.* A. M. Schimmel, *Las dimensiones místicas del Islam*, pp. 58-63.

165 A propósito de la tensión gnóstica entre Dios y cosmos, escribe Francine Culdaut: «El cosmos se convierte en un concepto enérgicamente negativo, y solo una divinidad de otro mundo, una transcendencia exacerbada, puede ser el contrapeso de este orden radicalmente negativo. El Dios gnóstico no solo es extramundano y supramundano, es antimundano. El gnosticismo hace saltar en pedazos la unidad del cosmos y de Dios», Francine Culdaut, *El nacimiento del Cristianismo y el gnosticismo: propuestas*, Madrid, Akal, 1996, p. 38.

166 Ibn ʿArabī, *Meccan Revelations, vol. II*, p. 27. (trad. propia).

167 *Cf.* C. Addas, *Ibn ʿArabī*, pp. 54-55.

dijo: «Dios en virtud de Su Grandeza, no desdeñó la creación de tal cosa. ¿Cómo yo iba a desdeñar el portarla?».

Por nuestra parte, traduciremos *maʿrifa* como «conocimiento de fragancia». En su campo de interreferencia léxica (*ʿ-r-f*) encontramos una pluralidad de términos, en apariencia, bastante inconexos, como: *ʿarafa* («conocer», «saber», «reconocer», «notar», «sufrir», «aguantar», «tener una úlcera en la palma»), *ʿarafa* («oler a perfume», «exhalar fragancias»), *ʿarf* («aroma»), *ʿarrafa* («hacer saber», «informar», «perfumar»), *iʿtarafa* («reconocer», «confesar», «ser sumiso», «conocer», «interrogar», «preguntar», «soportar»), *ʿarfa* («viento», «úlcera en la palma»), *ʿurf* («crin», «cresta», «beneficio», «favor», «ola»), *ʿuruf* («dunas»), *ʿarufa* («ser jefe o adivino»), *ʿarfāʾ* («hiena rayada», «—cima— elevada») o *maʿraf* («rostro»). La fórmula «conocimiento de fragancia» nos permite establecer, sin embargo, una conexión con las alusiones al perfume, al tiempo que poner el acento en algunos aspectos intrínsecos del conocimiento producido por la facultad imaginal, como la presencia de la dimensión sensorial, la necesidad de experimentar la realidad en la propia carne, el reconocimiento de una dimensión positiva de la realidad o la disposición receptiva, pasivo-activa, de quien percibe. El conocimiento que obtenemos a través de una fragancia es, en efecto, algo que nace a través del sentido del olfato, algo que hemos de experimentar por nosotros mismos y que impone su propia positividad, su propia presencia: como la cima de una montaña sobre nuestra vista, las olas del océano, las dunas que perfilan el horizonte en el desierto, la cresta del gallo con su roja carnosidad, el penacho del pájaro carpintero, la bella crin del caballo bien cuidado o la espalda rayada de la hiena. Son cualidades que irrumpen y nos cautivan, que concentran nuestra atención y abren cierto juego de pasividad y actividad, de recepción y co-constitución.

22. EL VIAJE A ORIENTE

Desde su entrada a la Vasta Tierra de la Realidad en Túnez en 1194 (590 H), Ibn ʿArabī realiza numerosos viajes por el Magreb y sobre todo por al-Ándalus. Y continúa abriéndose a nuevas personas, nuevos maestros, nuevos sabios. A los viajes en el plano físico se suman otros en el ámbito de la geografía espiritual. Durante este tiempo, emprende además una intensa actividad literaria[168], guiado por arrebatos de inspiración. Entre los escritos que elabora, cabe destacar *Las contemplaciones de los santos misterios y las ascensiones de las luces divinas* (*Kitāb mašāhid al-asrār al-qudsiyya wa-maṭāliʿ al-anwār al-ilāhiyya*), *El divino gobierno del reino humano* (*Kitāb al-tadbīrāt al-ilāhiyya*) —dedicado al importante tema de El Ser Humano Perfecto— y *El libro del viaje* nocturno (*Kitāb al-isrā'*), donde narra en un estilo simbólico y altamente poético un viaje espiritual, por el que ascendió a los cielos, de forma similar al ascenso nocturno (*miʿrāǧ*) del Profeta[169]. Según confiesa, el suyo fue un viaje interior, cuya dirección no fue otra que hacia sí mismo[170]. Aunque en realidad no lo realizó él, sino que fue Dios quien realmente lo movió: «Cuando Dios mueve a (cualquier) siervo a través de sus estados (interiores espirituales) para hacerle ver Sus signos, lo mueve a través de Sus estados»[171]. Esta experiencia visionaria le impulsa a tomar dos importantes decisiones. La primera será poner por escrito todo el conocimiento recibido en sus experiencias extáticas para así guiar a otras personas. La segunda, abandonar Occidente y dirigirse hacia Oriente.

De este modo, a finales de 1199 (596 H), el maestro andalusí se despide de sus amigos y familiares y abandona al-Ándalus para siempre. Por delante tiene un largo viaje que cabe leer en clave amorosa y espiritual, desde diversas perspectivas. En primer lugar, Oriente es el lugar donde se encuentra la ciudad de La Meca y la Kaaba, centro de peregrinación (*ḥaǧǧ*) que todo musulmán —con capacidad para ello— ha de visitar alguna vez en la vida. Según la tradición sufí, la Kaaba es espacio privilegiado de la manifestación divina, de manera que el viaje de nuestro autor puede ser visto como amoroso cumplimiento de la voluntad de Dios por parte del siervo y como apasionado periplo de un amante que ansiaba anticipar el encuentro escatológico con el Amado. Otra posibilidad es

168 F. Mora, *Ibn ʿArabī*, p. 62.

169 Ibid., pp. 62-67.

170 Véase C. Addas, *Ibn ʿArabī*, pp. 175-193.

171 Ibn ʿArabī, *Meccan Revelations*, vol. I, p. 209.

leer el viaje desde el deseo de difundir su doctrina[172]. Esta perspectiva es coherente con la opinión del Šayḫ sobre aquellos que se sumergen en los secretos del Corán sin compartir el tesoro con nadie, ni contrastan tampoco la verdad de lo recibido con la perspectiva de otras personas. También encaja a la perfección con su continua búsqueda de maestros para poder enseñar a otros. El viaje a Oriente sería, en este caso, una empresa amorosa de carácter horizontal: un intento de ser de provecho para otros. También podemos considerar el viaje según el simbolismo de Oriente y Occidente. Entre los «sufíes orientales» —por ejemplo, Suhrawardī y al-Hamadānī— existía en aquel entonces, cierta tendencia a subrayar la superioridad simbólica de Oriente, como lugar donde nace el Sol, sobre Occidente, en cuanto lugar donde muere[173]. El primero sería ámbito de la manifestación divina, símbolo del mundo sutil y espiritual, mientras que el segundo se correspondería con la ocultación teofánica y el mundo denso y material. Ello condujo a algunos a pensar en el Occidente como espacio de carencia de Dios que debía ser evitado a toda costa[174]. Ibn ʿArabī, por el contrario, no aceptará esta jerarquización. En sus escritos es cierto que suele identificar a Oriente con lo visible (luces) y a Occidente con lo invisible (secretos)[175]. Pero ello no significará que Occidente le parezca inferior, ni mucho menos aún, rechazable. Su compromiso amoroso responde por igual a la manifestación como a la ocultación. Su amor se debe a ambas dimensiones:

> En el levante el rayo ha contemplado
> y así quedó prendado del oriente,
> mas si hubiera brillado en el poniente,
> a occidente se habría encaminado.
>
> De tierras no depende o paradores;
> mi amor se debe al rayo y sus fulgores[176].

---

172 Ibid.

173 *Cf.* Stephen Hirtenstein, «La tierra del olivo: polaridades Oriente-Occidente según Ibn ʿArabī», *El Azufre Rojo,* nº 1, 2014, pp. 58-60.

174 Ibid, p. 59.

175 Ibid.

176 P. Beneito, *La taberna de las luces,* p. 7.

Stephen Hirtenstein, en un imprescindible artículo sobre las polaridades Oriente-Occidente, destaca la amorosa integración akbarí de la dimensión de la ocultación y de la manifestación. Y llama la atención sobre el símbolo del árbol que aparece en la aleya de la Luz[177]. Ese árbol que no es de Oriente ni de Occidente representa la armónica unión entre la Esencia Divina y Su Manifestación Exterior, mostrando al ser humano cuál es el camino para realizar adecuadamente su amor hacia Dios. De un lado, es un faro mediante el que conocer la propia realidad, mientras que, de otro, ilumina la necesidad «de encaminar a otros, prendiendo sus corazones con la luz-guía y la sabiduría que los llevará directamente hasta la Fuente del todo»[178]. Podemos encontrar un ejemplo de ese espíritu binocular, en uno de los más bellos poemas que compuso Ibn ʿArabī:

> ¡Tú que la estrella sin cesar contemplas!
> Durante el día ¡sé mi compañero!
> ¡Oh, tú que el rayo en la vigilia velas!
> ¡Sé pues, mi compañero de la noche![179]

23. LA MECA

El viaje del maestro andalusí a La Meca le llevará aproximadamente dos años. Antes pasará por las tierras de Túnez, Egipto, Turquía y Palestina, acompañado siempre de amigos y seguidores. Por el camino continúan sus experiencias visionarias, a través de las cuales accede a nuevas estaciones de conocimiento. Hasta que, finalmente, en 1202 (598H) alcanza la capital espiritual del islam. Allí tiene dos importantes experiencias. La primera se produce frente a la Kaaba. Mientras contempla, embargado, la Piedra Negra, aparece un joven y enigmático caballero (*fatā*) que estaba realizando la circunambulación ritual[180]. Al prestar más atención, advierte que el joven va rodeado de una procesión de

177 *Cf.* S. Hirtenstein, «La tierra del olivo», *op, cit.* pp. 52-67.

178 Ibid. p. 66-67.

179 P. Beneito, *La taberna de las luces*, p. 6.

180 Ibn ʿArabī, *Las iluminaciones de La Meca.* Madrid, Siruela, 2005, p. 86.

cadáveres y reconoce su «Realidad profunda y su realidad derivada», o dicho con otras palabras: accede a su dimensión interior y exterior[181]:

> Cuando conocí su rango, su descenso, examinado su lugar propio en la existencia y sus diversos estados, besé su mano derecha, sequé de su frente el sudor de la inspiración (*waḥy*); y le dije: «¡Mira a aquel que demanda tu trato y desea tu intimidad!». Me indicó, con un gesto enigmático, que era cualidad innata en él no dirigirse a nadie si no es por signos (*ramz*). «Mi código de signos, cuando lo conozcas, lo hayas experimentado y comprendido, sabrás que no lo aprehende la elocuencia de los oradores, ni alcanza a articularlo la retórica de los prolijos».[182]

Fascinado, Ibn ʿArabī insiste en su petición. Entonces un gesto del joven caballero, al que describe como «ni vivo ni muerto»[183], le hace comprender:

> Hizo un gesto y comprendí. Se epifanizó la Realidad de su belleza y me embelesó. Quedé desconcertado y, al instante, me subyugó por completo. Cuando volví del desmayo, estremecido de temor, [el joven caballero] supo que su ciencia había sido adquirida. Lanzó el bastón y se detuvo. Su estado espiritual me anunció las nuevas que me trajo. Entonces descendieron los Ángeles fieles [...][184].

Según el testimonio del Šayḫ, durante el encuentro, el joven compartió con él numerosos secretos. A juicio de Michel Chodkiewicz, esta misteriosa figura es una manifestación prototípica del Corán, el secreto de la manifestación divina en su doble dimensión de ocultación y manifestación[185]. Ibn ʿArabī le dedicará una importante parte del primer capítulo de *Las Iluminaciones de La Meca*, lo cual produce un interesante juego alusivo, pues

181 Ibid. p. 87.

182 Ibid. pp. 88-89.

183 Ibid. p. 89.

184 Ibid.

185 Michel Chodkiewicz, «Toward reading the *Futûhât al-Makkiyya*», en Ibn ʿArabī, *Meccan Revelations*, vol. II, *op. cit.*, p. 23

joven/caballero (*fatā*) tiene la misma raíz que apertura e iluminación (*fatḥ*). Más adelante, tendremos ocasión de volver sobre esta cuestión[186].

La segunda experiencia que queremos destacar también tiene a la Kaaba como escenario. Cuenta Ibn ʿArabī que una noche, mientras realizaba la circunambulación ritual, en pleno deleite amoroso ante la Casa de Dios, «se le presentaron» unos versos[187], que comenzó a recitar, de tal modo que podrían haber sido escuchados por cualquiera que estuviese junto a él:

> Ojalá supiera si ellos conocieron los corazones que poseyeron
> y mi corazón supiera qué caminos de montaña siguieron.
> ¿Acaso ves si se salvaron o si perecieron?
> Los maestros del amor, ante el amor, perplejos cayeron[188].

Entonces, una misteriosa figura hizo aparición:

---

186 V. *infra*. p. 92.

187 *Cf.* Pablo Beneito, «Qurrat al-ʿAyn, the Maiden of the Kaʿba: On the *Themenophany* Inspiring Ibn ʿArabī's *Tarjumān*», *Religions* 12: 158, 2021, p. 2.

188 A diferencia de las traducciones de Nicholson, Maurice Gloton, Carlos Varona y Michael Sells hemos terminado cada verso con un pretérito perfecto simple para respetar la rima del texto árabe, que acaba siempre en *-kū* (*malakū, salakū, halikū, ratabakū*). En el cuarto verso, hemos elegido «maestros del amor» para traducir *arbāb l-hawā*. Nicholson evita ocuparse de *arbāb* y escribe simplemente «amantes» (*lovers*). Gloton, Varona y Sells utilizan voces que acentúan la elevación y el poderío (*princes*, señores, *lords*). En el campo de interreferencia léxica de *arbāb* (*r-b-b*), aparecen términos como *rabb* (amo, señor, dueño, propietario), *ribāba* (señorío, dominio, imperio, soberanía), *rabbān* (totalidad) o *ribāb* (pacto, alianza). La palabra «maestros» ofrece la ventaja de recoger el sentido de jerarquía y poderío, al tiempo que introduce la cuestión del conocimiento, lo cual casa perfectamente con la cosmovisión akbarí, donde el camino hacia Dios es un camino de conocimiento y amor. Más adelante, tendremos ocasión de analizar este poema y plantear cómo justamente quien mayor conocimiento posee sobre el amor cae en un estado de perplejidad (*ḥayra*) véase, *infra*, p. 193. Para la versión original y la traducción de Nicholson, v. Ibn al-ʿArabí, *The Tarjumán al-Ashwáq: a collection of mystical odes* (ed. R. A. Nicholson), Londres, Royal Asiatic Society, 1911, p. 48. Para la de Gloton, v. Ibn 'Arabî, *L'Interprète des désirs,* (ed. Maurice Gloton), París, Albin Michel, 2012, p. 71. Para la de Varona, v. Ibn ʿArabī, *El Intérprete de los deseos*, Murcia, Editorial Regional de Murcia, 2002, p. 105. Para la de Sells, v. Ibn ʿArabī, *The Translator of Desires* (ed. M. Sells), Princeton University Press, 2021, p. 3.

> Apenas los hube recitado sentí sobre los hombros, el roce de una mano más ligera que un velo. Me volví y me encontré una doncella entre las hijas de los griegos [*ǧāriya min banāt ar-Rūm*]. Jamás había visto un rostro tan bello, ni percibido un lenguaje más tierno, glosas más penetrantes, significados más sutiles, alusiones más finas y conversaciones más elegantes. Superó a la gente de su tiempo en gracia y cultura, belleza y conocimiento[189].

La joven le dijo que no entendía cómo una persona con tanto conocimiento podía cantar semejantes versos, pues si el amante verdaderamente es amante, todo le pertenecerá al amado y no podrá quedar en él señorío alguno desde el que experimentar confusión ni perplejidad. Impresionado, el maestro andalusí le preguntó: «Oh, tú que estás íntimamente emparentada conmigo, ¿cuál es tu nombre?»[190]. Ella dijo: «El Placer del Ojo» [*Qurrat al-ʿAyn*]. Y el Šayḫ replicó: «El placer es mío»[191]:

> Más tarde, la reconocí y cultivé su compañía. ¡Vi en ella sutilezas de cuatro tipos de conocimiento que ningún experto podría describir![192]

La célebre obra de Henry Corbin *La imaginación creadora en el sufismo de Ibn ʿArabî*[193] ha ayudado a popularizar la opinión de que esta dama fue la bella Niẓām, una joven de alta posición de La Meca, a la cual Ibn ʿArabī dedicó su gran diván de poesía amorosa, *El intérprete*

---

189 Trad. propia a partir de la versión en francés de Maurice Gloton, v. Ibn ʿArabī, *L'Interprète des désirs, op. cit.* pp. 67-68. Acerca de la interpretación de *ǧāriya min banāt ar-Rūm* «como doncella entre las hijas de los griegos», Gloton explica que se trata de una alusión a la sabiduría crística de Niẓām, ya que el término *Rūm* se utiliza en el Corán para referirse a los cristianos griegos de Bizancio, al tiempo que evoca a Roma y los cristianos romanos del Imperio de Oriente. El investigador francés también señala la relación de la raíz *r-w-m*, con el anhelo amoroso.

190 Gloton traduce *bint al-ḫāla,* que literalmente significa prima, como «íntimamente emparentada conmigo» (*qui m'es intimement aparentée*). Acerca de cómo la expresión *bint al-ḫāla* encierra una alusión a la Kaaba, al tiempo que indica una suerte de parentesco en el mundo imaginal entre Ibn ʿArabī y la joven, véase Ibn ʿArabī, *L'Interprète des désirs, op. cit.*, p. 70, y también: P. Beneito, «Qurrat al-ʿAyn», pp. 14-15.

191 *Cf.* P. Beneito, «Qurrat al-ʿAyn», p. 2.

192 Ibn ʿArabī, *L'Interprète des désirs,* p. 70 (Trad. propia).

193 *Cf.* H. Corbin, *La imaginación creadora*, pp. 167 y ss.

de los deseos (*Tarǧumān al-Ašwāq*). En el prólogo de este libro, de donde proceden las citas anteriores, el Šayḫ habla así de la joven:

> [...] esbelta doncella, que encadenaba con lazos de amor a quien la contemplaba y cuya sola presencia era ornato de las reuniones y maravilla de los ojos. Era su nombre Armonía (Niẓām) y su sobrenombre Ojo del sol [*ʿAyn al-Šams*]. Virtuosa, sabia, religiosa y modesta, personificaba en sí la venerable ancianidad de toda la Tierra Santa y la juventud ingenua de la gran Ciudad fiel al Profeta. La magia fascinadora de sus ojos tenía tal hechizo, y tal encanto la gracia de su conversación (elegante cual la de los nacidos en el Iraq), que si era prolija, fluía; si concisa, resultaba obra de arte maravilloso, y si retórica, era clara y transparente...[194].

Sin embargo, un reciente trabajo del profesor Pablo Beneito demuestra que la experiencia del Šayḫ fue mucho más que un mero encuentro con una bella y sabia muchacha[195]. A través de un estudio del texto akbarí, según su dimensión intertextual, interreferencia léxica y contenido aritmosófico, Beneito descubre una profunda correspondencia simbólica entre el corazón del Šayḫ, la Kaaba, la joven y el mismo libro del *Tarǧumān*. Su conclusión es que la joven era la manifestación de la misma Kaaba, «una temenofanía, bajo la imagen de Niẓām», de tal modo que tanto ella como los versos que se le «presentaron» acontecieron en el dominio de lo imaginal. Cuando afrontemos el análisis del capítulo 178 de *Las Iluminaciones de La Meca*, retomaremos esta compleja cuestión[196]. Por el momento, valga subrayar que la experiencia se produjo en el reino simbólico del mundo imaginal y que de allí nacieron los poemas que componen *El intérprete de los deseos.*

24. NUEVOS VIAJES

Tras tres años en La Meca, dedicado fundamentalmente a la escritura y la enseñanza, Ibn ʿArabī emprende una nueva etapa de viajes que se prolonga durante casi dos décadas y le lleva por Iraq,

194 M. Asín Palacios, *El Islam cristianizado*, pp. 81-82. Los corchetes son nuestros.

195 *Cf.* P. Beneito, «Qurrat al-ʿAyn».

196 V. *infra*. «La dama de la Kaaba», p. 194.

Anatolia, Palestina, Siria y Yemen. Aunque hay pocos datos sobre este período, consta un espectacular aumento de su producción literaria[197]. En Alepo, escribe uno de sus textos más importantes, «El libro de las teofanías» (*Kitāb al-taǧalliyāt*), donde trata la compatibilidad entre la unidad del ser y la multiplicidad de las expresiones teofánicas, así como un tema sobre el que se han interesado tradicionalmente los sufíes: la dinámica entre la aniquilación (*fanā'*) y la subsistencia (*baqā'*):

> Amigo mío, con cada ola que mi océano barre la orilla en que te hallas, voy a tu encuentro y te llamo sin cejar nunca en mi empeño, porque infinita es mi paciencia e inexorable mi determinación. Escuchas el rumor de mi voz, admiras el poder de mi corriente, sientes que te acaricia la profundidad de mis vientos, pero ¿te percatas de la espuma? En verdad, no soy mar, ni ola, ni rumor, ni viento: soy la espuma que brota en la cresta de la ola y que desaparece de inmediato ante tus ojos. Búscame, pues, en la espuma. Si eres de los valientes, zambúllete en mi océano, aunque no esperes emerger de nuevo a la superficie, porque perderás completamente tu forma y te disolverás en Mí. Serás entonces gota entre las gotas de mi ser. Luego te resucitaré desde mis profundidades y haré que brotes cual espuma sobre la cresta de mi ola. Oh, amigo mío, ¿qué sería del mar sin las gotas? No sería el mar. ¿Y qué sería de las gotas sin el mar? Se evaporarían al instante[198].

25. EL SER HUMANO PERFECTO

Todos los elementos que hemos visto hasta ahora confluyen en la doctrina akbarí del Ser Humano Perfecto (*al-insān al-kāmil*). Para el maestro andalusí, el más alto grado de perfección que puede alcanzar una persona consiste en realizar constantemente una mirada amorosa binocular. Ser simultáneamente fiel a la perspectiva de la similaridad y de la incomparabilidad. Adorar a Dios según Su manifestación y según Su ocultación. Considerar el Ser según el haz de sus infinitas posibilidades y según la Unidad que le

197 *Cf.* F. Mora, *Ibn 'Arabī*, pp. 82-94.

198 Ibid. p. 90.

subyace. El Ser Humano Perfecto es aquel que dice «sí» y «no» a la vez. Aquel que siempre está dispuesto a abrazar cualquier creencia, pues sabe que toda manifestación nace del fondo unitario de la Realidad Esencial. Y que nunca se aferra a una forma concreta, pues teme limitar la profusividad que nace del seno de lo Real. Su corazón está continuamente abierto y dispuesto a fluctuar [*taqallaba*] según el signo de la Manifestación divina[199].

El amor del Ser Humano Perfecto aspira a ser fiel reflejo del amor del Omni-Compasivo que se renueva a cada instante. En su constante movimiento, doblemente comprometido con dimensiones aparentemente contrapuestas, alcanza la estabilidad. Incomparabilidad y similaridad, conocimiento intelectual e imaginal, son equilibrados, así, en juego de balanza, sin que la afirmación de un extremo suponga negación ni merma del otro. Quien logra este amor puede contemplar el Ser como un péndulo, realidad dinámica oscilante entre dos polos, cuasi intersticial, cuyo recorrido forma una unidad. O como la cinta de Moebius, esa superficie con dos caras, una interior y otra exterior, que al mismo tiempo tiene una sola cara y un solo borde[200].

El Ser Humano Perfecto realiza la doble dimensión antropológica expresada en el Corán y los hadices. Es el más humilde de los siervos y, a la vez, Vicerregente de Dios en la Tierra. Su servidumbre lo lleva a un movimiento negativo de descenso. Renuncia a toda pretensión de autonomía existencial y reconoce su radical nadidad constitutiva, su inextricable dependencia ontológica respecto a la Unidad esencial. Esto es la aniquilación (*fanā'*), un encuentro con la propia nihilidad que despierta la perspectiva de la incomparabilidad. Por eso renuncia, el aniquilado renuncia a considerar como rasgo propio el Ser, el señorío o la autonomía. Y por eso la voz de Dios, en el poema de Ibn ʿArabī, decía: «Zambúllete en mi océano, aunque no esperes emerger de nuevo a la superficie, porque perderás completamente tu forma y te disolverás en Mí»[201]. Desde este enfoque pueden leerse también las palabras de Niẓām en el primer encuentro con el maestro andalusí.

---

199 Ibn ʿArabī, *Fuṣūṣ*, p. 109.

200 *Cf.* M. Chodkiewicz, *An Ocean Without Shore*, pp. 24-25.

201 V. *supra*. p. 81.

Gracias a la aniquilación de la pretensión de señorío en las llamas del amor, será posible la contemplación teofánica. Como explicamos a propósito de ʿUraybī y también acerca de la entrada de Ibn ʿArabī en la Vasta Tierra de la Realidad, quien no reconoce su radical menesterosidad ontológica no puede acceder al espacio de las teofanías. Es preciso que el ser humano pula el espejo de su corazón, que despeje la suciedad que le impide reflejar las luces. Haciendo amorosamente la nada en sí, abrirá la posibilidad de que el Ser se manifieste de modo positivo. Como reza el célebre hadiz: «Quien se conoce a sí mismo conoce a su Señor». Borrada la pretensión de señorío, el Ser Humano Perfecto descubre en sí a Dios, advierte que la subsistencia (*baqā'*), lo que queda, es de naturaleza divina. «Subsisto por medio de la realidad», escribe Ibn ʿArabī[202]. Es así como se explica la famosa locución teopática de Ḥallāğ «Yo soy la Realidad», fórmula escandalosa para quienes se mueven en una óptica unidimensional del Ser y no admiten el juego entre la Esencia Oculta y la Manifestación[203]. Desde ese conocimiento de Dios «hacia dentro», san Juan de la Cruz escribe: «Qué bien sé yo la fuente que mana y corre / aunque es de noche». En los siguientes versos del maestro andalusí, apreciamos cómo esa experiencia íntima, fogonazo de luz que muestra al Amado buscado, implica cierto eclipse del amante:

> Cuando el secreto se mostró en mi entraña,
> se extinguió mi existencia,
> mi estrella se ocultó;
>
> por el misterio del Señor mudose
> el corazón;
> del cuerpo todo rastro
> de sentido perdí, quedando ausente;
>
> y vine desde Él, por Él y a Él,
> a bordo de la nave
> de mi resolución[204].

---

202 W. C. Chittick, *Mundos imaginales*, p. 119.

203 Sobre Ḥallāğ, véase L. Massignon. *La passion de Husayn Ibn Mansur Hallâj: martyr mystique de l'Islam execute a Bagdad le 26 mars 922*. París, Gallimard, 1975.

204 P. Beneito, *La taberna de las luces*, p. 9.

Algo parecido advertimos en este poema, mucho más sintético, pero situado en una perspectiva confluyente:

Cuando se muestre mi Amado,
¿con qué ojo Lo veré?

Con su ojo, no mi ojo,
pues no Lo ve sino Él[205].

A través de la aniquilación y la subsistencia, el Ser Humano Perfecto advierte que es y que no es, que no posee ninguna realidad y que a la vez es expresión del Ser divino. Cuando esto se produce, el deseo de Dios como Tesoro Oculto que desea ser conocido queda satisfecho. El ser humano se convierte entonces en pupila divina, mediante la que el Creador puede contemplarse a Sí mismo, al tiempo que descubre que él, propiamente, no es nada, sino lo que subsiste de Dios: que, en el movimiento amoroso hacia Dios, en realidad, Dios es el agente y el paciente, el Amante y el Amado, que en realidad Dios es Quien se ama a Sí mismo. Acerca de la unidad del amor, escribe nuestro autor:

Tal es la situación si bien lo entiendes:
Si eres en Él, entonces eres tú.

En verdad eres tálamo nupcial
en donde se revela el Verdadero,
pero tú no eres tú cuando tú eres.

A quien tanto querías conquistaste
y así, pues conociste al que adorabas,

ya sabes que no es Layla, ni tampoco
es Lubna sino Aquel que tú bien sabes.

Si vieras en Su amor, desde ti mismo
podrías contemplarlo siendo tú,
pues solo a sí mismo el amante ama,
ya que todo eres Tú, todo eres Tú[206].

---

205 Ibid. p. 34.

206 P. Beneito, *La taberna de las luces*, p. 28.

26. LA ASUNCIÓN DE LOS NOMBRES

En el camino de transformación hacia la humanidad perfecta, resulta crucial la contemplación de los Nombres Divinos. Ibn ʿArabī considera que, gracias a que los seres humanos han sido hechos a imagen y semejanza de Dios, cuentan con una dimensión interior, disposición original (*fiṭra*) o unidad esencial, que contiene todos los nombres divinos en estado de latencia. Del libre albedrío depende qué nombres se actualizan en el ámbito de la patencia. Cada acción de la persona determinará un estado de conciencia particular y producirá una actualización concreta de su ser esencial, de tal modo que podrá actualizarse como justa, generosa, vivificadora, etc.

Según la tradición, Muhammad actualizó de modo perfecto los «divinos rasgos de carácter», esto es, desplegó en sí todos los nombres de Dios. En virtud de ello, pudo ofrecer servicio adecuado a la Realidad Divina en su doble dimensión de Oculta y Manifiesta, al tiempo que supo ejercer de guía para el resto de los seres humanos. Ibn ʿArabī entiende que la vía sufí consiste justamente en imitar ese movimiento. El ser humano debe asumir los rasgos de carácter divinos, tal y como hizo el Profeta. Quien quiera seguir su ejemplo deberá considerar los Nombres de Dios según las perspectivas de la incomparabilidad y de la similaridad. En el proceso, será importante diferenciar entre los nombres de Belleza y los de Majestad. Los primeros, al estar ligados a la cercanía, convienen singularmente al siervo. Los segundos, por exigir distancia reverencial, solo corresponden propiamente a Dios, de tal modo que el siervo que los despliegue deberá tener especial cuidado.

En su comentario a los 99 Bellos Nombres Divinos, Ibn ʿArabī ofrece una guía para la contemplación y asunción de los divinos rasgos de carácter. Distingue allí entre la «dependencia» (*taʿalluq*), la «realización» (*taḥaqquq*) y la «adopción» (*taḫalluq*). La dependencia se basa en el reconocimiento de la «indigencia ontológica respecto a los nombres en cuanto se refieren a la Realidad Esencial divina»[207]. Se trata por tanto de una perspectiva ligada a la incomparabilidad, en la que el siervo reconoce su diferencia respecto a

207 Ibn ʿArabī, *El secreto de los nombres*, pp. 40-41.

Dios. La verificación consiste «en el conocimiento (*maʿrifa*) de los significados» de los Nombres de Dios con relación a Él y con relación a uno mismo, es decir, se trata de un saber de saboreo por el que el fiel distingue lo que del nombre corresponde a Dios y lo que le corresponde a él mismo[208]. Mientras que en la adopción o revestimiento tenemos una realización de los nombres por parte de la persona que podemos leer según la perspectiva de la similaridad. Tomemos como ejemplo, el comentario akbarí al nombre «El Dador» (*al-Wahhāb*)[209]. El ser humano *depende* de este nombre para actuar desinteresadamente. Realiza el nombre cuando entiende de qué manera Dios y el ser humano actúan más allá del propio interés. Y *adopta* este nombre cuando sus dones proliferan sin recibir nada a cambio y sin tener ningún interés personal.

La preeminencia del amor gratuito e incondicional de *al-Raḥmān* sobre el resto de los Bellos Nombres de Dios afecta decisivamente a la asunción de los rasgos de carácter divinos por parte del Ser Humano Perfecto. Ibn ʿArabī entiende que aquellos nombres que pueden parecer intrínsecamente dignos de rechazo, como «El Opresor» o «El Avasallador», resultan adecuados, en determinadas circunstancias, siempre que estén presididos por el servicio amoroso Omni-Compasivo. Por ejemplo, el uso de la fuerza para impedir un asesinato o la acción represora de la justicia.

27. LA MORADA DE LA NO-MORADA

Ibn ʿArabī considera que el Ser Humano Perfecto ha de tener todos sus rasgos en equilibrio, de forma que ninguno predomine sobre los demás. Quienes logran esa disposición habitan la morada de la no-morada (*maqām lā maqām*) o estación de la no-estación. Igual que el nombre de Allāh no muestra ningún rasgo que sobresalga, no designa nada específico, solamente apunta hacia la faz omnicomprehensiva de Dios que incluye la totalidad de Sus Manifestaciones, el Ser Humano Perfecto, como habitante de la morada de la no-morada, no muestra ningún rasgo que destaque. Su integración de los

208 Ibid.

209 Ibid. p. 77.

nombres es perfectamente equilibrada y por eso no se le puede describir:

> La gente de la perfección ha realizado todas las moradas y estados, y ha pasado más allá de ellos, por encima de la majestad y de la belleza, así que no tienen atributos ni descripción. Una vez le dijeron a Abū Yazīd: «¿Cómo estás esta mañana?». Y él replicó: «No tengo mañana ni noche; mañana y noche pertenecen a aquel delimitado por los atributos, y yo no tengo atributos»[210].

En la respuesta de Abū Yazīd advertimos cómo la indeterminación de quien alcanza la perfección humana implica una desposesión profunda, o lo que es lo mismo: un desplazamiento del punto de gravedad del yo hacia fuera, en el sentido de un trascendimiento radical del propio interés. Y es que el objetivo no es sino imitar el amor constante del Omni-Compasivo. Gracias a que ningún atributo destaca sobre otros, gracias al abandono de toda pretensión de señorío y autosuficiencia, el Ser Humano Perfecto se encuentra en una situación privilegiada para responder amorosamente a lo que la realidad demande. Su atención no estará en la autoafirmación, sino en el servicio radical al Amado, de Dios y del mundo, de la Realidad Esencial y de Su manifestación.

Desde la perspectiva del reconocimiento de la faz de Dios, esto significa estar preparado para atender al incesante curso de la renovación del Ser a cada aliento del Omni-Compasivo. Del mismo modo que Dios, como *al-Raḥmān*, se encuentra en un constante acto de servicio amoroso, que es afirmación de la otredad, por encima de todo interés, el Ser Humano Perfecto ha olvidado toda afirmación de sí y solo quiere asistir a la realidad, haciendo de su propia existencia un regalo de amor. Su hacer será como el del corazón que abraza todas las formas.

Esto sucede también en la perspectiva de la vicerregencia, en su estar en el mundo con otros seres humanos. El Ser Humano Perfecto es investido de un poder que utiliza según la guía del amor. La adopción de los rasgos divinos no añade nada que el ser humano no tuviera en su disposición originaria (*fiṭra*). Simplemente es una ordenación de los atributos que sigue el modelo de integración

210 W. C. Chittick, *The Sufi Path of Knowledge*, p. 376.

divino, con la consecuente supeditación de todo rasgo al amor Omni-Compasivo de *al-Raḥmān*. De este modo, el poder del Ser Humano Perfecto se descubre como poder de amor, gratuito, Omni-Comprehensivo, que siempre tratará de servir a cada forma de lo real, que siempre hará de su propio ser un regalo. Ser representante de Dios en la Tierra es así ser agente del amor en el mundo[211].

28. DAMASCO: HACER DEL PROPIO SER UN REGALO DE AMOR

Ibn ʿArabī se instala en 1223 en la legendaria ciudad de Damasco, antigua sede del califato omeya, oasis natural e importante centro de prosperidad económica y auge cultural[212]. Allí es acogido por la dinastía de los Banū Zakī, que le proporciona una espaciosa casa donde vivirá con su familia, hasta su muerte en 1240. Durante este período, se calcula que escribió más de 350 libros[213]. Entre ellos, además del mencionado *El intérprete de los deseos*, destaca *Los engarces de las sabidurías* (*Fuṣūṣ al-Ḥikam*), una obra tremendamente compleja, de enorme potencial alusivo, que ha sido objeto de la mayor atención entre los discípulos akbaríes y sobre la cual se han contabilizado más de un centenar de comentarios[214]. Damasco es también el lugar donde redacta *Las Iluminaciones de La Meca* (*al-Futūḥāt al-Makkiyya*), texto de una vastedad abrumadora —560 capítulos y más de 7.500 páginas en la edición crítica al-Manṣūb— y una complejidad aun mayor, que suele considerarse como la culminación del pensamiento akbarí. Podemos pensar, por tanto, en esta etapa como un período de entrega radical a la escritura bajo el deseo amoroso de sumergirse en el océano del Corán y compartir los secretos del camino, en conformidad con la revelación que precipitó su viaje a Oriente. Según Fernando Mora:

---

211 Sobre la relación akbarí entre poder y amor, véase *infra*, pp. 218-221.

212 Véase Stephen Hirtenstein, *The Unlimited Mercifier: the spiritual life and thought of Ibn ʿArabī*, Oxford, Anqa, 1999, p. 326.

213 Stephen Hirtenstein, «Selected Major Works of Ibn ʿArabī», en https://ibnarabisociety.org/selected-major-works-of-ibn-arabi-stephen-hirtenstein/ [consultado el 10 de junio de 2021].

214 W. C. Chittick, *The Sufi Path of Knowledge*, p. XIX.

> Aunque, a estas alturas de su vida, las rupturas de la realidad consensual no escasean, posiblemente el auténtico milagro es el inmenso legado escrito que dejó tanto a sus discípulos directos como a las generaciones futuras, esto es, una obra tan vasta como insondable [...]. Dada la magnitud de esta, no podemos sino imaginarle armado de pluma y papel, ya fuese de día o de noche, consagrado enteramente al trabajo siempre que se lo permitían sus múltiples viajes, sus obligaciones pedagógicas y familiares, sus deberes religiosos y sus arrebatadoras vivencias personales[215].

Respecto a su fallecimiento, según una tradición oral con fuerte presencia en Oriente Medio, murió en trágicas circunstancias[216]. Cuenta la historia que un día que caminaba por el centro de Damasco, se encontró con un rico comerciante, al que rodeaba un grupo de amigos, clientes y juristas. El mercader le invitó a acercarse y, en tono de mofa, le pidió que compartiera el beneficio de los secretos que Dios le había confiado. Ibn ʿArabī replicó: «El Dios al que adoras está debajo de mis pies». La respuesta fue interpretada por el grupo como una herejía imperdonable. Y le atacaron causándole graves heridas que provocaron su muerte apenas unos días después. Pasados unos años, y ya ajusticiados los culpables, dicen que sus herederos acometieron unas obras en la misma calle del suceso y encontraron, enterrado, un botín de oro, justo en el punto que había señalado el maestro andalusí. Hirtenstein resalta cómo, con independencia de la veracidad del relato, puede advertirse en él una nota esencial de la biografía de nuestro autor: el compromiso con la Verdad hasta el punto de estar dispuesto a sacrificarse, a darse a sí mismo en regalo de amor[217].

Fueran cuales fueran las circunstancias de su muerte, el sepelio de Ibn ʿArabī contó con la presencia de familiares, discípulos y, por supuesto, los Banū Zakī, que ofrecieron su mausoleo familiar. Tres siglos después, el sultán del Imperio otomano Selīm I construyó una bella mezquita en torno a la tumba del Šayḫ. En el sepulcro, aún hoy, pueden leerse los siguientes versos:

215 F. Mora, *Ibn ʿArabī*, p. 95.

216 *cf.* S. Hirtenstein, *Unlimited Mercifier*, p. 345.

217 Ibid.

De lo creado ciencias poseemos
que de Occidente Extremo, difundiéndose,
han viajado del Sol hasta el Levante.
Con ellas se ha investido y se engalana
quien es puro intelecto, liberado
de conjeturas y suposiciones,
de reflexiones o especulación.
En un desierto, semejante a mí,
de blanca claridad inmaculada,
aparecí y halléme convertido
en el imam que guía, mas la gente
con relación a él está velada[218].

218 P. Beneito, *El lenguaje de las alusiones,* p. 167. Acerca del excepcional potencial alusivo de estos versos que forman parte de un poema más amplio, véase esa misma obra.

PARTE II

«SOBRE EL CONOCIMIENTO DE FRAGANCIA DE LA MORADA DEL AMOR»:

ANÁLISIS DEL CAPÍTULO 178 DE *LAS ILUMINACIONES DE LA MECA*

El capítulo 178 de *Las Iluminaciones de La Meca*, titulado «Sobre el conocimiento de fragancia de la morada del amor» (*fī maʿrifat maqām al-maḥabba*), es sin duda uno de los textos más conocidos de Ibn ʿArabī en el ámbito académico occidental. Gracias a Asín Palacios, que tradujo buena parte del mismo en *El Islam cristianizado* (1939), a Henry Corbin, que analizó numerosos fragmentos en su célebre *L'Imagination créatrice dans le Soufisme d'Ibn Arabî* (1958), y a Maurice Gloton, que ofreció una nueva traducción en *Traité de l'Amour* (1986), el capítulo ha gozado de una importante difusión incluso más allá de los márgenes de la crítica especializada.

A continuación, presentamos un análisis y comentario de cada una de las partes del texto. A nivel de fuentes, nos serviremos de la última edición crítica en árabe de al-Manṣūb (2017)[219], las traducciones de Asín y Gloton[220], así como del trabajo del investigador Eric Winkel, quien muy generosamente nos ha permitido consultar su

219 Ibn ʿArabī, *al-Futūḥāt al-Makkiyya,* 13 vols. (ed. al-Manṣūb), El Cairo, al-Maǧlis al-aʿlā li-l-ṯaqāfa, 2017.

220 M. Asín Palacios. *El Islam cristianizado*, op. cit; Ibn ʿArabī, *Traité de l'amour* (ed. Maurice Gloton), París, Albin Michel, 1986.

traducción, aún inédita[221]. Nuestro objetivo es facilitar la comprensión de las líneas fundamentales del capítulo, mostrar su peculiar estructura e interrelaciones, así como proponer nuevas líneas de interpretación. Pero, antes de nada, conviene realizar algunas precisiones sobre la naturaleza de la obra donde se inserta, dado que *Las Iluminaciones de La Meca* no es en absoluto un libro corriente.

Las Iluminaciones de La Meca: un texto inspirado

En primer lugar, hay que tener en cuenta que *Las Iluminaciones de La Meca* es una obra de carácter inspirado. Ibn ʿArabī niega ser el creador de nada de lo que allí hay escrito. Se presenta como mero siervo que, amorosamente, recogió lo que le fue confiado, tal y como le fue confiado:

> Lo juro por Dios: no he escrito una sola letra de este libro de otro modo que no sea bajo el efecto de un dictado divino, de una proyección señorial, de una inspiración espiritual en el núcleo de mi ser. No digo nada ni enuncio ningún juicio que no proceda de la inspiración del Espíritu divino en mi corazón [...][222].

> Los libros que he redactado —este y otros—, [...] no siguen las pautas ordinarias de composición [...] Mi corazón está adherido a la puerta de la Divina Presencia, esperando atentamente lo que vaya a salir cuando la puerta se abra [...] pobre, necesitado, vacío de todo conocimiento... Cuando algo se le aparece [...] se apresura a obedecer y lo consigna por escrito en los términos exactos que le fueron ordenados[223].

La experiencia desde la que se despliega el libro tuvo lugar durante la peregrinación del Šayḫ de 1202[224]. Se trata del encuentro con el misterioso joven caballero (*fatā*) frente a la Kaaba,

221 Ibn ʿArabī, *The Openings revealed in Makkah*, (trad. Eric Winkel), vol. 8, Nueva York, Pir Press, pre-publicación.

222 *Cf.* F. Mora, F. *Ibn ʿArabī*, p. 97.

223 Cecilia Twinch, «Muḥyiddīn Ibn ʿArabī y la sabiduría interior», en Carmona, Alfonso (ed.) *Los dos Horizontes (Textos sobre Ibn Al ʿArabī)*, Murcia, Editorial Regional, 1992, p. 412.

224 W. C. Chittick, *The Sufi Path of Knowledge*, p. XIV.

vivencia en el ámbito de lo imaginal que cabe leer a la vez como temenofanía, manifestación de la Piedra Negra y apertura del maestro andalusí a una luz interior, más allá del estado ordinario de conciencia[225].

En el título del libro, *al-Futūḥāt al-Makkiyya*, encontramos una concentración de motivos alusivos y ambivalencias típicamente akbaríes, que conviene tener en cuenta. De un lado, el término *futūḥāt* puede traducirse como «iluminaciones», pero también como «aperturas»[226]. Hay aquí una simetría con el *wuǧūd*, como «ser / existencia» y como «encontrar». Y es que para que haya iluminaciones / aperturas (*futūḥāt*), Dios ha de abrirse, des-ocultarse, al tiempo que el ser humano ha de abrir su ojo a la luz divina. Tan necesaria será la gracia divina como la adecuada disposición del siervo. Ni puede haber luz contemplada sin un ojo que la atienda, ni el ojo puede ver de veras sin luz que recibir.

Si Ibn ʿArabī habla de iluminaciones o aperturas en plural y no en singular es porque el flujo de la manifestación divina no cesa jamás: «Cada día, Él está ocupado con una tarea» (C.55:29)[227]. Como tampoco cesa la disposición el amante humano perfecto a acoger nuevas formas. Hablar de «iluminaciones» (*futūḥāt*) significa, por tanto, hablar de mutua apertura, de confluencia entre dos amantes que al unísono dan su «sí» de amor, en la cámara nupcial. «Sí» por el que aceptan al otro. Y que a cada instante es renovado. Como si se tratara de una boda eterna, una eterna renovación del voto.

Resulta igualmente importante advertir que la raíz de *futūḥāt* está emparentada con la de *fatā* (joven-caballero). El caballero espiritual (*fatā*) es aquel que destruye el ídolo, siendo el mayor ídolo el del propio ego[228]. El encuentro de Ibn ʿArabī con el joven sería entonces una experiencia de carácter transjetivo, donde el maestro andalusí advierte la indigencia ontológica de su propio ser

---

225 El primer capítulo de *al-Futūḥāt* ofrecerá una detallada descripción de este encuentro, *cf.* Ibn ʿArabī, *Las Iluminaciones de La Meca*, *op. cit.*

226 W. C. Chittick, *The Sufi Path of Knowledge*, pp. XI-XII.

227 Corán 55:29, Traducción de William C. Chittick, en *The Sufi Path of Knowledge*, *op. cit.* p. 98.

228 M. Chodkiewicz, «Toward reading», *op. cit.* p. 20.

(aniquilación) y la presencia de Dios en sí mismo (subsistencia)[229]. La destrucción del ego consistiría en la disolución de la pretensión de autonomía existencial y de separatidad, que hace posible la contemplación teofánica. En este sentido, podría decirse que todas las iluminaciones del libro son posibles gracias a una genuina experiencia de humildad metafísica y de apertura a la unión. O lo que es lo mismo: apertura amorosa y humilde reconocimiento de la propia carencia se revelan como sinónimos, haz y envés de una misma realidad.

Desde esta experiencia frente al Templo donde confluyen ascenso y descenso, servidumbre y señorío, renovación del matrimonio entre Amante y amado y amado y Amante, Ibn ʿArabī inicia una redacción que durará más de treinta años. En 1231, ya instalado en Siria, termina la primera versión, que cuenta con 20 volúmenes. Y en 1238, concluye la segunda y definitiva, de 37 tomos[230].

Una extensión abrumadora

Una de las características más llamativas de *Las Iluminaciones de La Meca* es su abrumadora extensión. La edición de al-Manṣūb cuenta con más de 7500 páginas. Este es probablemente uno de los motivos por los que el texto aún no ha sido íntegramente traducido a ninguna lengua europea[231]. Pese a esta magnitud —tan amedrentadora para el neófito como fascinante para el especialista—, Ibn ʿArabī asegura haber realizado un esfuerzo de concisión. El libro no sería más que una «gota en el océano»[232], en comparación con lo que le fue revelado:

> A pesar de la longitud y extensión de este libro, no obstante, la multitud de sus partes y capítulos, no hemos agotado en él ni uno

229 A propósito de la transjetividad en Ibn ʿArabī, véase P. Beneito, «Qurrat al-ʿAyn».

230 Según Addas, esta segunda versión aporta matizaciones doctrinales y correcciones de estilo, pero no supone modificaciones importantes de contenido, C. Addas, *Ibn ʿArabī*, p. 330.

231 Desde hace años doctor Eric Winkel se halla inmerso en la tarea de traducción de *al-Futūḥāt al-Makkiyya* a lengua inglesa, de mano de la editorial Pir Press.

232 W. C. Chittick, *The Sufi Path of Knowledge*, p. XII.

solo de los pensamientos o ideas que tenemos acerca del método sufí. ¿Cómo, pues, habríamos agotado la materia entera? Hemos limitado nuestra labor a poner en claro brevemente algo de los principales fundamentos en que el método se basa, en forma compendiosa pero intermedia entre la vaga alusión y la plena y clara explicación [...]. Este libro mío lo compuse, mejor diré, hízolo Dios, que no yo, para provecho de la humanidad, pues todo él es una revelación de Dios. En él he procedido compendiosamente[233].

Un léxico y un estilo heterogéneos

Otro rasgo distintivo de *Las Iluminaciones de La Meca* es su heterogeneidad. A nivel léxico encontramos tanto términos técnicos pertenecientes al ámbito de las prácticas rituales como conceptos clásicos de teología (*kalām*), jurisprudencia y filosofía (*falsafa*). A nivel de estilo, predomina la expresión en prosa. Pero al mismo tiempo, encontramos un alto grado de concentración simbólica y un elevado número de poemas. El maestro andalusí advierte que estos no son meros agregados, sino parte esencial del discurso que ofrecen sentidos únicos:

Conviene que sepas que [...] todos los [poemas] que van al principio de cada uno de los capítulos de este libro no tienen por objeto resumir la materia, que luego se desenvuelve pormenorizada en la prosa del capítulo, ni tratar de ella. Antes bien, el verso por sí solo es una parte del texto del capítulo mismo y no una repetición inútil de lo que después del verso ha de venir. Considérese, pues, al verso, lo mismo que a la prosa, como elemento necesario para la inteligencia del tema de cada capítulo. En el verso, efectivamente, se tocan problemas del capítulo, que luego no se tratan en la prosa[234].

A juicio de James Morris, esta heterogeneidad estilística, así como la variación de perspectivas típica del estilo akbarí, busca producir una experiencia de choque y perplejidad en el lector, que le ayude a trascender los límites de la propia creencia y abrirse a

233 M. Asín Palacios, *El Islam cristianizado,* p. 109.
234 Ibid.

una nueva forma de consideración de la realidad[235]. Ibn ʿArabī cumpliría una función de guía genuino, como escritor que pretende que el lector ejecute un dinamismo amoroso similar al que él llevó a cabo. El libro sería, desde este punto de vista, sendero hacia una experiencia de iluminación y gozo.

Eric Winkel, quien dirige el primer proyecto de traducción íntegra al inglés, apunta por su parte, que *Las Iluminaciones de La Meca* debe ser considerado como un texto oral, destinado a ser leído en voz alta a los discípulos[236]. Ello explicaría la abundancia de las repeticiones, la brevedad de los capítulos, así como su constante interreferencialidad. Como ejemplo, señala una enigmática frase que aparece en el primer capítulo y cuyo sentido no se resuelve hasta miles de páginas después[237].

Una estructura y una forma sutil

En virtud de la variedad de temas tratados, *Las Iluminaciones de La Meca* ha sido descrito como una vasta enciclopedia de la espiritualidad islámica[238]. A lo largo de sus más de siete mil páginas, encontramos pasajes de cosmología, metafísica, ontología, epistemología, antropología, ética, ciencia de las letras, interpretación del Corán y los hadices, consejos espirituales... Durante un tiempo fue corriente pensar que la ordenación del texto era más bien arbitraria. Pero gracias a los trabajos de Michel Chodkiewicz, sabemos que tras esa apariencia se esconde una compleja estructura sutil[239]. Lejos de ser un escrito desordenado, *al-Futūḥāt al-Makkiyya* encierra un orden secreto dirigido al iniciado. El motivo de este hermetismo sería disuadir a quienes no se aproximan con un espíritu sincero, al tiempo que «despertar» a los lectores hacia un

235 James Morris, «Introduction», en Ibn ʿArabī, *Meccan Revelations, vol. I*, pp. 11-12.

236 Eric Winkel, «Understanding, and Translating, the *Futūḥāt al-Makkīya*» (2014), en https://ibnarabisociety.org/understanding-and-translating-the-futuhat-eric-winkel/ [consultado el 16 de junio de 2021].

237 Ibid.

238 W. C. Chittick, *The Sufi Path of Knowledge*, p. xii.

239 *Cf.* M. Chodkiewicz, *An Ocean Without Shore*, pp. 60 y ss.

modo de consideración de lo real más allá de los límites de la conciencia ordinaria[240].

Como ejemplo de la compleja dinámica alusiva akbarí, el Chodkiewicz desentraña el capítulo 273[241]. Ibn ʿArabī describe allí una escalera de 62 peldaños mediante la que acceder al conocimiento de Dios, según su incomparabilidad. Al final de la escalera, hay cinco habitaciones, cada habitación tiene varios cofres, cada cofre tiene varias cerraduras, cada cerradura tiene varias llaves y cada llave ha de girarse un determinado número de veces. Cada uno de estos caminos es comentado con detalle. Un lector no familiarizado con el sistema alusivo sufí difícilmente entenderá nada. Pero Chodkiewicz explica cómo lejos de toda arbitrariedad, hay un sutil juego de correspondencias con el Corán, de manera que las habitaciones son el número de versos de la azora correspondiente, los cofres son las palabras de cada verso, el número de candados son el número de letras, las llaves son los signos gráficos de las letras y el número de giros, el valor numérico (en sistema alfanumérico *abǧad*) de cada signo[242].

Algunas consideraciones aritmosóficas

Precisamente, la consideración aritmosófica es una importante coordenada mediante la que acceder al sentido íntimo del texto. Desde una perspectiva física, *Las Iluminaciones de La Meca* se divide en 37 libros, que a su vez tienen siete partes (*ǧuz*, pl. *aǧzā'*), lo cual da un total de 259 partes[243]. Pero si nos dirigimos a la tabla de contenidos, encontramos otra ordenación: seis secciones (sing. *faṣl*) que reúnen 560 capítulos. Estos números (6 y 560) no parecen casuales. El 6 coincide con los seis lados de la Kaaba, lo cual abundaría en la interpretación del encuentro con el joven caballero como una temenofanía de la Casa de Dios. Mientras que el 560 coincide con los 560 años que median entre el inicio de la era islámica y el nacimiento de

240 Ibid. pp. 68-70.

241 Ibid.

242 Acerca del cálculo numérico, v. P. Beneito, «Qurrat al-ʿAyn».

243 M. Chodkiewicz, «Toward reading», p. 9.

Ibn ʿArabī (560 H.)[244]. Desde este punto de vista, el trabajo del Šayḫ habría sido un amoroso cuido de un legado espiritual de más de cinco siglos. Si, por otro lado, tomamos el año en que llega a La Meca (598 H.) y lo consideramos según el sistema de cálculo de la ciencia de los números, encontramos una coincidencia con el simbolismo de la Kaaba (598=5+9+8=22=2+2=4), pues 4 son las esquinas alrededor de las cuales el peregrino ha de realizar la circunambulación ritual. El 560 también puede entenderse como alusión a la Divina Ipseidad, ya que la palabra «Él» (*huwā*) está compuesta por un 5 (*h*) y un 6 (*w*). Si recordamos que la perspectiva de la similaridad (tašbīh) consiste en reconocer la presencia de «Él» en el cosmos y tenemos en cuenta que la Kaaba, en correspondencia con el Corán, es el centro de la manifestación divina, se entiende que el 560 conecta con la dimensión epifánica de Dios con el Templo.

Tampoco parecen casuales el 37 y el 259. El 37 es equivalente a 10 (3+7=10), número que Ibn ʿArabī asocia al 4 (1+2+3+4=10)[245], en correspondencia con el *tetraktys* pitagórico, el número que reúne todos los números. El 37 se relacionaría entonces también con las cuatro esquinas de la Kaaba. En cuanto al 259, es equivalente a 16 (2+5+9=16), que a su vez equivale a 7 (1+6=7), como las siete circunambulaciones rituales, las siete esferas celestes o los siete atributos divinos. El 7 es también el valor de la letra *ʿayn*. Así que tendríamos una transitividad simbólica entre los atributos divinos, las vueltas alrededor del Templo y el ojo (*ʿayn*) que contempla, como en el citado episodio de Qurrat al-ʿAyn[246].

Si nos fijamos en el contenido y forma de las secciones, pueden advertirse las siguientes correlaciones:

- La primera sección (*faṣl al-maʿārif*) comprende los capítulos del 1 al 73. En ella se introducen de manera hermética y sintética los temas principales de la obra[247]. Estos 73 capítulos tienen un valor de 1 (73=7+3=10=1). El número 1 también es el valor del capítulo que abre (1) y el que cierra la sección (73=7+3=10=1),

244 S. Hirtenstein, *Unlimited Mercifier*, p. 441.

245 *Cf.* Ibn ʿArabī, *The Seven Days of the Heart*, p. 9.

246 V. *supra*. pp. 79-80.

247 J. Morris, «Introduction», p. 18.

de tal modo que podemos leer un tránsito o camino de conocimiento desde la Unidad hacia la Unidad. Si, por otro lado, calculamos el valor de *maʿārif* (22), obtenemos un 4 (22=2+2=4). Ello permite concebir la sección como un conocimiento que empieza y acaba en la Unidad (perspectiva de la incomparabilidad) a través del sendero de la manifestación (4 lados de la Kaaba como símbolo del cosmos y de la teofanía universal). El 73 puede leerse, así mismo, como alusión a las 73 sectas del islam, lo cual apuntaría a un intento por parte de Ibn ʿArabī de considerar los 560 años de legado musulmán según todas las perspectivas. Siguiendo esta línea de comprehensividad, podemos incluir el 4, *tetraktys* pitagórico. La unidad que recoge la multiplicidad podría considerarse, por tanto, como el sentido alusivo central de los números implicados en la sección.

- La segunda sección (*faṣl al-muʿāmalāt*) comprende los capítulos del 74 al 189. Aunque el nombre *muʿāmalāt* (prácticas) evoca los hadices y actos de devoción ética individual, Ibn ʿArabī se ocupa principalmente de las interacciones entre cada alma y su fuente, con especial atención a las estaciones (*maqām*)[248], esto es, considera el suelo constitutivo desde donde se abre toda comprensión de la realidad y nace toda conducta. Que los capítulos sean 116 dibuja una interesante coincidencia con el *Kitāb al-ʿAbādila*, obra donde describe 116 tipos de siervos de Dios, más el Siervo Totalizador (117), lo cual encajaría con la cuestión de las prácticas (*muʿāmalāt*). Si calculamos el valor numérico de *muʿāmalāt* obtenemos un 24, cifra que remite a las seis caras de la Kaaba (24=2+4=6). Si incluimos el artículo determinante (*al-muʿāmalāt*), obtenemos un 28, número que remite al 1 de la Realidad Esencial (28=2+8=10=1), así como a las 28 letras del alifato y los 28 días del ciclo lunar. Y si optamos por el singular *muʿāmalat* (27), obtenemos un 9 (27=2+7=9), cifra que simboliza la máxima pluralidad. Si calculamos el valor de los capítulos que abren y cierran la sección, tenemos un 2 (74=7+4=11=1+1=2) que abre la segunda sección y un 9 (189=1+8+9=18=1+8=9) que la cierra, o lo que es lo mismo: un

248 Ibid. p. 19.

tránsito desde la dualitud a la máxima pluralidad. Desde esta perspectiva, cabe leer la sección como un recorrido por toda la diversidad de formas de adoración a Dios (*muʿāmalāt*), en correspondencia con toda la diversidad de formas de la manifestación (letras del alifato, días lunares, etc.).

- La tercera sección (*faṣl al-aḥwāl*) comprende los capítulos del 190 al 269. Fundamentalmente trata los estados (*aḥwāl*) del viajero espiritual, pero en una forma que parece más propia de un comentario ontológico-epistemológico, que de los tratados sufíes tradicionales[249]. Por un lado, el capítulo que abre la sección (190) tiene valor numérico 1 (190=1+9+0=10=1) y el término *aḥwāl* (46) también da un 1 (46=4+10=1). Mientras que, por otro lado, el capítulo de cierre (269) equivale a un 8 (269=2+6+9=17=1+7=8) y los 80 capítulos que componen la sección dan también un 8 (80=8+0=8). El número 8 es especialmente sugerente, ya que 8 es el valor de la primera letra (*ḥ*) de la palabra amor (*ḥubb*) y ocho son los ángulos de la Kaaba y los portadores del Trono divino, según el Corán. El 80 es además el valor numérico de la letra *fā'* (f), la cual se corresponde con la presencia de la formulación de la Palabra divina (*kun fa-yakūn*) en la presencia de la *fahwāniyya*. Si reconocemos cierta perspectiva de dualitud en el amor (amante-amado), en la Kaaba (manifestación-ocultación), en la palabra creadora (Creador-criatura), así como en el estado espiritual (que requiere tanto de adecuada disposición por parte del siervo como de la gracia divina), podemos concluir que las alusiones al 8 remiten a lo dual en juego con el 1 esencial. El camino del 1 al 8 —del capítulo 190 (1+9+0=10=1) al capítulo 269 (2+6+9=17=1+7=8)— puede entenderse, así como reconocimiento de la dependencia ontológica respecto a la Unidad. Este asunto es de especial importancia cuando hablamos de estados espirituales (*aḥwāl*), pues el humilde reconocimiento de la propia menesterosidad previene al siervo de adjudicarse nombres que solo convienen a Dios[250].

249 Ibid. p. 19-20.

250 V. *supra*. p. 29.

- La cuarta sección (*faṣl al-manāzil*) comprende los capítulos del 270 al 383. Los *manāzil* son lugares de encuentro entre Dios y los seres humanos, espacios donde se produce el descenso teofánico y el ascenso amoroso cognoscitivo de la persona[251]. Los 114 capítulos de la sección se corresponden con las 114 azoras del Corán, en sentido inverso[252]. El valor numérico de *manāzil* (128) puede leerse, además, como alusión a la dimensión de la dualitud entre Dios y los seres humanos (128=1+2+8=11=1+1=2) o a los seis lados de la Kaaba, si incluimos el artículo determinante en el cálculo: *al-manāzil* (159=1+5+9=15=6). El valor de 114 es igualmente 6 (114=1+1+4=6). Por otro lado, si nos fijamos en el valor del capítulo de apertura (270) y de cierre (383), obtenemos un 9 (270=2+7+0=9) y un 5 (383=3+8+3=14=5). El 9 apunta a la máxima pluralidad, mientras que el 5 suele asociarse a la Divina Ipseidad, a través de la letra *hā'* (5). En cuanto cada elemento del cosmos es susceptible de ser considerado como manifestación de la Esencia Oculta, cabe concebir los *manāzil* como espacios donde se encuentran el 9 y el 5.

- La quinta sección (*faṣl al-munāzalāt*) comprende los capítulos del 384 al 461 y trata la reciprocidad del encuentro entre Dios y los seres humanos[253]. El término munāzalāt equivale a 7. Su singular, munāzala, el término empleado en el título de cada capítulo de la sección equivale a 6, si mantenemos la *tā' marbūṭa* en el cálculo (munāzalat). Ello nos llevaría a la Kaaba y el dominio de la manifestación. El 6 también puede ser considerado como alusión al ser humano, cuya constitución le permite orientarse según seis direcciones espaciales (arriba, abajo, delante, derecha, detrás, izquierda) y cuyo corazón posee según Ibn ʿArabī carácter séxtuple[254]. La letra *wāw* (6) está asociada, igualmente, a la humanidad ya que su función copulativa (*wāw* es también la conjunción «y»)

---

251 J. Morris, «Introduction», p. 20.

252 M. Chodkiewicz, *An Ocean Without Shore,* pp. 64 y ss.

253 M. Chodkiewicz, «Toward reading» p. 15.

254 *Cf.* P. Beneito, «Qurrat al-ʿAyn», p. 3.

es análoga a la tarea cognoscitiva del ser humano de ligar el ámbito de la manifestación y el ámbito de la esencia oculta de lo Real. El número 6 aparece también en el número de capítulos de la sección (78=7+8=15=1+5=6) y en el capítulo de apertura (384=3+8+4=15=1+5=6). En el de cierre tendríamos un 2 (461=4+6+1=11=1+1=2), posible alusión a la dualitud del encuentro entre Dios y los seres humanos[255].

- La sexta sección (*faṣl al-maqāmāt*) comprende los capítulos del 462 al 560. Sus 99 capítulos han sido puestos en correspondencia con los 99 Bellos Nombres de Dios[256]. La mayoría trata sobre la identificación de Ibn ʿArabī con una serie de polos espirituales[257]. Por nuestra parte, desde una óptica aritmosófica, reconocemos un 3 en el capítulo de apertura (462=4+6-2=12=1+2=3) y un 2 en el de cierre (560=5+6+=11=1+1=2), dos cifras que concuerdan perfectamente con la cuestión de los Bellos Nombres. De un lado, el 2 sería alusión a la dualitud de Dios que dona los nombres y el ser humano que a través de ellos recuerda (*ḏikr*) a Dios. Del otro, el 3 sería alusión al secreto de los Nombres, desplegado en la tríada de dependencia (*taʿalluq*), verificación (*taḥaqquq*) y adopción (*taḫalluq*). Así mismo, si calculamos el valor de *maqāmāt*, obtenemos un 6 (582=5+8+2=15=6), cifra que cabe conectar con Bellos Nombres en cuanto implican tanto la Manifestación divina (6 caras de la Kaaba) como el ojo del corazón del ser humano que ha de rememorarlos (6 como símbolo de la constitución humana).

En cuanto al término *faṣl*, que hemos dado como «sección», puede traducirse como «articulación». Ello permite advertir un sentido

255 Otra perspectiva interesante pasa por considerar la correlación entre el número de capítulos de la sección (78) y el nombre *al-Ḥakīm* (El Sabio, El Sapientísimo), cuyo valor también es 78. Según Ibn ʿArabī quien adopta (*taḫalluq*) este Bello Nombre de Dios, posee el conocimiento de las ciencias teóricas tradicionales, tiene capacidad docente, pone en práctica aquello que estas ciencias implican y es capaz de invocar a Dios en cada momento según el nombre específico que le convenga, v. Ibn ʿArabī, *El secreto de los nombres...*, p. 130.

256 *Cf.* J. Morris, «Introduction», p. 21.

257 Ibid.

de organicidad en cada una de las partes de *Las Iluminaciones de La Meca*, que resulta coherente con la mencionada intra-referencialidad del texto. Siguiendo esa misma clave orgánica, es habitual recordar que cada una de las 6 partes o secciones del libro se corresponde con 6 Nombres de Dios contenidos en el nombre «El Viviente» (*al-Ḥayy*)[258]. Desde este punto de vista, el libro puede ser considerado como guía mediante la que alcanzar el preciado árbol de la vida.

Estructura física y sutil del capítulo 178

La estructura del capítulo 178 también merece que nos detengamos en ella. Desde una perspectiva física, el capítulo abarca parte del *ǧuz'* 113, todo el 114 y todo el 115. Por nuestra parte, discerniremos su estructura atendiendo a los títulos, lo cual nos da una división del capítulo en nueve11 partes, donde diferenciamos una introducción y ochouniones (*awṣāl*).

- La primera parte es una extensa introducción donde se condensan la mayoría de los temas que luego serán tratados[259].

- La segunda se titula *waṣl* (unión)[260] consta de un solo párrafo y ejerce de transición entre la primera y la tercera.

---

258 Estos nombres son: El Conocedor (*al-ʿAlīm*), El Deseante (*al-Murīd*), El Poderoso (*al-Qadīr*), El Hablante (*al-Mutakallīm*), El Oyente (*al-Samīʿ*) y El Vidente (*al-Baṣīr*), *cf.* S. Hirtenstein, *Unlimited Mercifier*, p. 337.

259 Ibn ʿArabī, *al-Futūḥāt al-Makkiyya*, vol. V, *op. cit.*, pp. 594-610.

260 Ibid. p. 610. Asín y Gloton traducen *waṣl* como «suplemento», mientras que Winkel se decanta por «sección» o «sección conectora». Por nuestra parte optamos por «unión», modo habitual de traducir *waṣl* al castellano, que nos parece más apropiado en cuanto ninguna de las *awṣāl* suple a otra, ni se hallan estrictamente separadas. Al contrario, y según veremos, forman un conjunto orgánico, en constante interreferencia y proyección de significaciones, fruto de su enlace. Por otro lado, resulta interesante atender al sentido alusivo de *waṣl*, que comparte raíz trilítera con *waṣala* ('llegar a algo'). Si lo ponemos en juego con la palabra utilizada por Ibn ʿArabī para referirse a capítulo (*bāb*) y la doble faz de *Futūḥāt* como apertura e iluminación, podemos llegar a la imagen del capítulo como una suerte de casa dentro de una ciudadela del saber. Una casa conectada a otras, por puertas que invitan realizar un movimiento continuo, análogo al constante dinamismo de*al-Raḥmān* que regala su aliento Omni-Compasivo a cada instante sobre cada elemento de lo creado. Agradecemos al profesor Pablo Beneito el señalamiento de esta inspiradora perspectiva.

- La tercera, con el nombre «Primera unión: sobre el amor divino» (*al-waṣl al-awwal: fī l-ḥubb al-ilāhī*)[261], es una profunda consideración sobre la dimensión divina del amor, según distintas perspectivas.

- La cuarta parte, con el nombre «Segunda unión: sobre el amor espiritual» (*al-waṣl al-ṯānī: fī l-ḥubb al-rūḥānī*), trata sobre el amor espiritual[262], un amor híbrido, que combina aspectos del divino y del natural.

- La quinta, «Tercera unión: sobre el amor natural» (*al-waṣl al-ṯāliṯ: fī l-ḥubb al-ṭabīʿī*), describe este amor como interés del amante en su propio bien[263]. La sexta, «Una unión: el amor elemental» (*waṣl: al-ḥubb al-ʻunṣurī*), lo trata como una división del amor natural.

- La séptima, «Unión: estados de las denominaciones del amor» (*waṣl: aḥwāl alqāb al-ḥubb*), analiza distintos nombres del amor en función del grado de realización espiritual del amante[264].

- La octava, «Unión: los rasgos de los amantes» (*waṣl: unʿūt al-muḥibbūn*)[265], está dedicada a los rasgos que caracterizan a los amantes de Dios.

- Por último, la novena unión comenta las 44 cámaras nupciales (*minaṣṣāt al-aʿrās*) del amor, lugares de elevación y manifestación donde se encuentran amante y Amado, amado y Amante[266].

---

261 Ibid., pp. 610-621.
262 Ibid., pp. 622-625.
263 Ibid., pp. 625-629.
264 Ibid., pp. 630-635.
265 Ibid., pp. 636-642, e Ibn ʻArabī, *al-Futūḥāt,* vol. VI, pp. 6-32.
266 Ibn ʻArabī, *al-Futūḥāt,* vol. VI, pp. 33-66.

Estas nueve partes ofrecen tal heterogeneidad de estilo, temas y extensión, que, a primera vista, pareciera que se trata de una ordenación arbitraria. Sin embargo, un examen atento del capítulo revela la importante coherencia interna que le subyace y la decidida intención alusiva por parte de un Ibn ʿArabī que parece cuidar hasta el más mínimo detalle. Como ejemplo de esta sutil estructura podemos ver cómo en cada una de las partes se produce una predominancia de los números 8 y 7.

Como ya indicamos, el 8 se corresponde con los ocho ángulos de la Kaaba y con los ocho ángeles que la circundan. Los portadores del Trono divino también son 8[267]. El valor de la primera letra de la palabra amor (*ḥubb*), uno de los claros centros del capítulo 178, es igualmente 8. Y en el Corán encontramos ocho menciones al mandato creador de Dios (*kun*)[268] que, no olvidemos, es un acto de amor incondicional por parte de El Omni-Compasivo. Por otro lado, en la cosmología de Ibn ʿArabī contamos ocho cielos (un cielo de las estrellas fijas y siete cielos planetarios)[269]. Esta misma estructura se repite en la concepción akbarí del cuerpo perfecto, compuesto de una esencia oculta y siete atributos[270].

En cuanto al 7, es también un número de gran importancia simbólica en el mundo musulmán. La primera azora del Corán, la *Fātiḥa*, que según la tradición contiene todo el Libro, está compuesta por siete aleyas. En la peregrinación ritual a La Meca, el siervo debe caminar siete veces entre las montañas de Safa y Marwa y realizar siete circunambulaciones alrededor de la Kaaba. Según Beneito y Hirtenstein, el 7 aparece, además, en la mayor parte de los trabajos de Ibn ʿArabī relacionados con la ascensión espiritual, los climas o regiones espirituales y las facultades humanas[271]. En el *Awrād al-Usbūʿ*, el maestro andalusí trata el ciclo semanal de siete días como ciclo perfecto en conexión con los siete planetas y los siete profetas. Siguiendo esa clave cosmológica, el Šayḫ vincula el 14 (doblamiento del 7) con la luna llena (decimocuarto

267 *Cf.* Ibn ʿArabī, *Il mistero dei custodi del mondo,* Turín, Il Leone Verde, 2001.

268 *Cf.* [Pseudo] Ibn ʿArabī, *El árbol del universo* (intr. estudio y notas de Arthur Jeffery), Madrid, Sufí, 1989, p. 27, nota 1.

269 Ibn ʿArabī, *Las Iluminaciones de La Meca,* p. 47.

270 *Cf. infra.* p. 220.

271 Ibn ʿArabī, *Seven Days of the Heart,* p. 9.

día del calendario lunar), símbolo de la belleza perfecta en cuanto plena reflexión de la luz solar. Desde esta perspectiva, el 7 estaría íntimamente ligado a los 28 días del mes. Y otro tanto podríamos decir de las 28 letras del alifato, cuyo valor numérico se establece en un cuadro compuesto por siete columnas y cuatro filas.

A continuación, señalamos aquellos lugares del capítulo 178 donde la presencia del 8 y el 7 resulta notoria. En primer lugar, la introducción puede dividirse en ocho fragmentos, cada uno dominado, a su vez, por el 8:

- 8 poemas, que constan de 71 versos (7+1=8)[272].
- 8 atributos que producen el amor de Dios[273].
- 8 atributos que producen el desamor de Dios[274].
- 8 citas del Corán y los hadices[275].
- Otras ocho citas del Corán y los hadices[276].
- Un poema de cuatro versos del que se extraen las cuatro denominaciones del amor (4+4=8)[277].
- Una llamada al reconocimiento de la indigencia metafísica del ser humano y siete poemas que hablan de la experiencia teofánica[278].
- Un comentario sobre distintas faces del amor a partir de ocho citas del Corán y los hadices[279].

Si atendemos a las composiciones poéticas, contamos 20 poemas y 136 versos. El 136 es un número muy especial, pues equivale a 10 (1+3+6=10). Si contamos las citas de textos revelados, tenemos 35 aleyas y siete hadices, números que redundan de nuevo en el 8: el 35 es equivalente a 8 (3+5), mientras que el 7 también lo

272 Ibn ʿArabī, *al-Futūḥāt,* vol. V. pp. 594-597. Según el sistema de cálculo akbarí un 71 es equivalente a un 8 (7+1). Sobre el sistema de cálculo, *cf.* P. Beneito, «Qurrat al-ʿAyn».

273 Ibn ʿArabī, *al-Futūḥāt,* vol. V. p. 597.

274 Ibid. pp. 597-598.

275 Ibid. p. 598.

276 Ibid. pp. 598-599.

277 Ibid. pp. 599-602.

278 Ibid. pp. 602-607.

279 Ibid. pp. 607-610.

sería, ya que un cuerpo perfecto consta de siete atributos visibles y una unidad esencial invisible (7+1)[280]. Si sumamos el 35 y el 7 nos da como resultado 44, que es justamente el número de las cámaras nupciales a las que Ibn ʿArabī dedica la última parte del capítulo 178.

La segunda parte del capítulo, titulada simplemente como «unión» (*waṣl*), es la más breve de todas. Consta de un solo párrafo compuesto por siete oraciones y una cita coránica de ocho palabras[281].

La tercera parte, unión sobre el amor divino (*al-ḥubb al-ilāhī*), consta de dos apartados[282]. En el primero aparecen trece citas coránicas y un hadiz, lo cual nos da 14, número que conduce al medio ciclo lunar (14 días) y a los siete atributos (14=7+7) del cuerpo perfecto. Esto enlaza de nuevo con el 8, pues la realidad esencial de ese cuerpo sería el 1 invisible de donde nacen los atributos. En el segundo apartado de esta tercera parte, titulado «conclusión sobre el amor divino» (*takmila fī l-ḥubb al-ilāhī*), Ibn ʿArabī plantea cuatro preguntas que son contestadas según cuatro perspectivas diferentes, lo cual nos da un total de 16 respuestas, número que equivale a 7 (16=1+6=7).

La cuarta parte, unión sobre el amor espiritual (*al-ḥubb al-rūḥānī*)[283], llama a conjugar simultáneamente la perspectiva del ser divino y el ser natural de los seres humanos, en una suerte de desdoblamiento continuo de la mirada. En ella aparecen dos poemas, pero uno de ellos es presentado en tres fragmentos, de tal modo que tendríamos un 4 (1+3) que, en virtud del doblamiento, conduciría al 8 (4+4).

En la quinta parte, unión sobre el amor natural (*al-ḥubb al-ṭabīʿī*)[284], encontramos ocho citas coránicas que constan de 34 palabras, lo cual conduce también al 7 (34=3+4=7).

---

280 Sobre este tema véase *infra*. p. 220.

281 La referencia es C.36:4, pero Ibn ʿArabī solamente cita la parte final, compuesta de ocho palabras: «*wa-Allāhu yaqūlu l-Ḥaqq wa-Huwa yahdī s-sabīl*», *v.* Ibn ʿArabī, *al-Futūḥāt, vol. V. p. 610.*

282 Ibn ʿArabī, *al-Futūḥāt,* vol. V, pp. 610-614 y 614-621.

283 Ibn ʿArabī, *al-Futūḥāt,* vol. V, pp. 622-625.

284 Ibid., pp. 625-629.

La sexta parte, dedicada al amor elemental (*al-ḥubb al-'unṣurī*)[285], es la más breve después de la segunda y está formada por siete oraciones. La única cita coránica que aparece consta de siete palabras.

En la séptima parte, dedicada a las denominaciones del amor (*alqāb al-ḥubb*)[286], destaca nuevamente la presencia del 8 y el 7. Ibn ʿArabī comenta las cuatro denominaciones y después ofrece cuatro poemas que ilustran algunos errores de las personas en la vivencia del amor (4+4=8). Si consideramos el valor numérico de *alqāb* (134), llegamos también al 8 (138=1+3+4=8). Si calculamos el valor numérico de las cuatro denominaciones, obtenemos: *hawā* (21), *ḥubb* (20), *ʿišq* (1170) y *wudd* (20), lo cual da un total de 1231, cifra equivalente a 7 (1231=1+2+3+1=7). Mientras que si analizamos los cinco poemas que forman parte de la unión —además de los cuatro mencionados, hay uno en el comentario a *ʿišq*— contamos un total de siete versos. Por último, las menciones a los textos sagrados son catorce (trece citas del Corán y un hadiz *qudsī*), número que conduce al 7 (14=7+7).

En la octava parte, dedicada a los rasgos de los amantes (*nuʿūt al-muḥibbīn*)[287], encontramos una introducción y cuatro epígrafes. En la introducción[288], Ibn ʿArabī presenta un dicho de Ḏū l-Nūn y comenta siete rasgos que distinguen a los amantes de Dios (1+7=8). Las aleyas citadas en este apartado son doce mientras que los hadices son 4, lo cual nos lleva de nuevo al 7 (12+4=16=1+6=7). En el primer epígrafe[289], se comenta el amor de Dios a la Belleza y siete características que cuando son realizadas por los seres humanos producen el amor de Dios (7+1=8). El número de citas coránicas ofrecidas es 28 y el número de hadices citados 7. Si sumamos 28 y 7 nos da 35, que equivale al 8 (3+5=8). En el segundo epígrafe[290], se enumeran 58 rasgos de los amantes de Dios. Los 44 primeros se corresponden con las cámaras nupciales del amor que tratará en la última parte del capítulo, lo cual incide otra vez en el 8 (44=4+4=8). El maestro andalusí afirma que quienes cumplen

285 Ibid., p. 629.

286 Ibid., pp. 630-635.

287 Ibid., pp. 636-642, e Ibn ʿArabī, *al-Futūḥāt,* vol. VI, pp. 6-32.

288 Ibn ʿArabī, *al-Futūḥāt,* vol. V, pp. 636-642.

289 Ibn ʿArabī, *al-Futūḥāt,* vol. VI, pp. 6-21.

290 Ibid. pp. 22-24.

estas características pueden recibir el nombre de «portadores del Corán». Incidiendo en ello idea un texto de Ḏū l-Nūn que describe a los portadores del Corán según 25 rasgos (2+5=7)[291]. En el tercer epígrafe[292], ofrece siete narraciones, dos sobre Ḏū l-Nūn y cinco sobre su maestra Fátima de Córdoba (2+5=7). Y en el cuarto[293] narra cuatro historias cuyo nexo es la necesidad de realizar el juego binocular del amor akbarí y conjugar la perspectiva de la similaridad y la de la incomparabilidad, lo cual podemos interpretar como doblamiento del 4 en un 8.

En la novena parte, dedicada a las «cámaras nupciales» del amor[294], Ibn ʿArabī comenta 44 lugares donde los seres humanos ascienden hacia Dios y Dios desciende hacia ellos (44=4+4=8).

A todas estas consideraciones, podemos añadir como el propio número del capítulo de *Futūḥāt* dedicado al amor (178) está ligado también al 7 (178=1+7+8=16=1+6=7).

Estructura de nuestro estudio

Como escritura de iniciación a un saber secreto y en virtud de la mencionada organicidad de *Las Iluminaciones de La Meca*, entende-

291 Según Ibn ʿArabī, Ḏū l-Nūn dijo que los portadores del Corán: «Son aquellos sobre los que cae la lluvia de las nubes de la tristeza del amor (1), quienes han desgastado monturas y cuerpos (2), quienes están vestidos de miedo y tristeza (3), quienes beben de la copa de la certeza (4), quienes se disciplinan con el ejercicio de la certidumbre (4), y cuyo frescor del ojo [*qurrat al-ʿayn*] está en lo pequeño y miserable (5), lo plenamente madurado y adecuado (6), y lo oculto y escondido (7). Sus ojos están perfilados con kohl (8) y enrojecidos por la falta de sueño (9), sus ojos se abstienen de mirar (10), sus ojos están hechos para adherirse a las duras lecciones (11), sus ojos están hechos para fijarse con cuidadosa consideración (12). Pasan la noche rezando despiertos (13) y sin poder volver a dormir (14) y sus sollozos se vuelven continuos (15). Acompañan al Corán con sus delgados cuerpos (16) y lo restauran con sus cuerpos marchitos (17), sus mentes desvanecidas (18) y gemidos moribundos (19). El Corán se interpone entre ellos y la vida de comodidades (20), y las más altas esperanzas de los deseantes (21). Sus lágrimas caen efusivamente por Sus amenazas (22), sus cabellos se vuelven grises al recordarLo (23). Es como si hubiera un fuego bajo sus pies (24), y como si Su terrible amenaza fuera una señal para sus corazones. (25)». Trad. propia, Ibid., p. 24.

292 Ibid., pp. 24-28.

293 Ibid., pp. 28-32.

294 Ibid., pp. 33-66.

mos que cada uno de los elementos del capítulo 178 es susceptible de ser explorado en su potencial alusivo, así como de ser considerado como requisito previo, estación de paso, antes de acceder al siguiente contenido. Por ello nuestro estudio imitará la estructura y orden del texto akbarí, en cinco capítulos:

1- «Introducción a la estación de la *maʿrifa* del amor», que corresponde a la primera parte o introducción.
2- «Las distinciones (*aqsām*) del amor: divino, espiritual, natural y elemental», que abarca las partes segunda (una unión), tercera, cuarta, quinta y sexta.
3- «Las cuatro denominaciones (*alqāb*) del amor», sobre la séptima parte.
4- «Los rasgos (*nuʿūt*) de los amantes», dedicado a la octava parte.
5- «Las cámaras nupciales (*minaṣṣāt al-aʿrās*)», sobre la novena parte.

1. INTRODUCCIÓN A LA ESTACIÓN DEL CONOCIMIENTO DE FRAGANCIA DEL AMOR[295]

1. 1. Los ocho poemas

Primer poema. La correlación de amor[296]

Las primeras palabras del discurso akbarí sobre el amor tienen forma poética, algo que no debería extrañarnos. No en vano, el capítulo 178 es el lugar de *Las Iluminaciones de La Meca* donde más

295 Para facilitar el análisis, dividiremos la introducción en cinco apartados que siguen el orden de los ocho fragmentos arriba señalados, vid. *supra*, p. 106. El primer apartado se corresponde con el fragmento 1, el segundo con el 2, 3, 4 y 5, el tercero con el 6, el cuarto con el 7 y el quinto con el 8. Los nombres de estos apartados serán: (1) «Los ocho poemas», (2) «Amor y desamor divino en el Corán», (3) «Las cuatro denominaciones (*alqāb*) del amor», (4) Los siete poemas y (5) «Algunos comentarios sobre el amor».

296 Aunque Ibn ʿArabī no titula los poemas, aquí ofreceremos escuetos títulos con la intención de favorecer así la claridad expositiva y la agilidad expresiva de nuestro trabajo.

se recurre al logos poético. Y el conocimiento de fragancia (*maʿrifa*) o saboreo está especialmente vinculado al decir alusivo y simbólico. Escribe el maestro andalusí:

> El amor es esa relación [*nisba*]
> que atañe tanto al hombre como a Dios,
> aunque nuestra ciencia [*ʿilm*] ignore esta relación.
>
> Porque el amor es saboreado,
> pero su esencia [*ḥaqīqa*] permanece incomprendida.
> ¡Dios mío! ¡Oh, Dios mío! ¿Acaso no es asombroso?
>
> Las razones del amor
> me revisten de su esencia
> con el hábito de los modelos opuestos
> como lo presente y lo ausente.
>
> El mismo Ser de Dios
> se basa en el amor,
> Él, que ve en nosotros como en él,
> sin que seamos principio de analogía.
>
> ¡Perdóname, oh, Dios mío
> mis palabras sobre el amor,
> porque me expreso a veces para darte las gracias!

Apreciamos en estos versos el singular juego entre perspectivas opuestas que caracteriza al pensamiento de Ibn ʿArabī y, muy en concreto, a su discurso sobre el amor. El uso de la palabra *nisba* (correlación) resulta clave, pues apunta a la reciprocidad que se produce entre el amor de Dios y los seres humanos, tema fundamental de todo el capítulo 178. La imposibilidad de saber (*ʿilm*) que sea esta correlación indica un problema epistemológico de primer orden. El ser humano saborea su propio amor, pero el amor real —el amor que Dios le profesa y lo que el amor sea en realidad [*ḥaqīqa*]— es algo que nunca podrá conocer con plena diafanidad. En ese amor que saborea, se encuentra ya con la lógica de la ambivalencia: el Amado es tan presente como ausente, conjuga manifestación y ocultación. Desde una perspectiva diferente, el maestro andalusí recuerda que el mismo ser de Dios, esto es, la naturaleza del Omni-Compasivo, se basa en el amor. De modo que, tras ese momento de acusada contemplación, el poeta se despide pidiendo perdón por si se hubiera excedido en sus comentarios. Tras asomarse a la perspectiva de la similaridad, gira piadosamente, en un gesto de cortesía (*adab*) espiritual hacia la perspectiva de la incomparabilidad. Prudencia de quien advierte la limitación de la propia mirada y reconoce la inagotabilidad del fondo de lo Real.

Segundo poema. El amor del Uno al dos

> ¡Amo un amor esencial del Uno hacia el Dos!
> Una parte de ese amor es natural y otra es espiritual.
> Y una parte de ese amor es divina,
> a través suyo, te llegan palabras de luz y guía en el Corán.
>
> Me preguntas: «¿Hiciste algo por Mi bien?»,
> pero no sé en qué amor ni escala se basa Tu pregunta.
> Cada amor tiene un comienzo que mi estudio puede verificar
> excepto el amor del Señor que no tiene igual.
>
> Cada amor tiene un comienzo, pero ninguno tiene un final,
> salvo el amor natural y el amor dual.
> Ninguno de los dos se describe mediante adjetivos
> si compruebas por ti mismo su clase y lo que son,
> ni mediante fines ni deficiencias.
>
> El punto más alto del amor en el ser humano es la conexión
> de espíritu con espíritu y cuerpo con cuerpo.
>
> Y el punto más alto de conexión con el Omni-Compasivo es el dualismo [*zandaqa*],
> porque Su buena conducta, es requisito de mi buena conducta.
>
> Si no Lo hubiera imaginado en mi imaginación, mi alma no sabría Quién se dirige a ella,
> y Su imagen sería una refutación de mi experiencia[297].

297 Ibn ʿArabī, *al-Futūḥāt,* vol. V, p. 594. Winkel traduce: «I love a core [*ḏāt*] love of the 1 to the 2nd, and a part of that love is nature-based [*ṭabīʿī*] and spirit-based [*rūḥānī*]. / And a part of that love is Divine based [*ilāhī*]; through it come phrases of light to you, as a guidance, in a key text of a Qurʾān. / You asked,

El segundo poema continúa el tema de la reciprocidad amorosa entre Dios y los seres humanos. El maestro andalusí dice amar el amor del Uno hacia el dos, es decir, el amor del Omni-Compasivo hacia la totalidad de las criaturas. E introduce un tema central en su doctrina del amor que desarrollará posteriormente: la distinción entre amor divino, espiritual y natural[298]. Dependiendo de cuál sea la disposición del amante tendremos un amor u otro. *Divino*, si solo vive para servir al interés del amado; *espiritual*, si busca a la vez el bien propio y el del amado, o *natural*, si solo está interesado en la satisfacción propia.

La indescriptibilidad del amor, según «adjetivos», «finalidades» o «deficiencias», puede leerse como nueva advertencia sobre los límites del intelecto para captar la realidad del amor, tanto en la dimensión divina como en la humana. La inteligencia no puede acceder a la realidad divina más que de modo negativo, según su diferencia respecto al mundo. Y otro tanto sucederá con el amor humano, pues al ser una experiencia de saboreo, no será posible acceder a él a través del intelecto. Conocer el amor según conceptos y definiciones sería tan absurdo como pretender transmitir la dulzura de la miel o el placer del coito a alguien que jamás lo experimentó.

Pero quizá lo más llamativo del poema esté en el penúltimo verso. El maestro andalusí dice allí que el «dualismo» (*zandaqa*) es el punto de conexión más alto con el Omni-Compasivo. En castellano, *zandaqa* suele traducirse como «ateísmo». Maurice Gloton,

---

"Did you do something just for My sake?" but I didn't know on which love nor on which scale Your question was based. / Each love has a commencement which my study can verify, except the love of a Cherisher [*Rabb*] who "has no second". / Each love has a commencement, but none has an endpoint, except for a natural love and a dual love. / The two are not described by adjectives, if you verify for yourself their class and what they are, nor by end points and diminution. / The utmost point of love in the human being is your connection as spirit to spirit, body to body prone. / And the utmost point of connection to the Kind [*bi-l-Raḥmān*] is dualism [*zandaqa*], because His good conduct, His *iḥsān*, is a requiting of my good conduct. / If I hadn't put Him imagined in my imagination, my soul would not know who tasked her, and His picture is a refutation of my evidential argument», Ibn ʿArabī, *The Openings revealed in Makkah,* vol. 8, pre-publicación.

298 Véase *infra*, p. 156.

en *Traité de l'amour*, escribe *pur sacrilege* («puro sacrilegio»)[299], mientras que Eric Winkel elige *dualismo*[300]. El campo de interreferencia léxica del término (*z-n-d*) invita, en efecto, a situarse en una perspectiva dual, con términos como *zand* («encendedor», «mechero primitivo de dos palos», «ruibarbo» —un vegetal de dos colores y dos partes muy diferenciadas—) o *zinad* («pedernal», «eslabón», «gatillo»). ¿Qué trata entonces de expresar el Šayḫ? ¿Que el ateísmo acerca a Dios? ¿No es acaso el dualismo un modo de negar la Unidad (*tawḥīd*), una forma de asociación (*širk*)? ¿Cómo puede ser el punto de conexión más alto al que puede aspirar el ser humano?

Un modo resolver esta cuestión pasa por considerar la unión akbarí de perspectivas contrapuestas. Si el punto más alto de conexión con Dios es a través de lo dual, es en cuanto Dios es realidad Oculta y Manifiesta. AmarLo según el dos es afirmar Su manifestación. Y si se ama Su manifestación como tal, es decir, si no se confunde teofanía y fondo de lo Real, se produce al mismo tiempo una adoración de Dios en cuanto que Unidad. Como ser limitado, el ser humano no puede conocer a Dios más que de esta forma relativa. Afirmar lo contrario sí que sería una verdadera asociación: atribuir al ser humano un tipo de conocimiento absoluto que solo corresponde a Dios en cuanto que única realidad Absoluta. Así pues, Unidad y Dualidad —mejor que dualismo— lejos de excluirse, se abrazan en círculo recursivo, igual que sucede con la cinta de Moebius.

Cuando el Šayḫ plantea que «Su buena conducta» es la que permite mi buena conducta, realiza justamente eso: una combinación amorosa de perspectivas aparentemente contrapuestas. En cuanto Dios es el Único agente, único principio del Ser, el siervo perfecto advierte que cuando hace algo verdaderamente bueno, no es en realidad él quien lo ejecuta, sino la Bondad de Dios la que actúa. El amante sufí atribuye así todo lo bueno al Amado y toda deficiencia a sí mismo. Esta es justamente una de las características de

299 Ibn ʿArabī, *Traité de l'Amour* (introducción, traducción y notas de Maurice Gloton). París, Albin Michel, 1986, p. 24.

300 Ibn ʿArabī, *The Openings revealed in Makkah*, vol. 8, pre-publicación.

quienes alcanzan el nivel más alto de santidad según Ibn ʿArabī, los *malāmiyya* o gente de la reprobación[301].

Tercer poema. El amor de al-Ḥallāǧ

El amado de la pasión soy yo,
¡si supierais!
La pasión es lo que amo,
¡si pudierais comprender!

Si entendéis mis palabras,
¡alabad a Dios por su magnificencia!
¡Tomad conciencia de ella!

¿Por qué los que me rodean
se burlan de mis palabras,
pues son incapaces
de captar su sentido?

¿Por qué están cegados
por lo que dejo vislumbrar
del Ser bienamado
de un modo tan patente?

¡A nadie he amado [*hawā*] de esta creación!
No, en verdad, ¡salvo a mí mismo!
¡Quisiera que pudierais entenderlo!

Desde que fui investido de los caracteres divinos
descubro ser Su lugar de aparición
que nunca ha dejado de ser.

Uníos desde este instante a mí,
pues soy el vínculo de Dios en vuestra creación.
Permaneced, pues, a mi puerta,
en calidad de siervos,
¡siempre dispuestos al servicio!

Si yo llegara a decir:

301 *Cf.* M. Chodkiewicz, *Seal of the Saints*, pp. 103-115.

¡Oh, cuánto deseo [*hawā*] a Niẓām o a 'Inan!,
juzgad entonces adecuadamente[302].

Aquí se halla un signo perfecto y sin igual
bajo el que se muestra un vestido de gala.
Pues yo soy la librea sobre aquel que la lleva.
Es por ello por lo que este
¡seguirá siendo desconocido!

Solo Dios está bajo el manto,
Había proclamado *al-Ḥallāğ,*
un día a propósito de esto.
Así que ¡alegraos!

¡Lo juro por el amor!
Si yo Lo contemplase,
Él se presentaría ante mí
para que yo os contemple.
No se verá jamás el Ser [*wuğūd*] mismo de Dios [*al-Ḥaqq*],
pues en toda condición,
permanece en Sí no manifestado[303].

En el tercer poema encontramos la figura del mártir sufí al-Ḥallāğ, que escribió: «Yo soy quien amo y a quien amo yo (*ana man ahwā wa-man ahwā ana)». Estos* versos abren un interesante marco de posibilidades interpretativas que coincide con la intencionalidad del poema akbarí. De un lado, permiten reparar en la limitación de la propia mirada del amante y cómo la imagen del Amado está siempre condicionada por el latir del propio anhelo amoroso. Suponen, en este sentido, una llamada a recordar la dimensión oculta de Dios en juego con Sus manifestaciones. De otro lado, Ḥallāğ es aquel que realizó tal vacío en su interior que se borró a sí mismo. Sus escandalosas palabras: «Yo soy la Realidad (*ana l-Ḥaqq*)», son aludidas por Ibn ʿArabī en el penúltimo verso y

302 Aquí seguimos la versión de Winkel, que traduce «then judge justly», Ibn ʿArabī, *The Openings revealed in Makkah,* vol. 8, pre-publicación.

303 Ibn ʿArabī, *Tratado del amor* (ed. Maurice Gloton), Madrid, Edaf, 1996, pp. 25-27 (Los corchetes son nuestros). V. Ibn ʿArabī, *al-Futūḥāt,* vol. V, pp. 594-595.

apuntan a la aniquilación de todo señorío en el amante. De ahí el considerarlas como «signo de perfección».

Cuarto poema. El ser y el mandato divino existenciador (*kun*)

El ser [*wuǧūd*] es una partícula gramatical; tú eres su significación,
y yo no tengo esperanza en las cosas engendradas [*kawn*], solo en Él.

La partícula de la letra es una significación, la significación de la letra es su
quietud sorda no movida por una vocal
y ningún ojo ve más que su morada [*maʿḏāhu*].

El corazón, en virtud de su naturaleza innata,
deambula entre el espacio de la significación y la morada.

El dios es inaccesible, así que nada Lo abarca,
pero a pesar de ello, somos suficientemente vastos para Él.

No soy yo quien dice esto; no, el hadiz vino con ello,
desde el dios, y esta frase es su sentido.

Cuando Dios quiere, el Verdadero [*al-Ḥaqq*], Él lo hace sordo, sin vocal;
a través de ello, Él le proporciona medida y equilibrio[304].

Exactamente mi ser [*wuǧūd*] es lo que es Su forma,
una inspiración verdadera y nada le percibe a Él sino Él

Dios es el más grande, nada se Le asemeja,
y nada es sino Él, no, Él solamente

Nada ve nada excepto nadidad,
así que es verdad que el Ser [*wuǧūd*] percibido es Dios.

Y nadie ve a Dios sino Dios, así que avanza y presta atención
a mi palabra, para conocer su propósito y su importancia[305].

---

304 En este verso optamos por la traducción de Gloton, en Ibn ʿArabī, *Tratado del amor*, p. 27.

305 Ibn ʿArabī, *al-Futūḥāt*, vol. V, p. 595. Winkel traduce: «Being [*al-wuǧūd*] is a grammatical particle; you are its signification, and I have no hope in existence [*al-kawn*] except *hu-Him* / The letter particle is a signification, and the signification

El cuarto poema es, posiblemente, uno de los más complicados. A primera vista aparecen algunos temas que ya deberían resultarnos familiares: Dios como verdadero agente del amor que se contempla a Sí mismo a través de la pupila humana, el corazón humano capaz de abarcar la vastedad de Dios... Sin embargo, las menciones a la partícula gramatical, las vocales, la significación o la morada pueden resultar un tanto herméticas. En su magnífica traducción de *Las Iluminaciones de La Meca*, Eric Winkel ofrece una clave exegética de gran valor: Ibn ʿArabī estaría hablando aquí de la relación entre el ser-existencia (*wuǧūd*) y el mandato divino existenciador (*kun*)[306]. Más adelante, en el apartado dedicado al amor divino, el maestro andalusí analiza la palabra *kun*, según los procedimientos propios de la ciencia de las letras[307]. Es entonces que volveremos sobre estos complejos versos.

Quinto poema. *Nirdiyār* o la «casa detenida»

El quinto poema, según Ibn ʿArabī, nace de unas palabras con las que Dios se dirigió a él, a través del nombre *Nirdiyār*, que significa «casa detenida». Dice así:

> Te he detenido en Mi casa para que hagas emerger Mi imagen a lo visible,
> así que gloria a Ti, lugar de Mi brillante Manifestación, ¡gloria! ¡gloria! [*subḥāna*]

---

of the letter is its surd stillness not moved by a vowel, and no eye sees other than its lodge. /The heart, given what his innate nature provides him, roams the space between his lodge and his meaning. / The god is inaccessible, so no one encircles Him, but even after that, we are vast enough for *hu*! / It is not I who said it; no, the *ḥadīth* came with it, from the god, and this phrasing is its purport. / When God wants, the True, He makes it surd, without a vowel; because of this, He proportioned him as a good creation and evened him. / Exactly what my being is what His form is, an inspiration true, and none perceives *hu* but *hu*. / God is greatest, nothing resembles *hu*, and there is nothing but *hu*; no, hu alone. / Nothing sees anything but nothingness, so it is true that the Being [*wuǧūd*] perceived is God. / And none sees God but God, so cross over and take heed of my word, so as to know its purpose and its import», Ibn ʿArabī, *The Openings revealed in Makkah,* (trad. Eric Winkel), vol. 8, Nueva York, Pir Press, pre-publicación.

306 Ibn ʿArabī, *The Openings revealed in Makkah,* vol. 8, pre-publicación.

307 V. *infra*. pp. 167-168.

Tus ojos no han visto Mi imagen, perfectamente completa,
y ningún ojo ha visto una imagen como la tuya, ser humano.

[...] Cualquier perfección que exista siempre se trata de Ti.
Desde cualquier perspectiva, esto es así.

Emerjo visiblemente a Mi creación a través de la imagen de Adán
Y confirmo esto en la Ley como elemento de fe.

Si hubiera en todos los mundos posibles algo más perfecto que Tú,
sería una deficiencia en Mí, si la hubiera.

Sí, estás singularizado por una imagen de Mi Presencia.
Y más perfectamente completo que Yo no hay nada[308].

Parece evidente que el tema de este poema es la creación del ser humano a imagen y semejanza de Dios. Por eso se dice que ningún ojo ha visto una imagen semejante y que, si hubiera dentro de la creación algo más perfecto, supondría una merma de la propia perfección divina.

Sin embargo, algunas partes pueden producir cierta confusión, como por ejemplo la expresión «gloria a Ti [*subḥāna*], lugar de Mi brillante Manifestación». ¿Cómo interpretar ese Ti? ¿Se dirige propiamente a Ibn ʿArabī? En un contexto islámico, la palabra *subḥāna,* suele emplearse como reconocimiento de la distancia entre Dios y las criaturas, mientras que para el agradecimiento en general, incluido a un ser humano, lo común es utilizar una fórmula de cercanía como *ḥamd*. Así ocurre en el Corán, donde la

308 Ibn ʿArabī, *al-Futūḥāt,* vol. V, p. 596. Winkel traduce: «I have detained you in My house in order to make My image emerge visibly, so glory to You, site of My brilliant radiance, and exalted beyond, exalted beyond! / 'Your eyes have not sighted My likeness, perfectly complete, and no eye has sighted a projected likeness like you, human being. / 'Thus, there remains in all possible worlds none more perfect than You. I raised a demonstration from the Law proving this. / Whatever perfection there is, it is not other than You. Flush against every facet, that is what it is. / 'I emerge visibly to My creation in an image of Adam. And I confirmed this in the Laws as faith. / 'If there were in all possible worlds any more perfect than You, it would be a deficiency in Me - if there were. / Yes, you are singled out by an image from My Presence - and more perfectly complete than I there is not», Ibn ʿArabī, *The Openings revealed in Makkah,* vol. 8, pre-publicación.

expresión *al-ḥamdu li-llāh* (gracias a Dios) se usa para alabar a Dios como agradecimiento y reconocimiento de lo bueno que produce en el mundo[309] y la fórmula *subḥāna Allāh* se reserva para reconocer a Dios según Su Majestad. Algo parecido ocurre con la postración ritual (*rukūʿ*), momento clave del sometimiento (*islam*), en el que el creyente debe pronunciar las palabras *subḥāna Rabbī l-ʿAẓīm* (Gloria a mi Señor, el Inconmensurable). ¿El poema dice por tanto que Dios se inclina ante Ibn ʿArabī? ¿Hay semejante afirmación del señorío humano?

De ser así, el maestro andalusí no tendría el debido respeto a la dimensión de la Majestad divina. A nuestro juicio, la clave para leer este pasaje consiste en recordar el peculiar proceso de aniquilación y subsistencia que caracteriza al siervo perfecto. Desde cierta perspectiva, Dios es el único agente. Por eso puede decirle Gloria a Ti así sin que suponga una descortesía hacia Sí.

Advertimos, por tanto, una continuidad con la experiencia teofánica de al-Ḥallāǧ recogida en el tercer poema. El santo persa había practicado un camino de aniquilación y subsistencia, en cierto modo, similar; un camino que, como sabemos, solo es posible desde la máxima humildad y el máximo servicio. Ni la locución teopática «Yo soy la Realidad» ni aquí el empleo de *subḥāna* supondrían, entonces, una afirmación radical del señorío ni la autonomía humana, sino todo lo contrario. Según el enfoque akbarí, lo más elevado del ser humano se encuentra en su capacidad para amar y hacer de su propio ser, adecuado espacio de manifestación del Amado. Convertir el propio ser en regalo amoroso.

Desde este enfoque, el nombre *Nirdiyār* (casa detenida) se descubre como alusión a una detención servicial que propicia el acontecimiento teofánico. El siervo se detiene ante Dios, se ancla humildemente a Su realidad. Pero este detenimiento es principio de continuo movimiento, pues anclarse a una realidad que no cesa de renovarse significa describir un dinamismo similar. Podemos encontrar un paralelismo con la «casa sosegada» de san Juan de la Cruz: estado de «desnudez y pobreza de espíritu» que permite

309 En Corán 10:10 encontramos: «Su invocación allí será: «¡Gloria a Ti, Alá!» Su saludo allí será: «¡Paz!» y terminarán con esta invocación: «¡Alabado sea Alá [*al-ḥamdu lillāh*], Señor del universo!». Trad. Cortés.

la salida del alma y el encuentro con el Amado[310]. Ibn ʿArabī, como destinatario de esta revelación, se detiene en la morada del Amado y hace una casa de su propio corazón: espacio donde lo divino puede ser amorosamente cuidado y recibido. La cifra de su acción será ofrecer pausa amorosa a aquel que constantemente está en movimiento, atender al viajero, guiado por una sincera voluntad de servicio. Su amor será reflejo, imitación, del amor constante e incondicional del Omni-Compasivo. Y en ese momento de máximo servicio y entrega del ser humano, Él podrá contemplarSe a Sí mismo a través de Su creación.

Sexto poema. El sol

> Dios es demasiado Grande [*Akbar*] para cualquiera que pretenda alcanzarLo,
> y Él es el Amado [*Ḥabīb*], el Altísimo [*ʿAlī*], el Amo [*Sayyid*], el Independiente [*Ṣamad*].
>
> El Sol [*šams*] nos alcanza, y nosotros lo percibimos,
> por él recibimos afecto y apoyo.
>
> Así pues, somos nosotros quienes lo vemos, y es manifiesto, visible[311],
> como una Manifestación divina [*tağallī*] que nadie se atribuye[312].
>
> La luz nos impide preguntar cómo,
> ¿qué ocurrirá entonces con aquel que no tiene un cómo para preguntar? De tal modo se unifica[313].

---

310 *Cf.* San Juan de la Cruz, *Obra Completa, tomo 1*. Edición de Luce López-Baralt y Eulogio Pacho. Madrid, Alianza, 2003, p. 495.

311 Ibn ʿArabī, *al-Futūḥāt,* vol. V, p. 596. Hasta este verso seguimos la versión de Winkel: «God is too great [*Akbar*] for any one to win Him, and He is the beloved [*Ḥabīb*], the highest [*ʿAlī*], the master [*Sayyid*], the self subsisting [*Ṣamad*] / The Sun [*šams*] perceives us, and the Sun [*šams*], we perceive her, yes, and the bending affection and support are from her to us. / Indeed, we do see her, and she is manifest, visible [...]», Ibn ʿArabī, *The Openings revealed in Makkah,* vol. 8, pre-publicación.

312 Ibn ʿArabī, *Tratado del amor,* p.30.

313 Ibn ʿArabī, *al-Futūḥāt,* vol. V, p. 596. Winkel traduce: «The light stops us from our asking how, so how about the one who has no how to be asked? So it merges», Ibn ʿArabī, *The Openings revealed in Makkah,* vol. 8, pre-publicación.

El cómo y el cuánto ¡son propios de los cuerpos!
Pero en este nivel ¡nunca se encuentra cuerpo, condición ni número![314]

En el sexto poema, encontramos una estructura análoga al camino de ida y vuelta entre el hálito del Omni-Compasivo y el ascenso cognoscitivo y amoroso de los seres humanos. En el primer verso se subraya la dimensión de la incomparabilidad divina. A continuación, se pasa a algunos Nombres divinos y el movimiento de descenso del Omni-Compasivo, simbolizado por los rayos del Sol que al proyectarse sobre la Tierra regalan su calor vivificador a todas las criaturas y permiten que los seres humanos puedan ver. En el tercero se ofrece la visión del ascenso, si bien recordando que, en realidad, la Manifestación no depende propiamente de los seres humanos, sino de la propia fuerza del Ser de lo Real. Y en el cuarto, se aprecia una alusión a la anulación del intelecto que implica toda experiencia teofánica. Si lo ponemos en juego con el quinto y último verso, parece que Ibn ʿArabī apunta a cómo los conceptos y demás categorías del intelecto tienen su ámbito de legitimidad en el mundo corporal, mientras que para el conocimiento positivo de Dios no cabe interrogación ni esfuerzo intelectual.

Un aspecto interesante del poema es la luz como condición de posibilidad del ámbito de la manifestación. Una de las imágenes preferidas por el Šayḫ para explicar la relación entre lo Uno y lo Múltiple es, justamente, la de una fuente de luz que al atravesar un prisma se difracta en una multiplicidad de colores. El intelecto puede diferenciar los colores que salen del prisma, puede aplicarles sus categorías. Pero nada podrá decir sobre la cualidad de la luz original[315].

---

314 Ibn ʿArabī, *al-Futūḥāt,* vol. V, p. 596.

315 Desde este ángulo, el pensamiento akbarí puede ser considerado como pionero en la indagación de la diferencia ontológica, algo que como ya apuntamos no pasó inadvertido a Henry Corbin, primer traductor de Heidegger a lengua francesa. El Šayḫ advierte que antes que el mundo de los entes y de su posible consideración según el orden de la manifestación, hay algo más originario, un espacio de apertura que será condición de posibilidad del advenimiento de la presencia. Este aparecer se da en un círculo de naturaleza amorosa: Dios es realidad oculta que desea ser conocida y los seres humanos son seres ontológicamente tendidos hacia el creador que anhelan el retorno amoroso hacia la Unidad, y persiguen ver y ser vistos por el Amado.

Por otro lado, si comparamos el poema con la azora coránica de El Sol (*al-Šams*), advertimos una interesante analogía estructural. Las primeras aleyas, de la primera a la sexta, pueden entenderse en línea con el despliegue ontológico de los primeros compases del poema akbarí:

> ¡Por el sol y su claridad!
> ¡Por la luna cuando le sigue!
> ¡Por el día cuando lo muestra brillante!
> ¡Por la noche cuando lo vela!
> ¡Por el cielo y Quien lo ha edificado!
> ¡Por la tierra y Quien la ha extendido![316]

Entre la séptima y la décima aleya, encontramos el privilegio concedido a todo ser humano: haber recibido un alma (*nafs*) modelada por Dios que, según el uso del libre albedrío, puede conducir al extravío —separación de Dios en cuanto no reconocimiento del Creador como tal— o a la cercanía y la gloria divina. Esto es, el ser humano como criatura privilegiada capaz de realizar en vida el movimiento de ascenso cognoscitivo y amoroso hacia el Sol:

> ¡Por el alma y Quien le ha dado forma armoniosa,
> instruyéndolo sobre su propensión al pecado y su temor de Dios!
> ¡Bienaventurado quien la purifique!
> ¡Decepcionado, empero, quien la corrompa![317]

El resto de la azora refiere la historia de los tamudeos, una tribu que practicaba la idolatría y retó al profeta Sālih a mostrar un milagro del Dios Uno. Según el Corán, el Creador hizo descender del cielo una camella como prueba. Pero los tamudeos no creyeron al profeta y desjarretaron al animal:

> Los tamudeos, en su arrogancia, desmintieron.
> Cuando el más miserable de entre ellos se alzó.
> El enviado de Dios les dijo: «¡Dejad a la camella de Dios y que beba!».

316 C. 91:1-6. Trad. Cortés.
317 C. 91:7-10. Trad. Cortés.

Le desmintieron y la desjarretaron. Su Señor, entonces, les aniquiló
por su pecado, a todos por igual,
sin temer las consecuencias de ello[318].

Esta camella de Dios puede leerse como símbolo del alma humana. Darle agua sería alimentarla, cuidarla adecuadamente para que se produzca el ascenso amoroso hacia el Sol. Desde esta perspectiva, el castigo divino consistiría en la negación del encuentro teofánico. En conformidad con esta perspectiva, en el *Fuṣūṣ al-Ḥikam*, Ibn ʿArabī explica que quien posee la sabiduría de Ṣāliḥ entiende que el bien y el mal no provienen de Dios, sino de sí mismo[319]. Siguiendo este enfoque, podemos concluir que si los tamudeos no dan de beber al alma es porque se aferran a la dimensión corporal de lo real. Como dice el poema akbarí, en el nivel de la luz como origen de la manifestación, «¡nunca se encuentra cuerpo, condición ni número!». La idolatría consistiría, justamente, en esa confusión de órdenes: en tomar lo que es manifestación del Ser como si fuera la Esencia Oculta.

Séptimo poema. La perla.

¡Apresúrate a recuperar el tiempo [*Dahr*] perdido,
y toma al Omni-Compasivo como provisión en tu viaje!

DiLe con amor: ¡Oh, final del viaje, mi última esperanza,
cuánto deseo ardientemente [*šawq*] el secreto [*sirr*] y el significado [*maʿnā*] de tu noticia [*ḫabar*]!

He sabido que yo soy, en el momento en que soy visto,
alguien cuyo ser es por Él; yo nunca desaparezco de Tu mirada.

Si no fuera por la aniquilación y la negación de la similitud hacia Ti,
y lo que cuenta la revelación sobre ser abrasado por Tu mirada,

Yo no tendría esperanza en nada más que Tu visión,
y no leería ningún libro que no estuviera en tu camino,

318 C. 91:11-13. Trad. Cortés.

319 Ibn ʿArabī, *Los engarces de las sabidurías,* p. 117.

Es por eso que te pido, oh, Tú, que no tienes igual,
que yo quiera lo que Tu poder decrete[320] .

Él me dijo, Esto es parte de Mi decreto [*qaḍarī*]
rechazar Mi decreto [*qaḍarī*], y todo ello sigue tus pasos.

Una palabra ha descendido sobre todos vosotros desde Mi profeta,
sobre anular lo decidido y os dice lo que alargará vuestras vidas;

Una palabra tan preciosa, hecha toda ella de leche, perla [*durra*]
planetaria, y esto es de la perla,
así que reunid vuestras propias perlas esparcidas como semillas
en el cielo[321].

En el séptimo poema, Ibn ʿArabī invita a tomar a El Omni-Compasivo como guía de vida y a recuperar el tiempo [*Dahr*] perdido. Como primer paso, parece referirse al anhelo de la unión escatológica: «¡Oh, final del viaje, mi última esperanza [...]!». A continuación, encontramos el típico juego entre aniquilación y subsistencia que caracteriza al Ser Humano Perfecto: «He sabido que yo

---

320 En este verso seguimos la versión de Gloton, Ibn ʿArabī, *Tratado del amor*, p. 31. En la de Winkel se lee: «Indeed I ask You, O You who have no likeness, for something by which the final decision is repelled, based on Your decree», Ibn ʿArabī, *The Openings revealed in Makkah,* vol. 8, pre-publicación.

321 Ibn ʿArabī, *al-Futūḥāt,* vol. V, pp. 596-597. A excepción del verso comentado en nota anterior, seguimos la traducción de Winkel: «Rush to restore the x of your age which has passed, and take as your provision the Kind [*al-Raḥmān*] in your journey. / Say to Him with love: O journey's end, my hope at last, how much the inner secret and the ideation yearn intensely for your enunciative predicate! [*ḫabar*] / I have known that I am, at the moment I am seen, someone whose being is by Him; I never disappear from Your gaze. / If not for annihilation and negating the similitude from You, and what came from You in the reports about being incinerated by Your sight, / I would have no hope in any but Your vision, and I would not read any book which was not along Your pathway /Indeed I ask You, O You who have no likeness, for something by which the final decision is repelled, based on Your decree / He said to me, It is part of My decision that you should see My decree [*qaḍarī*] repelling My decree [*qaḍarī*], and it all follows your footstep. / A word has come to all of you from My prophet, about annulling what decided, and telling you what will lengthen your life; / A word so precious, all of it a milky, planetary pearl [*durra*], and this is from the pearl, so attach it to your own pearls scattered like seeds in the sky», Ibn ʿArabī, *The Openings revealed in Makkah,* vol. 8, pre-publicación.

soy, en el momento en que soy visto [...] Tú que no tienes igual» ... Más difíciles de interpretar resultan, sin embargo, los versos sexto y séptimo. El poeta pide a Dios que le haga querer Su decreto [*qaḍar*] y Dios responde que parte de Su decreto consiste en rechazarLo. Un modo de aclarar este asunto sería considerar la primacía del amor Omni-Compasivo de Dios sobre cualquier otro de Sus rasgos. Según Ibn ʿArabī, Dios no ha descuidado ningún elemento de la creación y todo ha sido moldeado según la medida de Su amor Omni-Compasivo. Así que cuando los seres humanos desobedecen Su Ley, solo Le estarían desobedeciendo en cuanto *al-Raḥīm*, es decir, simplemente renunciarían a la posibilidad de ascender amorosamente hacia Él, tal y como hicieron los tamudeos. Desde la perspectiva de *al-Raḥmān*, en cambio, no habría desobediencia ninguna. Los seres humanos no pueden desobedecerLe, en cuanto cada una de las posibles conductas humanas son aceptadas por el abrazo incondicional del Omni-Compasivo y en cuanto todo lo creado forma parte del plan general de amor con el que conformó —y conforma a cada instante— el Universo. DesobedecerLe como *al-Raḥīm* sería, desde esta perspectiva, una forma más de amarLo como *al-Raḥmān*.

Este regalo que es la Ley, en cuanto puente que permite el ascenso amoroso contemplativo, adviene, según el poema, gracias a la palabra: una palabra hecha de leche y de perlas (*durar*). Puede advertirse aquí una alusión a los Nombres Divinos como peldaños que permiten al ser humano remontar amorosamente hasta el Creador. Quien adopta al Omni-Compasivo como guía está llamado a recoger las perlas que hay diseminadas por el mundo. Debe reconocer los signos de Dios en cada elemento de lo creado; justo como demandaba el Corán: «Adondequiera que os volváis, allí está la faz de Dios»[322].

Para lograr esta mirada será necesario un movimiento de purificación, una adopción del camino de la servidumbre, mediante la que limpiar el espejo del corazón. Precisamente, el símbolo de la perla, uno de los tópicos más conocidos de la literatura sufí[323], está relacionado con la purificación cordial. Šabistarī, sabio persa del

322 C.2:115. Trad. Cortés.

323 *Cf.* N. Scott Johnson, «El simbolismo sufí de la perla», *Sufi*, nº 8, 2004, pp. 45-49.

siglo XIV que conoció profundamente la doctrina akbarí, escribía en su *Gulšān-i Rāz*: «El ser es el mar, el habla es la orilla, las conchas son letras, las perlas conocimiento del corazón»[324]. El corazón aparece, así, como sede de apertura hacia una consideración del lenguaje de la revelación que combine la fidelidad a lo Oculto y lo Manifiesto:

> El sufí que ha roto la concha de su ego se convierte en perla, en ser de luz. El que se hace completamente transparente se convierte en espejo de Dios [...]. La perla es un símbolo fundamental de perfección cosmológica, tanto en su forma como en su color [...]. Ser una perla es estar más allá de toda dualidad, ser Uno [...]. Ser perla es recuperar la propia identidad primordial, alcanzar la perfección, convertirse en espejo de Dios [...] característica llamativa de la perla es su brillo lechoso, luminoso. La perla es blanca, que es el color de la unidad y de la perfección [...]. Convertirse en perla es ser pura luz, absorto en la Unión divina. Como símbolo de la realización suprema en la senda sufí[325].

El encomendarse al Omni-Compasivo implica, entonces, un paso hacia atrás, donde el siervo se despoja la pretensión de señorío y accede a la dimensión de pureza esencial que le pertenece en cuanto criatura. Naturaleza originaria (*fiṭra*), blanca como la leche. Desde ella, alabará a *al-Raḥmān*, de modo sencillo, como el resto de las criaturas con su mero existir. Y en cuanto siervo perfecto, siempre atento al incesante del flujo de las teofanías, permitirá que Dios se contemple a Sí mismo.

Octavo poema. El amor del amor

> Cuando supe que el amor
> era inestimable,
> sin que pudiera, no obstante, dominarlo
> hasta el fin de mi vida,
> ¡me enamoré para siempre del amor del amor!

---

324 Sa'd Ud Din Mahmud Shabistari, *Gulshan i Raz: The Mystic Rose Garden*, Londres, Trübner and Co. Ludgate Hill, 1890, p. 56.

325 Ibid. p. 49.

Sin embargo, no me atrevo a afirmar
que el bien que me otorga
me basta por completo,
sí, ¡me colma ampliamente!

El Amado me hizo aparecer
el resplandor de Su unión
que hizo brillar mi ser
y mi esencia más íntima.

Mi corazón derretido[326]
ante Su Majestad
¡cuando me otorgó al instante
una prueba de confianza [*ẖaṭṭ amān*]!

Me condujo por los vergeles
de Su íntima Belleza.
¡Me arrebató a los genios y a los hombres,
dotados todos de gravidez!

Me hizo presente
velándome el secreto.
¡Me ocultó después
y fui acercado!

Si decimos: yo soy Uno,
¡su Ser también lo es!
Si mi ser se afirma,
¡resulta la dualidad!

Aunque compuesto
es sutil y puro.
Se tiene la visión de un único.
¡Y, sin embargo, la razón admite un segundo!

Se le dijo estas palabras:
«¡Cuán elocuente eres!»,
pues es una metáfora
que el lenguaje sugiere.

---

326 En este verso seguimos la traducción de Winkel: «my heart was melted», Ibn ʿArabī, *The Openings revealed in Makkah,* vol. 8, pre-publicación.

¡Oh, tú, que a ti mismo te pareces
por tu insigne valor!
¡El número ya no está en causa,
porque tu ser se ha extinguido!

Tu ser por sí mismo dichoso contempla
tesoro tan precioso.
¡Mira en ese espejo
pues ahora Tú me ves!

¡Oh, el ausente!
Quien es gratificado a tal grado
se ve como un loco
¡en los paraísos de la beatitud!

¡Oh, prodigio!
Aquel cuya belleza echa los corazones a volar,
los sustrae a sí mismos
¡en el momento del impulso![327]

En estos versos, de gran potencial alusivo, llama la atención la actitud del poeta que primero dice que el amor de Dios no le basta y un segundo después asegura que le «colma ampliamente». Esta súbita autocontradicción, así como la conjugación de opuestos, indica que nos encontramos ante un escrito incardinado en ese ámbito donde lo sensible se hace inteligible y lo sensible se hace inteligible.

Otro aspecto interesante se encuentra en el cuarto verso. A diferencia del resto del poema, nos despegamos allí de la traducción de Maurice Gloton y recurrimos a la versión de Winkel. Donde Ibn ʿArabī escribe *ḏāba fu'ādī*, el francés traduce *mon esprit se mit à défaillir* («mi espíritu desfallecía»)[328], mientras que Winkel escribe *my heart melted* («mi corazón derretido»). Esta última fórmula recoge mejor la literalidad del original árabe y abre un horizonte de comprensión más interesante, en cuanto sugiere el momento de la aniquilación (*fanā'*). Desde este enfoque, «la prueba de confianza» (*ḫaṭṭ amān*) otorgada al final del verso apuntaría a la

327 Ibn 'Arabî, *Tratado del amor*, pp. 31-33.
328 Ibn 'Arabî, *Traité de l'Amour*, p. 32.

experiencia de serenidad característica de la subsistencia (*baqā'*). Tras el máximo rebajamiento, el poeta accedería a un estado de paz y confianza en el carácter benéfico del Ser. Este movimiento —rastreable en otras tradiciones como la mística cristiana, el vedanta advaita o el budismo zen— implica la máxima afirmación de su nadidad por parte del ser humano. El siervo sufí descubre un nicho de seguridad, un fondo de fortaleza, confianza e invulnerabilidad, en cuanto advierte que su ser es sostenido por el aliento del Omni-Compasivo y que, en virtud del amor ilimitado e incondicional de Dios, nada ha de temer. Más adelante, volveremos sobre esta especial relación entre aniquilación, subsistencia y serenidad[329].

Gracias al movimiento de humildad que propicia el encuentro íntimo con el Amado, el poeta confiesa en el quinto verso que pasó a hacerse invisible ante los genios y los humanos, posible alusión a los *malāmiyya*, las gentes de la reprobación, que ocultaban su verdadero rango espiritual para esquivar cualquier acto de pretensión u ostentación[330].

En el poema aparecen otros temas típicos en el discurso akbarí, como la mención al Uno y al Dos, que cabría considerar nuevamente como invitación a conjugar perspectivas contrapuestas, o el último verso, donde la aniquilación del amante en el punto más alto, cuando su corazón vuela, sustraído de sí, imantado por la belleza del Amado, nos retrotrae a la disolución del propio yo, característica de la poesía de Ḥallāǧ.

1. 2. Amor y desamor divino en el Corán[331]

Tras los ocho poemas, Ibn ʿArabī prosigue la tematización del amor como correlación Dios-seres humanos. Y si antes se sirvió del vuelo del logos simbólico, a través de ciertas experiencias que podríamos llamar iluminativas, ahora su discurso se centra en el Corán y los hadices, lo cual puede ser interpretado como cierto juego de balanceo entre distintas modalidades de conocimiento.

329 V. *infra.* pp. 193-196.

330 *Cf.* Sara Sviri, *Perspectives on Early Islamic Mysticism: The World of al-Ḥakīm al-Tirmidhī and his Contemporaries*, Nueva York, Routledge, 2020

331 Ibn ʿArabī, *al-Futūḥāt*, vol. V, p. 599.

El maestro andalusí presenta ocho cualidades (*ṣifāt*) de los seres humanos que despiertan el amor condicionado de Dios: los que se vuelven a Él (*al-tawwābūn*)[332], los que se purifican (*al-mutaṭahhirūn*)[333], los que delegan en Él (*al-mutawakkillūn*)[334], los pacientes (*al-ṣābirūn*)[335], los agradecidos (*al-šākirūn*), los que dan limosna (*al-mutaṣaddiqūn*)[336], los que se comportan como si Lo vieran (*al-muḥsinūn*)[337], y los que luchan en el camino de Dios como si fueran un sólido edificio (*yuqātilūna fī sabīli-hi ṣaffan ka-'anna-hum bunyān^un marṣūṣ*)[338]. En este apartado, el Šayḫ se limita a compartir las citas coránicas, donde aparecen estas cualidades. Pero más

---

332 Cortés traduce Corán 2:222 como «Alá ama a quienes se arrepienten [*tawwābūn*] y a quienes se purifican». En la interpretación que Ibn ʿArabī hace del nombre Divino *al-Tawwāb*, la adopción del rasgo por parte del siervo adquiere otro matiz: «volverse hacia su Señor», v. *infra*. p. 209-210.

333 C. 2:222. «Alá ama a quienes se arrepienteny a quienes se purifican [*mutaṭahhirūn*]». Trad. Cortés.

334 C. 3:159: «Por una misericordia venida de Alá, has sido suave con ellos. Si hubieras sido áspero y duro de corazón, se habrían escapado de ti. ¡Perdónales, pues, y pide el perdón de Alá en su favor y consúltales sobre el asunto! Pero, cuando hayas tomado una decisión, confía en Alá. Alá ama a los que confían en Él». Trad. Cortés.

335 C. 3:146: «Qué de profetas ha habido, junto a los cuales combatieron muchas miríadas, y no se descorazonaron por los reveses padecidos por Alá, no flaquearon, no cedieron. Alá ama a los tenaces [*al-ṣābirūn*]».

336 La *ṣadaqa* suele ser traducida como tributo voluntario, limosna, a diferencia del *zakāt*, impuesto obligatorio por el que el musulmán contribuye con una proporción de su riqueza personal para ayudar a pobres y necesitados. En Corán 9:60, encontramos: «Las limosnas son solo para los necesitados, los pobres, los limosneros, aquellos cuya voluntad hay que captar, los cautivos, los insolventes, la causa de Alá y el viajero. Es un deber impuesto por Alá. Alá es omnisciente, sabio», Trad. Cortés. Según un hadiz atribuido al tío del Profeta, Ibn Abbás, cualquier acto de donación de uno mismo, trascendimiento amoroso del interés egoico en favor de un otro, incluso de palabra, podría ser entendido como *ṣadaqāt*.

337 En Corán 2:195, según la traducción de Cortés, encontramos: «Gastad por la causa de Alá y no os entreguéis a la perdición. Haced el bien. Alá ama a quienes hacen el bien [*muḥsinūn*]». Por nuestra parte traducimos *muḥsinūn* como «los que se comportan como si Lo vieran», basándonos en el propio análisis del nombre que Ibn ʿArabī realiza más adelante vinculándolo al *iḥsān*, v. *infra*. pp. 217-221.

338 C. 61: 4. «Dios ama a los que luchan en fila por Su causa, como si fueran un sólido edificio» (trad. Cortés).

adelante, les dedicará una unión (*waṣl*) específica, donde las tratará en profundidad[339].

Además de estas cualidades, Ibn ʿArabī enumera ocho características negativas o carencias —literalmente «no cualidades», *lā ṣifāt*— que producen el desamor de Dios: los corruptores (*al-mufsidūn*)[340], los que derrochan (*al-fāriḥūn*)[341], los presumidos y jactanciosos (*muḫtālūn faḫūrūn*)[342], los impíos (*al-ẓālimūn*)[343], los

339 Ibn ʿArabī, *al-Futūḥāt,* vol. VI, pp. 7-21. En la unión dedicada a las cualidades (*ṣifāt*) de los amantes que provocan el amor de Dios, Ibn ʿArabī trata solamente siete de los ocho rasgos ahora mencionados. Para un análisis de estas cualidades y su selección, v. *infra*. pp. 207-223.

340 C. 5:64: «Los judíos dicen: "La mano de Alá está cerrada". ¡Que sus propias manos estén cerradas y sean malditos por lo que dicen! Al contrario, Sus manos están abiertas y Él distribuye Sus dones como quiere. Pero la Revelación que tú has recibido de tu Señor acrecentará en muchos de ellos su rebelión e incredulidad. Hemos suscitado entre ellos hostilidad y odio hasta el día de la Resurrección. Siempre que encienden el fuego de la guerra, Alá se lo apaga. Se dan a corromper en la tierra y Alá no ama a los corruptores [*mufsidūn*]». Trad. Cortés.

341 El término *al-fariḥūn* suele ser traducido como «los que se alegran» o «los que se regocijan». En su campo de interreferencia léxica (*f-r-ḥ*) tenemos *fariḥ* (alegrarse, regocijarse), *farḥa* (alegría), *faraḥ* (boda, fiesta), *mifraḥ* (jovial, alegre, festivo). Esa es la línea que sigue Julio Cortés, en su traducción del Corán, 28:76: «Coré formaba parte del pueblo de Moisés y se insolentó con ellos. Le habíamos dado tantos tesoros que un grupo de hombres forzudos apenas podía cargar con las llaves». Cuando su pueblo le dijo: «¡No te regocijes, que Alá no ama a los que se regocijan!». Sin embargo, como apunta Hossein Nasr, el sentido de esta aleya no consiste en un rechazo de Dios a cualquier tipo de alegría. Si la actitud de Coré es condenable, es en cuanto su celebración de los bienes materiales supone un desprecio a Dios y al resto de seres humanos v. H. S. Nasr *et al.*, *Study Quran, op. cit.* p. 1768. Desde esta perspectiva, y teniendo también en cuenta el decidido compromiso amoroso de Ibn ʿArabī con Dios y el conjunto de lo creado, consideramos apropiado seguir la traducción de *fariḥūn* de Winkel, «the wasteful» (los que derrochan), en Ibn ʿArabī, *The Openings revealed in Makkah*, vol. 8, pre-publicación. Gloton, por su parte, traduce como «les excesiffs», Ibn ʿArabī, *Traité de l'Amour,* p. 34.

342 C. 31:18; «¡No pongas mala cara a la gente, ni pises la tierra con insolencia! Alá no ama a nadie que sea presumido, jactancioso [*muḫtāl faḫūr*]». Trad. Cortés.

343 C. 3:57: «En cuanto a quienes crean y obren bien, Él les remunerará debidamente. Alá no ama a los impíos [*ẓalimīn*]». Trad. Cortés.

inmoderados (*al-musrifūn*)[344], los infieles (*al-kāfirūn*)[345], los que maldicen en voz alta (*al-ǧahra bi-l-sū'i mina l-qawl*)[346] y los que se exceden (*al-muʿtadūn*)[347]. Aunque no lo menciona, el hecho de que también sean ocho y el mismo empleo de la expresión *lā ṣifāt* (no-cualidad), invita a preguntarse si están emparejados con las cualidades anteriores. Por nuestra parte, consideramos posible establecer los siguientes pares:

- Los que se vuelven a Él reconocen en todo momento a su Señor, mientras que los corruptores niegan la naturaleza dadivosa de Dios.
- Los que se purifican conectan con su dimensión esencial y reconocen la dependencia respecto al Creador más allá de toda soberbia, mientras que los arrogantes y los que se vanaglorian celebran lo material olvidándose de toda otredad, ya sea humana o divina.
- Los que confían en Él se encomiendan totalmente a Dios, mientras que los presumidos y jactanciosos viven envanecidos.
- Los pacientes (*al-ṣābirūn*) se abstienen de ofrecer represalias cuando sufren un mal, responden al mal con el bien, mientras que los impíos se caracterizan por su no obrar bien.
- Los agradecidos dan las gracias a Su Señor por lo bueno, a diferencia de los inmoderados, que son aquellos que no dan lo debido.
- Los que dan limosna voluntariamente (*ṣadaqa*) cumplen con el mandato divino, sin embargo, los infieles son los que desobedecen.

---

344 C. 6:141: «Él es Quien ha creado huertos, unos con emparrados y otros sin ellos, las palmeras, los cereales de alimento vario, los olivos, los granados, parecidos y diferentes. ¡Comed de su fruto, si lo tienen, pero dad lo debido el día de la cosecha! ¡Y no cometáis excesos, que Alá no ama a los inmoderados! [*musrifīn*]». Trad. Cortés.

345 C. 3:32 «Di: "¡Obedeced a Alá y al Enviado!". Si vuelven la espalda, Alá no ama a los infieles [*kafirūn*]». Trad. Cortés.

346 C. 4:148 «A Alá no le gusta la maledicencia en voz alta [*al-ǧahra bi-l-sū'i mina l-qawl*], a no ser que quien lo haga haya sido tratado injustamente. Alá todo lo oye, todo lo sabe». Trad. Cortés.

347 C. 2:190: «Combatid por Alá contra quienes combatan contra vosotros, pero no os excedáis. Alá no ama a los que se exceden». Trad. Cortés.

- Los que se comportan en todo momento como si Lo vieran ofrecen lo mejor, lo más bello de sí, actitud opuesta a la de aquellos que maldicen en voz alta.
- Por último, los que luchan en el camino de Dios como si fueran un sólido edificio (*yuqātilūna fī sabīli-hi ṣaffan ka-'anna-hum bunyān^un marṣūṣ*) han logrado un equilibrio perfecto entre todos sus miembros para hacer de su cuerpo una vía hacia Dios, mientras que los que se exceden viven en la desmesura.

Más adelante, cuando analicemos el tratamiento akbarí sobre las cualidades (*ṣifāt*) de los amantes que les hacen merecedores del amor de Dios, entenderemos mejor lo aquí apuntado[348]. Entretanto, valga señalar que cada una de las cualidades de los amantes sirve al propósito del encuentro teofánico, mientras que las no-cualidades pueden leerse como actos de soberbia por parte del sujeto que se autoafirma como ser independiente y desprecia la dimensión majestuosa de la Divinidad.

Ibn ʿArabī cierra esta primera consideración sobre las cualidades adoptando la perspectiva de la Unidad. Considera que todas estas formas de amor tienen su raíz en el hadiz del Tesoro Oculto, que a su vez pone en juego con la famosa aleya «No eras tú quien tiraba, era Dios Quien tiraba...». Dios aparece, entonces, como el verdadero y único agente: Amante y Amado.

1.3. Las cuatro denominaciones (*alqāb*) del amor

Tras esta introducción a las cualidades de los amantes, el maestro andalusí presenta brevemente cuatro denominaciones (*alqāb*) del amor, que serán desarrolladas más tarde[349]. Como preámbulo, ofrece un poema donde se aprecia el círculo recursivo entre el amor creador del Omni-Compasivo y la vocación de retorno a la Unidad que late en lo más íntimo del ser humano:

348 Véase *infra*, pp. 209-223.

349 Véase *infra*, pp. 181-196.

Del amor procedemos,
con él fuimos creados;
así al amor tendemos
y estamos consagrados[350].

La primera denominación es *ḥubb* (amor originario o amor seminal). Según Ibn ʿArabī, quien ama de esta manera ha pulido tanto su corazón que no alberga ningún interés en sí mismo y todo su ser está orientado a satisfacer la voluntad del amado. Es, en este sentido, un amor similar al del Omni-Compasivo, cuyo acto creador nace de la compasión hacia lo que está privado de existencia. Como apunta Gloton, el campo de interreferencia léxica de *ḥubb* es el mismo que el de *ḥabba* (simiente, semilla)[351], de tal modo que, al traducirlo como amor germinativo, seminal u originario, nos hacemos cargo tanto del acto originario de la creación como del potencial alusivo del término.

La segunda denominación es *wudd* (amor constante, fiel). Se trata de un amor basado en la estabilidad y la fijeza, igual que una estaca (*wadd*) fija la estabilidad de la tienda en la tierra. Gloton traduce *wudd* como «l'affection ou attachement fidèle d'amour» («afecto o cariño fiel de amor»)[352]. Sin embargo, Beneito propone una fórmula —«amor constante»[353]—que parece más adecuada al destacar la dimensión temporal. En otro apartado de *Futūḥāt*, el comentario al nombre divino *al-Wadūd* (El Amoroso, el Constante en Su Amor, el que ama con Fidelidad, el Amigo Afable, el Afectuoso), Ibn ʿArabī explica que la adopción de este rasgo por parte del siervo consiste en mantener el amor a Dios con independencia de las variaciones de estados que puedan sobrevenirle en el tiempo[354].

La tercera denominación es *ʿišq* («amor envolvente o pasional»). El maestro andalusí indica que su raíz (*ʿ-š-q*) es la misma que la de *ʿašaqa* («enredadera») y la vincula a dos pasajes del Corán: «[...] los

350 P. Beneito, «La doctrina del amor», p. 62.
351 Ibid.
352 Ibn ʿArabī, *Traité de l'Amour*, p. 37.
353 *Cf.* P. Beneito, «La doctrina del amor», p. 68.
354 Ibn ʿArabī, *El secreto de los nombres*, p. 131.

creyentes aman a Alá con un amor [*ʿišq*] más fuerte»[355]; «La mujer del Poderoso [Zulayḫa] solicita a su mozo [Yūsuf]. Se ha vuelto loca de amor [*ʿišq*] por él»[356]. Según el Šayḫ, el amor que Zulayḫa sentía por Yūsuf se convirtió en una especie de membrana externa (*šagaf*) alrededor de su corazón, envolviéndola en una constricción sofocante, como si se tratara de una enredadera[357]. Es por esto que, nuevamente, parece más acertada la traducción de Beneito —«amor cegador y arrebatador» o «amor envolvente»— que la de Gloton —«la spiration d'amour ou amour éperdu, amour extrême ou comble de l'amour» («expiración de amor, locura de amor, amor extremo o colmo del amor»)—[358].

La cuarta denominación del amor es *hawā* («súbito deseo o inclinación amorosa»)[359]. Se trata de un afecto que cae repentinamente sobre el amante y produce una «total dependencia, desde el primer momento que surge ese estado en el corazón»[360]. Su nacimiento puede deberse tanto a una palabra, como a una mirada, como a una conducta. En cuanto amor causado que coloca al amado en situación de heteronomía, no será un nombre que convenga a Dios.

Estas cuatro denominaciones guardan cierta correspondencia con los cuatro versos del poema de apertura. El amor seminal (*ḥubb*) aparecería en el primer verso: «Del amor procedemos», en cuanto el amor de Dios es el origen de todas las criaturas. El amor constante (*wudd*) se encontraría en el segundo verso: «con él fuimos creados», ya que la creación del mundo se renueva a cada instante. El amor de enredadera (*išq*) correspondería al tercero: «Así al amor tendemos», en cuanto envolvimiento que, irremisiblemente, orienta hacia el Amado. Y finalmente, la súbita inclinación del amor (*hawā*), afecto que cae en el corazón del amante y lo

355 C. 2:165. Trad. Cortés.

356 C. 12:30. Trad. Cortés.

357 Ibn ʿArabī, *al-Futūḥāt,* vol. V, p. 600.

358 Ibn ʿArabī, *Traité de l'Amour,* p. 37.

359 Recogemos la fórmula de P. Beneito en «La Doctrina del amor», p. 68, que no dista sin embargo mucho de la de Gloton, «l'inclination soudaine d'amour ou passion subite d'amour» (inclinación repentina de amor o pasión súbita de amor), v. Ibn ʿArabī, *Traité de l'Amour*, p. 38.

360 Ibn ʿArabī, *Tratado del amor*, p. 38.

posee provocando una transformación en él, se manifestaría en el último verso: «Y a él estamos consagrados».

Tras esta presentación, Ibn ʿArabī ofrece una serie de poemas y comentarios que introducen temas que desarrollará con mayor profundidad a lo largo del capítulo[361]. El primer poema, cuyo autor no menciona, se encuadra en la dimensión del amor envolvente (*išq*). El poeta describe una afección en los oídos que lo transforma en amante pasional:

¡Iniciados! ¡Mi oído ha sido seducido por cierto ser!
¡La oreja es cautivada algunas veces antes que el ojo![362]

El segundo, ya sí compuesto por el Šayḫ, habla del amor como súbito deseo (*hawā*) y pone el acento en la perspectiva del amor humano:

Por otra distinta a ti, la vista me lleva a su amor
salvo mi pasión por ti, basada en las palabras.
De esta amada, no superada, ¡Dios es testigo!
Soy deudor de quien, según se me ha dicho,
¡es una compañera salida del hombre!
Deseo estar solo para conquistarla mejor,
a fin de que ella eche una mirada generosa a mi ser[363].

En el tercero, de mayor extensión y con un alto grado de concentración simbólica, advertimos cierta alusión al ser asesinado (*maqtūl*) el amante a causa del encuentro con el amado, tema que el maestro andalusí volverá a tratar en la última parte del capítulo 178, dedicada a las cámaras nupciales del amor[364]. Reproducimos un pequeño fragmento:

¡Oh, Dios mío! ¿Cuál es, pues, esa alma que me conquistó?
Es una belleza penetrada de pudor.
¡Oh, perfecto esplendor de graciosa gacela! [...]
Si te vales del encanto o del afecto
llegas a seducir el juicio del hombre.

---

361 Ibn ʿArabī, *al-Futūḥāt*, vol. V, pp. 600-610.

362 Ibn ʿArabī, *Tratado del amor*, p. 39.

363 Ibid.

364 V. *infra*, pp. 232 y ss.

> Tú disuelves las tinieblas: también ante el amor,
> la nube acumulada por fin se ha disipado[365].

El cuarto poema[366] dice:

> El oído es un amante apasionado y el ojo es un amante apasionado [*ʿāšiqātun*]
> ¡qué dispar es el amor [*ʿišq*] del ojo y del oído!
>
> El oído se apasiona [*taʿšaqu*] por lo que mi imaginación se representa,
> y el ojo se apasiona por las formas que siente.
>
> Quien tiene ojos, si el amado va hacia él un día,
> le contempla con placer en la mirada.
>
> Pero quien tiene oídos, si el amado se acerca a él en forma sensible,
> no será liberado de su cautiverio.
>
> Excepto en el amor por Zaynab, ¡que es maravilloso!
> En él, vista y oído se vuelven lo mismo para el amante[367].

Reconocemos aquí dos amores según su vía de nacimiento. Un amor de oído, basado en lo que imaginamos cuando escuchamos palabras sobre el amado. Y un amor de los ojos, conectado a las formas visibles. Ambos entran en la denominación del *hawā*, amor condicionado, flechazo que se desata en virtud de cierto rasgo del objeto amado.

No resulta tan claro, sin embargo, qué quiere decir el Šayḫ cuando señala que vista y oído se mezclan en el amor a Zaynab. Si

---

365 Ibn ʿArabī, *Tratado del amor*, pp. 39-40.

366 Ibn ʿArabī, *al-Futūḥāt*, vol. V, p. 602.

367 Ibid. Winkel traduce: «The ear is an impassioned lover [*ʿāšiqatun*], and the eye is an impassioned lover [*ʿāšiqatun*]; how disparate the impassioned love [*ʿišq*] of the eye and the hearing! / The ear becomes passionate [*taʿšaqu*] for what my fantasy has imagined [*waʿmī yuṣawwiru-hu*], and the eye becomes passionate for something physically sensed in forms. / The one who has eyes, if the beloved comes to him one day, he sees him with pleasure in the sighting. / And the one who has ears, if the beloved comes to him in a form that is physically sensed, he will not be released from ever changing fates. / Except for love of a Zaynab, because it is wondrous: the good share of hearing and sight has become the same to him», Ibn ʿArabī, *The Openings revealed in Makkah*, vol. 8, pre-publicación.

vamos a la traducción de Gloton, en vez del nombre Zaynab —que es el que aparece en el original árabe—, encontramos «*l'Essence*» («la Esencia»)[368]. Más adelante, Ibn ʿArabī retomará esta cuestión[369]. Por el momento, valga con adelantar que el amor a Zaynab implica conjugar binocularmente la dimensión de lo oculto y lo manifiesto. Es un amor que involucra la dimensión más sutil, orientada a la unión espiritual, y la dimensión física, orientada hacia la unión corporal.

1. 4. Los siete poemas

Tras la aproximación a las denominaciones del amor, el maestro andalusí ofrece siete poemas relacionados con la experiencia del saboreo del Amado. Como previo, incide en la perspectiva de la humildad del siervo ante el Señor a través de dos citas coránicas: «¿No soy yo vuestro Señor?» (C.7:172) y «Vosotros sois los necesitados de Dios, mientras que Dios es quien se basta a Sí mismo» (C.35:15)[370].

Primer poema. El relámpago

> [...] Estuve por veinte años conectado a aquel a quien amo [*hawā*],
> no fui consciente de a quién estaba amando [*hawā*], y no tuve paciencia.
>
> Y mi ojo no había contemplado la bondad de su rostro
> y mis oídos no habían escuchado nada que lo evocara [*ḏikr*].
>
> Hasta que el relámpago resplandeció ante mí:
> Él me bendijo un día y me atormentó para siempre[371].

---

368 Ibn ʿArabī, *Traité del'amour*, p. 40.

369 V. *infra*. pp. 170-190.

370 Trad. Cortés.

371 Ibn ʿArabī, *al-Futūḥāt*, vol. V, p. 603. Winkel traduce: «I was connected to the one I love [*ʾahwāhu*] for twenty years, and I was unaware of whom I loved [*ʾahwāhā*], and I knew no patience. / And my eye had not gazed toward the goodness of her face, and my ears had not heard any *dhikr* mentioning her at all./ Until the lightning [*al-barqu*] flashed into my view, from a Side protected: He blessed me one day, and He tormented me forever after», Ibn ʿArabī, *The Openings revealed in Makkah*, vol. 8, pre-publicación.

En este fragmento reconocemos una alusión al carácter transformador de la experiencia visionaria (*kašf*). El relámpago sería símbolo de un acontecimiento que, en un solo instante, deja una huella que acompaña a la persona durante el resto de su existencia. Desde un esquema de pensamiento griego, podría hablarse de un tiempo kairológico que rompe la uniformidad e indiferenciación de lo cronológico. El poema akbarí recoge parte de este sentido y añade algo más: pues lo que descubre el enamorado es la identidad del verdadero objeto de su amor.

A este efecto, resulta interesante tener en cuenta la compleja concepción del tiempo de nuestro autor. Ibn ʿArabī distingue entre tiempo absoluto (*Dahr*), que corresponde a Dios en Su Ipseidad, y tiempo relativo (*zamān*), correspondiente a la experiencia limitada de los seres humanos. El tiempo relativo se desdobla en tiempo horizontal (equivalente al cronológico, tiempo lineal de progresión irreversible, característico de un estado de conciencia ordinario como el día que ha transcurrido) y tiempo vertical (propio del místico, tiempo discontinuo, irreductible al horizontal, donde se producen ascensiones o descensos entre el plano de lo inteligible y el de lo sensible)[372]. A estos dos sentidos, se añade un tercero, donde se produce una integración entre la perspectiva del tiempo absoluto y el relativo, en mutua interreferencia. Así lo explica Beneito:

> [...] como en el reloj, el tiempo lineal puede representarse en un círculo, lo cual permite un tránsito simbólico al tiempo cíclico. El círculo integra en su línea sin principio ni fin la horizontal del tiempo cuantitativo y la vertical del tiempo cualitativo. Este círculo, el símbolo geométrico de la Unidad por excelencia, representa en la obra de Ibn ʿArabī el Círculo de la Existencia que comprende todos los grados de la manifestación.
>
> El transcurso del tiempo es entonces un movimiento creativo, incesantemente renovado, sin principio ni fin. Cada punto de la circunferencia del círculo es idéntico a cualquier otro, pues todos guardan la misma relación con respecto al Centro. Al considerar el paso

372 *Cf.* Pablo Beneito, «El tiempo de la gnosis: consideraciones acerca del pasado y el futuro de la mística en la obra de Ibn ʿArabī», en *La mística en el siglo* XXI, Madrid, Trotta, 2002, pp. 92-97.

circular del tiempo, consideramos cada ciclo en tanto que símbolo de la Unidad. Ya sea un año de doce meses, una semana de siete días o un día de 24 horas, cada una de estas unidades constituye un ciclo completo que incesantemente se renueva en un movimiento circular. Cada división del ciclo —en 4, en 7, en 12 o en 24— expresa verdades específicas con relación al todo. En tanto que son un todo en sí mismos, los ciclos pueden considerarse equivalentes unos a otros[373].

Siguiendo este esquema, podemos decir que el poema recoge una experiencia que se produce en un punto del tiempo horizontal, pero de carácter cualitativo (vertical), donde el amante descubre el juego entre la esencia oculta de lo Real y la profusividad de Sus manifestaciones, al tiempo que un reconocimiento de la condición humana como tensión amorosa hacia la Unidad. Desde estas coordenadas, se entiende que la experiencia develadora haya sido bendición de un día y tormento para siempre. «Bendición», como instante (vertical) en el que el amante goza de la presencia del Amado, y «tormento», como noche oscura del alma, tiempo posterior a la experiencia unitiva, en el que el amante sufre la ocultación de Aquel a Quien persigue[374].

Segundo poema. La luna llena

El segundo poema[375] continúa la temática del amor como pasión súbita (*hawā*) y del amante que no conoce, no se da cuenta de la verdadera naturaleza del objeto de su amor. Hasta que una noche, se le descubre la cara del Amado tras el velo (*niqāb*), genuina experiencia de develación (*kašf*)[376].

---

373 Ibid. p. 95.

374 *Según explica la experta en san Juan de la Cruz y poesía sufí, Luce López-Baralt, la noche oscura no es sino el momento de angustia y soledad, tras la experiencia de encuentro amoroso con el amado, cf.* L. López-Baralt, *Asedios a lo indecible*, pp. 140-188 y L. López-Baralt, «La amada nocturna de san Juan pudo haberse llamado Layla», *Quaderns de la meditarrània*, n° 12, 2009, pp. 201-211.

375 Ibn ʿArabī, *al-Futūḥāt*, vol. V, p. 603

376 Henry Corbin, muy influido por la lectura de Heidegger, pero, sobre todo, determinado por su propio proyecto filosófico-teológico, entiende esta experiencia del *kašf*, como un desvelamiento similar al de la *alétheia* griega. A pesar de que es posible señalar las similitudes entre ambos términos, las diferencias consideramos que constituyen parte una sustancial del enfoque

¿A quién amo? ¡No lo sé! No sé su nombre.
Ignoraba todo de la que mi pecho estrecha
hasta que dejó ver su rostro bajo el velo
semejante a la nube que brilla en la noche
bajo el efecto de la luna cuando está llena[377].

La luna llena es un símbolo recurrente en la obra del maestro andalusí. En el *Awrād al-usbūʿ*, aparece como la más alta forma de manifestación de lo real, en cuanto máximo reflejo de la luz solar[378]. La luna llena, como acontecimiento que se produce cada 28 días, puede ser puesta, además, en relación con las 28 letras del alifato, lo cual incidiría en la idea de la plenitud de la manifestación. En el poema, la máxima manifestación de lo divino tendría lugar gracias al reflejo en la criatura amada. O lo que es lo mismo: la máxima manifestación de la criatura será posible gracias al reflejo del ser divino, luz principio de unidad que representa a la vez la fuente de toda singularidad.

Tercer poema. La entrada en Siria

Ibn ʿArabī explica que el siguiente poema[379] profundiza en el mismo significado (*maʿnā*) que el anterior y fue producto de un «saboreo» (*d̲awq*) que experimentó durante la primera vez que entró en Siria (*Šām*)[380]. Cabe deducir que la experiencia se produjo, por tanto, durante la serie de viajes que emprendió a partir de 1202. Pero, al mismo tiempo, resulta interesante considerar la mención a Siria como una posible alusión a la lengua siríaca (*suryāniyya*): un lenguaje primordial, sobrenatural y esotérico distinto al siríaco his-

---

akbarí y que no tenerlas en cuenta supondría una fatal deformación de su sentido nuclear, en cuanto lo que queda comprometido es la propia relación intersubjetiva de los individuos. Sobre esta cuestión, véase: D. Fernández Navas, «Fenomenología y alteridad en Henry Corbin: una mirada desde Ibn ʿArabī». *Revista Cultura de Guatemala: Actas XII Congreso Internacional Universidad Rafael Landívar: Pensar América Latina: fenomenología, teoría crítica y descolonialidad. Intersecciones y debates*, 2021, pp. 61-77.

377 Ibn ʿArabī, *Tratado del amor*, p. 43.

378 *Cf.* Ibn ʿArabī, *Seven Days of the Heart*, pp. 8-9.

379 Ibn ʿArabī, *al-Futūḥāt*, vol. V, p. 603.

380 Ibn ʿArabī, *Tratado del amor*, p. 44.

tórico[381]. Según la tradición, Dios se sirvió de la *suryāniyya* para enseñar a Adán los nombres mediante los que conocer las cosas del mundo. Esta lengua sintética, compuesta por solo diez letras, sería el origen de todas las lenguas del mundo[382]. En un texto de Los Hermanos de la Pureza, de mediados del siglo X, se dice que aquellos diez signos fueron la raíz de los números del 1 al 9, tal y como fueron transmitidos por los indios a los árabes y por los árabes a los europeos[383]. La correspondencia de cada letra del alifato árabe con un valor numérico tendría su raíz en aquel lenguaje angélico que fue confiado al primer ser humano.

En virtud de este linaje, la *suryāniyya* ha sido tradicionalmente concebida como lengua que permite a los seres humanos establecer comunicación con realidades sobrenaturales que habitan el mundo intermedio, como los ángeles y los genios (*ǧinn*). En otro pasaje de *Las Iluminaciones de La Meca,* Ibn ʿArabī vincula la estación siríaca (*al-maqām al-suryān*) y la naturaleza adánica original[384]. Y en el *Awrād al-usbūʿ* describe unos espíritus primordiales que deambulan en medio de las alusiones de sus sutilezas «siríacas»[385]. Según Hirtenstein y Beneito, el término *suryāniyya* comparte campo de interreferencia léxica con *sarayān* (permeabilidad, difusión) y *sirr* (misterio). Además, deriva del sánscrito *surya* (sol), lo que ha llevado a hablar de ella como lengua solar que hablaba Adán en el Paraíso[386]. Parece que Ibn ʿArabī piensa en esa línea, pues al hablar de Siria (*šām*), alude al Sol (*šams*).

---

381 Sobre las características de esta lengua y su tratamiento en la historia del esoterismo islámico, véase la magnífica conferencia de Luca Patrizi, «Thus Spoke Adam» (2021), en https://www.youtube.com/watch?v=wAIgnVkXVSY [consultado el 16 de junio 2021]. En ella se ofrece una triple consideración de la *suryāniyya* como «lengua primordial», de la que se derivarían el resto de las lenguas conocidas, «lengua sobrenatural», que habría sido utilizada por magos como al-Bunī, para dominar las realidades espirituales del mundo intermedio, y «lengua esotérica», como carisma espiritual, mediante el que algunos maestros sufíes, como Ḏū l-Nūn o el propio Ibn ʿArabī habrían accedido a la dimensión de lo oculto, según el lenguaje numérico primordial.

382 Ibid.

383 Ibid.

384 Ibid. p. 91.

385 Ibn ʿArabī, *Seven Days of the Heart,* p. 52

386 Ibid.

Muy cerca de estos planteamientos, en «El lenguaje de los pájaros», René Guénon señala una conexión entre la *suryāniyya* y el lenguaje especial que según el Corán le fue concedido al rey Salomón: «¡Oh, hombres!, hemos sido instruidos en el lenguaje de los pájaros (*'ullimna manṭiq al-ṭayr*) y colmados de todo bien...»[387]. Según Guénon, la *suryāniyya* es una lengua angélica y solar que permite entrar en comunicación con estados superiores y «cuya imagen en el mundo humano es el lenguaje ritmado»[388]. Es decir, un lenguaje espiritual cuya forma natural es el verso y que precisa de una profunda conciencia de la dimensión simbólico-numérica del cosmos.

En el comentario al poema de su entrada en Siria, Ibn 'Arabī explica que encontró, dentro de sí, a un desconocido con el cual mantuvo una peligrosa contienda. Este se le presentó en forma *ǧasad*, un modo que no pertenece a la dimensión corporal, sino al mundo de los sueños, lo cual puede leerse como lucha con el ángel, tema clásico de la literatura sufí, presente también en la mística cristiana[389]. Según el maestro andalusí, el poema reproduce el encuentro, en el lenguaje propio de ese *otro* angélico[390]. Y en efecto, cuando nos acercamos al texto, parece que nos enfrentásemos a una lengua de otro mundo o, al menos, más allá de los márgenes de la razón discursiva; una sabiduría secreta (*sirr*) donde números y letras esconden un sentido oculto:

> [...] Cuando entré en Siria [*Šām*], mi intelecto quedó anulado,
> jamás vi —en lo referente al amor [*ḥubb*]— a nadie tan apasionado [*hawā*] como lo estaba yo.

387 *Cf.* René Guénon, *Símbolos fundamentales de la ciencia sagrada*, Madrid, Paidós, 1995, pp. 61 y ss.

388 Ibid.

389 A propósito de la figura del ángel en el ámbito sufí, véase Henry Corbin, *El hombre y su ángel*, Barcelona, Destino, 1995. Para un recorrido según distintas tradiciones, consúltese Massimo Cacciari, *El ángel necesario*, Madrid, Visor, 1989. Acerca de cómo la visión de Ibn 'Arabī va más allá de la lucha con el ángel, tal y como es presentada por Corbin, gracias al amor que considera al otro en cuanto otro, véase D. Fernández Navas, «Eugenio Trías e Ibn 'Arabī», *op. cit*, y D. Fernández Navas, «Fenomenología y alteridad en Henry Corbin», *op. cit.*

390 «Let me discuss that face to face with the form, virtually and in his language», Ibn 'Arabī, *The Openings revealed in Makkah*, vol. 8, pre-publicación.

Yo era inmoderado en el amor, y no tenía conciencia de quién me hacía amar.
¿Es mi amado un creador o es una forma nacida de mí?

Mis oídos no oían nada que no se refiriera a él,
¿ha habido algún amante [*hawā*] así antes de mí?

Vagué por la tierra de Dios, de Este a Oeste,
buscando alguien que fuera agradable conmigo

Pero solo vi ese amado hacia el que estoy tendido,
aferrado a él por naturaleza, aferrado a él como si fuera su sombra.

Dije, Dios, en efecto mi corazón está cautivo y nada sé,
así que mira mi estación y mi humillación.

El que llama al amor, llamó de entre mis costillas:
«Te has hundido, oh, mendigo, en un océano de ignorancia.

Sin embargo, escucha mis palabras, y mide el secreto (*sirr*) de mi sabiduría
porque yo me encuentro entre las gentes que reciben las instrucciones y el favor divinos [*al-ta'ālīm wa-l-faḍl*][391].

Conoce el siete, el diez, el cincuenta,
y después de eso adquiere el dos.

Entonces emergerá ante ti una forma original sin molde, de cuatro caras, que perfecciona en ella la unión y la disyunción[392].

---

391 Ibn 'Arabī, *al-Futūḥāt,* vol. V, p. 603. Aquí Gloton traduce «je suis enseignant jouissant de la faveur» (soy un maestro que goza del favor), Ibn 'Arabī, Ibn 'Arabī, *Traité de l'Amour,* p. 47. Winkel opta por «gentes de la erudición astronómica y de la diferenciación» (people of astronomical erudition and differentiation), Ibn 'Arabī, *The Openings revealed in Makkah,* vol. 8, prepublicación. Por nuestra parte, hemos escogido una forma más cercana a la literalidad del texto árabe.

392 En este verso seguimos en parte a Gloton, quien traduce: «Tu obtiens la figure d'un carre idéal / qui perfectionne en elle union et disjonction» (Obtienes la figura de un cuadrado ideal, que perfecciona en ella la unión y la disyunción), Ibn 'Arabī, *Traité de l'Amour*, p. 45. Winkel opta por «There will arise before you an original shape without template, four-sided, perfectly whole, built upon the joining in which is the segment», Ibn 'Arabī, *The Openings revealed in Makkah,* vol. 8, pre-publicación.

Una alegoría [*miṯl*] de Su nombre Allāh, clarificada, para ser verificada por ti mismo,
así fue un nombre de mi amado en la forma [*ṣūra*] de la raíz[393].

Así pues, este es un nombre de aquella a quien amas, si sabes comprender,
y este es parte del conocimiento conectado en dominio gramatical a la abeja [*naḥl*][394]

Y si puedes comprender, no busques nada más
que triplicar el cuadrado para reunir el todo [*ǧāmiʿat al-šaml*][395] [...]

una muchacha [*bint*] en el ojo [*ʿayn*], y una casa [*bayt*], un manuscrito [...][396].

---

393 Winkel traduce: «An allegory of His name Allāh, clarified, to be verified for yourself; thus it was a name of my beloved in the form of the root», Ibn ʿArabī, *The Openings revealed in Makkah,* vol. 8, pre-publicación.

394 Winkel traduce: «Thus that is a name of the one you love, if you are knowledgeable, and this is part of the knowledge connected in grammatical governance to the bee», Ibn ʿArabī, *The Openings revealed in Makkah,* vol. 8, pre-publicación. La mención a la abeja la entiende como una alusión al orden hexagonal del panal.

395 Seguimos la versión de Gloton, Ibn ʿArabī, *Tratado del amor, op. cit.* p. 45. Los corchetes son nuestros.

396 Ibn ʿArabī, *al-Futūḥāt,* vol. V, p. 603-604. Salvo lo indicado expresamente, hemos seguido la traducción deWinkel: «When I entered Sham, my intellect was muddled, and I didn't see before me—concerning love—anyone as passionate as I. / I was immoderately in love, and I wasn't aware of who made me so much in love; is my beloved a creator or is he of my shape? / My ears didn't hear any mention of him at all; has any other passionate lover than I said this before me? / I roamed a country of God's, East and West, perhaps I would see a person who would be agreeable to me. / But I only saw that appointed beloved, clinging to him by nature, clinging to him like his shadow. / I said, God, indeed my heart is enthralled, and I don't know anything, so look at my station and at my humiliation. / The caller of love called from between my ribs; You have drowned, O poor one, in oceans of ignorance. / However, listen to my statement, and seize a secret of my wisdom, because I am among the people of astronomical erudition and differentiation, / Knowing seven (Za) and ten (y), then fifty (n) after that; when you have acquired a two (b) against a joining hamzah (a), / There will arise before you an original shape without template, four-sided, perfectly whole, built upon the joining in which is the segment An allegory of His name Allāh, clarified, to be verified for yourself; / thus it was a name of my beloved in the form of the root. / Thus that is a name of the one you love [...]», Ibn ʿArabī, *The Openings revealed in Makkah,* vol. 8, pre-publicación.

Pueden reconocerse en el poema dos grandes momentos. Primero, una situación de humildad, pasión amorosa y anulación del intelecto, donde el maestro andalusí busca de modo incansable la verdadera cifra de su anhelo, cual vagabundo del amor, de Este a Oeste. Y segundo, el instante donde se produce propiamente el acontecimiento epifánico. Acerca de este encuentro, resulta interesante que la voz del otro angélico nazca de las entrañas del Šayḫ. Hay aquí cierta consonancia con el *Libro sobre el viaje nocturno*[397]: un periplo de ascenso espiritual, cuya dirección fue hacia dentro. Pero probablemente, lo más llamativo sea la forma en que el ángel comunica su secreto (*sirr*). La mención a Siria, la comunicación con un ser sobrenatural y el sentido aritmosófico de los versos invitan a pensar que el lenguaje que utiliza es, efectivamente, la *suryāniyya*.

Si aplicamos la correspondencia entre números y letras del sistema *abǧad*, sobre el cual se basa la ciencia de las letras en su orientación numérica, comprenderemos que el siete es una «z» (*zāy*), el diez una «y» (*yā'*), el cincuenta una «n» (*nūn*), el dos una «b» (*bā'*), lo que unido a una «a» (*hamza* unitiva) da justamente las letras del nombre «Zaynab»[398]. Como ya adelantamos, para Ibn ʿArabī, el amor a Zaynab simboliza el amor simultáneo a Lo Oculto y Lo Manifiesto, a la ausencia y a la presencia del Amado. Por eso combina el oído y la mirada, el amor hacia lo que permanece invisible y lo que se presenta como imagen. Desde este enfoque, el secreto del ángel puede entenderse como una llamada a conocer la dimensión oculta y manifiesta del Ser, a través del amor. Ese siervo, vagabundo apasionado que buscaba por todas partes al Amado, habría descubierto gracias al encuentro angélico que, en realidad, todo lo que ve, con independencia de hacia donde dirija su mirada, es y no es el objeto de su anhelo[399].

---

397 Véase *supra*. p. 69.

398 Esto es justamente lo que muestra en su traducción Eric Winkel, quien pone entre paréntesis la nota que corresponde a cada número, para facilitar la tarea del lector, Ibn ʿArabī, *The Openings revealed in Makkah*, vol. 8, prepublicación.

399 Cabe preguntarse por otro lado, si la mención a Zaynab, en un poema explícitamente radicado en Siria, no encierra una referencia velada a Zenobia de Palmira (m. 274), cuyo reinado ocupaba una posición intermedia, de *barzaḫ*, entre Egipto y Asia Menor.

En cuanto a la forma original de cuatro caras que perfecciona la unión y la disyunción, creemos que se trata de una alusión a la Kaaba, alrededor de cuyas cuatro esquinas el creyente ha de realizar las siete *circunambulaciones* rituales y que, como casa de Dios, es sede de confluencia entre opuestos[400]. Desde esta perspectiva, se entiende que la Presencia Divina, en su doble dimensión de Manifestación y Ocultación, emerja ante quien realiza el amor a Zaynab. Incluso podríamos vincular el vagabundeo de amor del inicio del poema con la circunambulación ritual, como si la presencia Divina aconteciese una vez finaliza el ciclo de las siete vueltas. Siguiendo esta línea de interpretación, se comprende que la figura de cuatro caras sea imagen del nombre Allāh, cuya realidad combina justamente ocultación y manifestación, ausencia y presencia.

La Kaaba también puede conectarse con el símbolo de la abeja (*naḥl*). En el ámbito sufí, este insecto suele simbolizar el yo interior que construye una morada espiritual[401]. En otro pasaje de *Futūḥāt*, Ibn ʿArabī alaba la perfección de sus casas, cuya superposición de hexágonos no acepta huecos, a pesar de su multiplicidad[402]. Esta hexagonalidad permite establecer un nexo con los seis lados del Templo. El supremo lugar de la manifestación divina sería el modelo mediante el que construir la morada interior.

La Kaaba se descubre igualmente en relación con el nombre de Zaynab, cuyo valor numérico (69) conduce hacia el 6 (69=6+9=15=1+5=6). Otro tanto podemos decir sobre la invitación «a triplicar el cuadrado para reunir el todo», ya que el Templo posee cuatro esquinas alrededor de las cuales se produce la circunambulación y tres ejes en cuanto figura tridimensional. La mención a la casa [*bayt*] podría ser igualmente una alusión a la Casa de Dios, mientras que el manuscrito puede intepretarse como alusión al Corán que, como símbolo de la Manifestación Divina en el mundo, se hallaría en situación de equivalencia respecto al Templo.

---

400 A propósito del significado de la Kaaba para Ibn ʿArabī, véase P. Beneito, «Qurrat al-ʿAyn».

401 *Cf.* Jalal al-Din Rumi, *The Masnavi*, book 1, Oxford, Oxford University Press, 2004, p. 113.

402 Acerca de la importancia de no dejar huecos, *vid. infra*. pp. 218-221.

Por si este haz de interrelaciones fuera poco, la mención a la muchacha [*fabint*] en el ojo [*ʿayn*] permite establecer un paralelismo con el encuentro de Ibn ʿArabī con Niẓām y el *Qurrat al-ʿAyn*. Si allí se daba una sutil correspondencia entre el Templo, la presencia femenina y la propia mirada, aquí encontramos una dinámica transjetiva muy similar. El secreto (*sirr*) del ángel que recibe el Šayḫ, a través de esta misteriosa lengua de símbolos numéricos y geométricos, ofrece una línea de transitividad entre la voz nacida de sus costillas, el nombre de Zaynab, la Kaaba, la pupila y el Corán[403].

Articular esta profusividad de sentidos en torno a un centro aunador es el reto que lanza la doctrina de la *waḥdat al-wuǧūd*. Como ya vimos, el Ser Humano Perfecto es aquel capaz de afirmar a la persona amada tanto en su dimensión interior como en el plano exterior. También es aquel capaz de advertir en cualquier criatura la Manifestación de Dios y Su Ocultación. Y aquel que descubre que, en realidad, no hay ni amante ni amada: aquel que, trascendida toda pretensión de señorío, se da cuenta de que solamente es Dios quien se ama a Sí mismo a través de Sus criaturas.

Según Ibn ʿArabī, el secreto (*sirr*) del amor que le fue confiado en el encuentro con el ángel es el amor más sutil y delicado al que pueden aspirar los seres humanos[404]. Justo debajo de este amor, que llamaremos a partir de ahora «el amor a Zaynab», se situaría el amor del amor (*ḥubb al-ḥubb*)[405]. Para explicar en qué consiste, el Šayḫ remite a la historia de Layla y Qays, los grandes amantes de la tradición arábiga. Cuenta el místico andalusí cómo, tras una trágica separación, Layla fue al desierto en busca de Qays y lo encontró tendido en el suelo, pronunciando su nombre entre lágrimas: «¡Layla! ¡Layla!»[406]. Enternecida, se presentó diciéndole: «¡Yo soy la que buscas, yo la que deseas, yo soy tu amada, yo el paño de lágrimas

---

403 Según Michael Sells, el tema de las costillas enlaza con un hadiz que dice «El corazón de la persona de fe se encuentra entre dos dedos de Dios», así como con el poema número 14 del *Tarǧumān*, donde Ibn ʿArabī escribe: «The one you seek / is within your ribs, / turned in each breath / from side to side», Ibn ʿArabī, *Translator of Desires*, p. 256.

404 *Cf.* Ibn ʿArabī, *Tratado del amor*, p. 45.

405 Ibid.

406 Ibid. pp. 45-46.

de tus ojos, yo soy Layla!»[407]. Sin embargo, Qays no reaccionó como cabía esperar. En vez de abrazarla y celebrar el encuentro, le pidió que se marchara: «Desaparece de mi vista, ¡porque el amor que tengo por ti me solicita hasta el punto de desatenderte»[408].

La interpretación de Ibn ʿArabī es que Qays no amaba tanto a Layla como a su propio amor. Por eso habla del «amor del amor» (*ḥubb al-ḥubb*). A la luz de lo explicado sobre el amor a Zaynab, se entiende que Qays no estaba interesado más que en la dimensión invisible, en la experiencia de la ausencia, sin atención ninguna a lo que se presenta a la vista, ni al deseo de unión corporal. Si llevamos este esquema a la relación con Dios, el amor de Qays consistiría en no reconocer más que Su dimensión oculta, despreciando el mundo de la manifestación. Sería un amor que no atiende al mundo de lo creado como espacio de posibilidad teofánica[409].

Siguiendo este enfoque, Ibn ʿArabī apunta que el amor del amor (*ḥubb al-ḥubb*) es una forma de amor inferior, «menos sutil»[410], que la de quien combina lo oculto y lo manifiesto. Más adelante, añade que su maestro ʿUraybī «pidió una vez a Dios que le otorgase la pasión del amor (*šahwat al-ḥubb*) pero no el amor mismo», afirmación que puede leerse como voluntad de profunda servidumbre, de nunca considerar como suficiente el amor ofrecido. Y quizá eso fue algo de lo que le faltó a Qays: trascender la limitación de su propio deseo y encomendarse a servir a su amada.

Otro tema que enlaza con este poema es la indefinibilidad del amor. Ibn ʿArabī sostiene que, aunque se han propuesto muchas definiciones sobre qué es el amor, nadie ha podido en realidad «definir lo que es en sí»[411]. A su juicio, la mejor respuesta habría sido la de Abū l-ʿAbbās Ibn al-ʿArīf al-Ṣanhāǧī, quien dijo que una de las cualidades del amor son los celos (*gayra*) y que lo propio

---

407 M. Asín Palacios, *El Islam cristianizado*, p. 458.

408 Ibn ʿArabī, *Tratado del amor*, p. 46.

409 Para una interpretación de la actitud de Qays como amor no-egoico, más allá de la racionalidad instrumental, véase Michael Sells, «Tres seguidores de la religión del amor. Niẓām, Ibn ʿArabī y Marguerite Porete», *op. cit.*, pp. 137-156.

410 Ibn ʿArabī, *Tratado del amor*, p. 46.

411 Ibid.

de los celos es rechazar todo, excepto lo que permanece velado[412]. El maestro andalusí insiste así en la noción del amor como algo que no pertenece al ámbito de lo iluminable por el intelecto, realidad restringida al saber de experiencia: «El amor, has de saber, no posee al ser salvo si este le deja sordo a toda palabra que no sea la oída por el bienamado, ciego a toda mirada que no emana de él, indiferente a la palabra que no provenga del amado»[413]. Un corazón sellado así, el del amante, donde únicamente puede entrar el objeto de su anhelo. Aquella imagen del amor como *ʿišq*, enredadera, alcanza aquí gran claridad.

Cuarto poema. La imagen del amado es la del propio corazón

A propósito de este estado del amante, enredado (*ʿišq*) por el amor, el maestro andalusí comparte el cuarto poema, cuya autoría no conocemos[414]:

> Tu imagen [*ẖayāl*] está en mis ojos [*ʿayn*]
> y tu recuerdo [*ḏikr*] está en mi boca.
> Y tu morada está en mi corazón [*qalb*].
> ¿Dónde pues te escondes?[415]

Sordo, ciego y mudo ante todo lo que no sea el Amado, solo Su imagen puede entrar en el corazón del amante tocado por el amor de enredadera. Pero al mismo tiempo, esa imagen no es algo que venga exactamente de fuera, sino que surge conforme al propio anhelo del corazón. La sede cordial se muestra, así, en su doble faz de recepción y creación; mientras que el gozo de la manifestación se revela en su íntimo y continuo juego con el dolor de la ocultación. Cuán cerca los versos de Ibn ʿArabī del *Cántico Espiritual* de san Juan de la Cruz:

> ¿Adónde te escondiste,
> Amado y me dejaste con gemido [...]

412 Ibid.

413 Ibid., p. 47.

414 Ibn ʿArabī, *al-Futūḥāt*, vol. V, p. 605.

415 Ibid. Trad. propia.

Oh, cristalina fuente,
si en esos tus semblantes plateados,
formases de repente
los ojos deseados,
que tengo en mis entrañas dibujados[416].

Quinto poema. La ambivalencia del amor ardiente (*šawq*)

La situación ambivalente del amante que, incluso en la presencia, llora por la ausencia del Amado es el tema del quinto poema, compuesto por el sabio argelino Abū Madyan. Quien siente un amor ardiente (*šawq*) se desenvuelve en la perspectiva de la similaridad y encuentra la faz del Amado en el mundo. Pero al mismo tiempo, el amante recuerda, la perspectiva de la incomparabilidad y el inevitable sustraerse del Amado, de tal modo que la llama del deseo amoroso permanece inextinguible en continua renovación de la combustión:

¿Acaso no es sorprendente que por ellos suspire
y que yo les pregunte acerca del deseo ardiente [*šawq*],
cuando nunca dejaron de estar en mi presencia?
Mis ojos los lloran, y con todo están en mis pupilas.
¡Mi alma los desea, aunque estén a mi lado![417]

Sexto poema. La resistencia del amor al intelecto

El sexto poema, de autor desconocido, incide en la perspectiva del amor como sometimiento. Según el Šayḫ, si alguien puede distraer su atención del Amado, no es un buen amante[418], de tal modo que el intelecto, entendido como herramienta de soberanía que permite al individuo manejar la realidad en vez de padecerla, sería incompatible con el amor[419]:

416 San Juan de la Cruz, *Obra completa,* tomo 1, pp. 63-65.

417 Ibn ʿArabī, *Tratado del amor*, p. 50.

418 Ibid.

419 Es importante, no obstante, tomar esta sentencia con precaución. A propósito del papel del intelecto en la concepción akbarí del conocimiento, véase *supra*. pp. 64-65.

No hay bien en un amor [*ḥubb*]
gobernado por la razón [*ʿaql*][420].

Séptimo poema. La inextinguibilidad del amor ardiente (*šawq*)

El séptimo poema, ya sí compuesto por Ibn ʿArabī, cierra la cuestión del amor ardiente (*šawq*) señalando una suerte de círculo recursivo de deseo infinito, que continuamente se reenciende, de modo análogo a la bíblica zarza ardiente. Según el Šayḫ, en cuanto Dios es el objeto del amor, la visión del Amado es para el amor como el alimento para el cuerpo orgánico: si aumenta uno, el otro también. Es decir, en virtud del fondo inagotable de la Esencia de lo Real, la multiplicidad de las distintas manifestaciones no hace sino avivar el deseo del amante de acceder a ese Amado que se muestra y que se oculta. Es por ello que, aunque en el encuentro amoroso se produzca cierto detenimiento y cierta satisfacción del deseo que pone en movimiento al amante, el amor ardiente (*šawq*) no desaparece, sino que, al revés, se incrementa, aunque el Amado esté justo ahí, enfrente de nosotros:

Si de Él me alejo, el ansia de encontrarle
De nuevo me atormenta y me aniquila.
Vuelvo a encontrarlo, y mi pasión no cesa:
El deseo consume al alma mía,
Tanto si está presente como ausente
El Amado. Su encuentro determina
En mí lo que jamás imaginara:
¡En vez de la salud que la alma ansia,
otra dolencia más de amor ardiente!
Y es que este Amado que mis ojos miran
Aumenta su esplendor y su belleza
Cada vez que se aparta de mi vista.
Y es natural que cuando vuelva a verlo,
Sentiré una emoción tanto más viva,
Cuanto más ha aumentado con la ausencia
Su hermosura divina[421].

---

420 Ibn ʿArabī, *al-Futūḥāt,* vol. V, p. 606. Trad. propia.

421 Ibn ʿArabī, *al-Futūḥāt,* vol. V, p. 606. Traducción de M. Asín Palacios, *El Islam cristianizado*, p. 462.

1. 5. Algunos comentarios sobre el amor

Amor y belleza

Tras los siete poemas, Ibn ʿArabī cierra la introducción con una serie de comentarios sobre la experiencia amorosa[422]. Uno de los más relevantes es la presentación del vínculo entre amor y belleza. Ibn ʿArabī asume la perspectiva de la Unidad y afirma que Dios es el Único Amante y el Único Amado: «Es Él Quien se manifiesta a todo ser amado y a la mirada de todo amante»[423], de tal modo que los seres humanos están llamados a advertir cuál es la verdadera naturaleza de Su amor por las criaturas. Así lo indica el propio Corán: «Tu Señor ha decretado que no debéis servir a otro sino a Él» (C. 17:23)[424]. Si las personas aman la belleza (*ǧamāl*) de las criaturas, es justamente en virtud de la propia naturaleza divina. Pues según el célebre hadiz, «Dios es Bello y ama la belleza[425]. Más adelante volveremos sobre esta cuestión[426].

La Ley como posibilidad del amor

Otro tema destacable es la referencia a la Sharía. Como ya sabemos, la visión akbarí de la Ley adquiere su pleno sentido desde la perspectiva del amor[427]. Y esto es justamente lo que hace el *Šayḫ* cuando señala que, si no fuera por la Sharía, «nadie habría conocido nunca a Dios»[428]. El texto revelado es concebido, así, como regalo amoroso a través del cual, el Creador permite a los seres humanos que se acerquen a Él y satisfagan el más hondo de sus anhelos. Dádiva mediante la que remontar el camino de la creación para encontrarse con el Amado. En ello será fundamental la apertura del corazón, como capacidad para acoger los atributos positivos de Dios que aparecen en la Revelación; pues si Dios hubiera

422 Ibn ʿArabī, *al-Futūḥāt*, vol. V, pp. 607 y ss.
423 Ibn ʿArabī, *Tratado del amor*, p. 52.
424 Ibid.
425 Ibid. p. 53.
426 V. *infra*, pp. 221-223.
427 V. *supra*, pp. 50-56.
428 Ibn ʿArabī, *Tratado del amor*, p. 51.

dejado simplemente pruebas racionales de su Ser en vez de estos atributos, «ninguna criatura Lo habría amado»[429].

Amor, ausencia y futuro

Como cierre de nuestro comentario sobre la introducción del capítulo 178, trataremos el vínculo entre amor, ausencia y futuro. Según Ibn ʿArabī, lo que los seres humanos aman en realidad es lo ausente[430]. Desean unirse con lo que aún no ha comparecido en el espacio del *wuǧūd*, lo que no se ha presentado en el ámbito de confluencia entre la donación del Ser-existencia y la atención del ser humano. Desde este punto de vista, el objeto del amor le parece inexistente. Amar será perseguir un imposible, pues la presentación de lo ausente en el marco del *wuǧūd* supone su propia cancelación y un desplazamiento del interés del amante.

Esta imposibilidad e inexistencia se da también cuando atendemos a la dimensión temporal. Ibn ʿArabī entiende que el amado es inexistente en cuanto su actualización siempre es efímera, mientras que el amor humano demanda la permanencia:

> Cuando besas a una persona por la que sientes amor [...] el móvil de tu amor [...] es únicamente la permanencia y la continuidad que se deriva de él. Ahora bien, permanencia y continuidad está en simple potencia y han pasado realmente al acto, no teniendo jamás fin este proceso de actualización. En consecuencia, el amor, durante el estado de unión, no está unido sino en un aspecto virtual del amado, puesto que la unión exige la permanencia (que nunca es realizable)[431].

El ser humano se descubre entonces como ser que ama un ausente que quiere alcanzar absolutamente, de modo permanente y continuo. Un ser de radical orientación metafísica, cuya naturaleza es la tensión hacia lo más allá, a lo absolutamente inalcanzable que desea contemplar de modo absoluto. Según el maestro andalusí, este vínculo entre amor, ausencia y futuro aparece en el

429 Ibid.

430 Ibid., pp. 55-57.

431 Ibid., p. 57.

propio Corán: «Él los amará y ellos Lo amarán» (C.5:54), pues el pronombre Él, en tercera persona, refiere a un ausente y la conjugación del verbo amar apunta a un tiempo por venir[432].

El amor es concebido, entonces, como voluntad de traer a la existencia lo que no la tiene y deseo de transformar el tiempo-instante en tiempo eterno. Como si los números de la esfera del reloj alcanzasen el centro de la circunferencia. Ello remite directamente al amor del Omni-Compasivo que, de un lado, se compadece de las criaturas que no gozan de la existencia y ofrece su asistencia amorosa de forma incondicional y del otro, prefigura el retorno de todas y cada una de ellas a la Unidad original, al final de los tiempos. Esta simetría y reciprocidad entre el amor divino y el amor humano nos hace recordar el poema citado más arriba:

> Del amor procedemos,
> con él fuimos creados;
> así al amor tendemos
> y estamos consagrados[433].

2. LAS DIFERENCIACIONES DEL AMOR: AMOR DIVINO, ESPIRITUAL, NATURAL Y ELEMENTAL[434]

La cuádruple diferenciación del amor en divino, espiritual, natural y elemental es uno de los puntos más importantes del capítulo 178. Ibn ʿArabī utiliza estos nombres de modo recurrente y les dedica cinco de las siete uniones que complementan la introducción. En el particular juego de espejos a que aboca su obra, la posición donde nos situemos determinará si hablamos de un amor o de otro. Según veremos, cada uno de estos amores son el mismo y diferentes a un mismo tiempo.

Pero antes de entrar en el comentario akbarí, nos detendremos en la palabra que utiliza el Šayḫ para referirse a estas

432 Ibid.

433 P. Beneito, «La doctrina del amor», p. 62.

434 Este capítulo es una reelaboración de David Fernández Navas, «Amor divino, espiritual, natural y elemental», *Anales del Seminario de Historia de la Filosofía*, 41 (1), 2024, pp. 27-37.

diferenciaciones: *aqsām*. Este término suele ser traducido al castellano como «división» o «segmento». En su campo de interreferencia léxica (*q-s-m*), encontramos voces como *qasam* («dividir, separar, dar parte, atribuir, distribuir»), *qasīma* («frasco de perfume»), *taqāsīm* («proporciones, complexión»), *muqassam* («hermoso, bello»). Teniendo en cuenta la importancia de la dimensión alusiva en el enfoque akbarí, y en línea a lo apuntado sobre la *maʿrifa* como conocimiento de fragancia[435], se entiende que las diferenciaciones (*aqsām*) del amor en divino, espiritual, natural, no son distinciones de la mente, divisiones conceptuales al modo de la razón discursiva, que corta, separa y clasifica, en busca de una homogeneidad manejable al intelecto, sino faces del amor que se le presentan a los*ʿārifūn* de forma sensitiva y directa, como un perfume se distingue positivamente al olfato sobre el resto de olores que puede haber en una habitación, como los atributos y bellas proporciones de un cuerpo se distinguen en su radiancia.

Por otro lado, si atendemos al valor numérico de *aqsām*, según la ciencia de las letras en su dimensión aritmosófica, encontramos interesantes sentidos alusivos con la Kaaba como referente. El valor total de *aqsām* es 202, lo cual nos da un 4 (2+0+2=4), como las cuatro esquinas del templo y las cuatro diferenciaciones (*aqsām*) del amor que justo va a comentar. El 4 es también el número perfecto según Ibn ʿArabī, el *tetraktys* pitagórico que contiene el 10 (1+2+3+4=10).

Si descomponemos las letras de *aqsām* y las consideramos separadamente, encontramos igualmente alusiones a la Casa de Dios: *a* (1), *q* (100=1), *s* (60-6), *ā* (1), *m* (40=4). Y 1 puede ser entendido como referencia a la Kaaba en cuanto centro invisible, en correspondencia con el corazón del hombre[436]. Mientras que el 6 podría referir a los seis lados del Templo. Si como planteamos al principio de nuestro análisis, todo *al-Futūḥāt al-Makkiyya* es producto de una contemplación del Templo[437], las diferenciaciones (*aqsām*) del amor podrían entenderse en estrecha correspondencia alusiva con dicha experiencia.

---

435 V. *supra*. p. 72.

436 *Cf.* P. Beneito, «Qurrat al-ʿAyn».

437 V. *supra*, p. 92.

2.1. El amor divino

El comentario akbarí comienza por el amor divino (*al-ḥubb al-ilāhī*)[438]. Según el maestro andalusí, «Dios nos ama por nosotros y por Él mismo»[439]. Nos ama «por nosotros» (*li- anfusi-nā*) en cuanto el camino de la Revelación conduce a nuestra felicidad, es decir, en cuanto se satisface el íntimo anhelo humano de regresar hacia el Creador. Pero al mismo tiempo, nos ama por Él mismo (*li-nafsi-hi*), desde la perspectiva del hadiz del Tesoro Oculto, pues Su deseo de ser conocido es satisfecho cuando los humanos Lo contemplan. Tendríamos así un círculo virtuoso: el amor de Dios hacia los seres humanos conduce tanto a Su propio bien como al de estos.

Tras citar ocho aleyas[440], Ibn ʿArabī introduce la siguiente perspectiva: todas las criaturas, solo por el mero hecho de existir, están realizando un acto de adoración ante Dios, ya que su mera existencia supone obediencia al mandato divino creador, la orden «¡Sé!» (*kun*), mediante la que El Omni-Compasivo (*al-Raḥmān*) hizo pasar lo inexistente al orden de lo existente[441]. De tal modo que «estos comportamientos fundamentales están ordenados por el Amor que Dios nos demuestra por Él mismo»[442]. O, dicho con otras

438 Ibn ʿArabī, *al-Futūḥāt al-Makkiyya*, vol. V, El Cairo, al-Maǧlis al-aʿlā li-l-ṯaqāfa, 2017, p. 610.

439 Ibid.

440 Estas son: «Los siete cielos y la tierra celebran Su Gloria y todo lo que en ella se encuentra. No hay cosa alguna que no Le glorifique con Su Alabanza» (C.18:44); «¿No has visto que los seres del cielo y de la tierra, así como los pájaros que vuelan en bandadas, celebran la Gloria de Dios? Todos saben la oración de gracias y Su acto de glorificación» (C.24:41); «¿No has visto que los seres en los cielos y en la tierra, así como el sol, la luna, las estrellas, las montañas, los árboles, los animales y la mayoría de los hombres se prosternan ante Dios?» (C.22:18); «¿Acaso no han visto que las sombras de todas las cosas que Dios ha creado se alargan a derecha e izquierda prosternándose ante Dios humildemente?» (C.16:48); «Lo que está en los cielos y en la tierra se prosterna ante Dios: todo animal y los ángeles. Y estos sin altivez» (C.16:49); «Temen a su Señor y hacen lo que se les ordena» (C.14:50). «[...] no desobedecen a Dios y hacen lo que se les ordena» (C. 61:6). «Aquellos que están cerca de tu Señor celebran su Gloria noche y día sin cansarse» (C. 16:38) (Trad. Cortés).

441 Ibn ʿArabī, *Tratado del amor*, p. 64.

442 Ibid., p. 65.

palabras: Dios ha dispuesto a todas las criaturas para que Lo amen y así contribuyan a satisfacer Su deseo de ser conocido. Es por eso que las ama, por Él mismo.

A continuación, el místico murciano adopta una óptica justamente inversa. Si la creación corresponde a la faz Omni-Compasiva de Dios, Su acto creador se revela como acción gratuita y desinteresada que ante todo busca el bien de las criaturas, no el Suyo propio. Si Dios las hace pasar al orden de la existencia es por Su compasión superlativa, por Su «sí» profundo hacia lo que carece de independencia ontológica. En otro capítulo de *Las Iluminaciones de La Meca*, Ibn ʿArabī advierte que esta perspectiva de la gratuidad y del interés en el bien del amado es superior y que la imagen de Dios como Tesoro Oculto no es más que un velo mediante el que ocultar el carácter incondicional de Su amor hacia todas las criaturas[443]. Dios nos amaría así, «por Él mismo», como Tesoro Oculto. Pero también de un modo más profundo y anterior, «por nosotros mismos», en Su calidad de El Omni-Compasivo (*al-Raḥmān*).

El comentario akbarí sigue con el vínculo amoroso específico que concierne al Nombre El Omni-Misericordioso (*al-Raḥīm*)[444]. A diferencia de la Omni-Compasividad, que se derrama gratuitamente y sin distinción sobre toda criatura, el amor Omni-Misericordioso es condicionado y restringido a los seres dotados de voluntad. Para recibirlo, es preciso seguir la Sharía, el Camino revelado al Profeta. Este amor también puede entenderse desde dos ópticas aparentemente enfrentadas. Por un lado, Dios nos ama «por Él mismo»: pues el ser humano que sigue Su Camino se reconoce como siervo y contribuye al deseo de Dios de ser conocido como Señor. Por otro lado, Dios nos ama «por nosotros»: pues el seguimiento del Camino permite alcanzar la felicidad que anhelamos en lo más íntimo de nuestros corazones: el encuentro con el Amado, en forma de experiencia extática y adelanto escatológico o de manera definitiva al fin de la vida. Puede verse, por tanto, cómo el amor condicionado del Omni-Misericordioso termina conduciendo también, tanto al bien del Amante como al bien del amado. Ante la pregunta de qué sucede con aquellos que, libremente, deciden desobedecer y son

443 *Cf.* Ibn ʿArabī, *Textos sobre la caballería espiritual.* Madrid, Edaf, 2006, p. 26.
444 Ibn ʿArabī, *al-Futūḥāt al-Makkiyya,* vol. V, p. 612.

condenados al Fuego, el maestro andalusí acude a la perspectiva del amor incondicional Omni-Compasivo y explica que las llamas cumplirían una función positiva amorosa, de purificación y preparación antes del definitivo ingreso en la plenitud del Jardín. Desde este punto de vista, incluso el castigo formaría parte de su Amor Omni-Abarcante e incondicional[445].

En sintonía con este juego de perspectivas, Ibn ʿArabī integra dos visiones sobre la divinidad aparentemente incompatibles, al menos para una racionalidad no dispuesta a admitir la coexistencia de «a» y «no-a». De un lado, remite a un horizonte clásico, donde la creación del mundo se relaciona con el amor incondicional de *al-Raḥmān* y el seguimiento del Camino con el amor condicional de *al-Raḥīm.* De otro lado, ofrece la perspectiva inversa: Dios crea el mundo desde un amor condicionado que sirve a Su deseo de ser conocido y el «castigo» a los seres humanos se interpreta desde la primacía de Su amor Omni-Compasivo. Este encuentro entre ópticas aparentemente contradictorias es signo del radical compromiso akbarí con la consideración dinámica de la realidad en su compleja ambivalencia. Reconocer a Dios simultáneamente como Realidad (*Ḥaqq*) Oculta y Manifiesta que no cesa de revelarse, pero cuyo fondo esencial resulta inaccesible en su absolutidad, conduce a un inevitable dinamismo ontológico, epistemológico y existencial. Toda imagen debe ser acogida en cuanto manifestación del Ser. Pero al mismo tiempo, el conocedor no debe con-formarse con ninguna, pues ninguna puede agotar el caudal de lo Real. La doctrina de la unicidad de la existencia (*waḥdat al-wuğūd*), como llamada a reconocer la unidad en la multiplicidad y la multiplicidad en la unidad, encuentra así su perfecto correlato en esta consideración de lo incondicional en lo condicional y lo condicional en lo incondicional.

445 En *Fuṣūṣ al-Ḥikam,* trata el mismo tema: «Decimos esto únicamente a causa de los que pretenden que las Gentes del Fuego sufren para siempre la cólera de Dios y que se encuentran excluidos de Su satisfacción. En efecto, esta manera de ver confirma lo que queremos mostrar, y si ello es como lo decimos (es decir que el destino de las gentes del Fuego, a pesar de permanecer allí para siempre es el cese de los sufrimientos), es entonces la satisfacción lo que lo arrebata porque la cólera acaba con el sufrimiento», Ibn ʿArabī, *Los engarces de las sabidurías,* p. 181.

Para cerrar el apartado o unión (*waṣl*)[446] sobre el amor divino, nuestro autor desplaza una vez más la mirada y se pregunta si el amor de Dios por las criaturas tiene origen o final[447]. Su respuesta es que ni una cosa ni la otra, pues fue solo por el amor de Dios que las criaturas fueron traídas a la existencia. El amor divino sería exactamente el comienzo de su ser. Y por tanto no podría hablarse ni de principio ni de final en dicho amor.

Cuatro preguntas sobre el amor

Tras estas consideraciones, Ibn ʿArabī presenta un suplemento (*takmila*) sobre el amor divino, que termina siendo mucho más extenso que el texto suplementado[448]. Comienza preguntándose por la diferencia entre el amor de Dios y el de los seres humanos: si existe una co-relación (*nisba*), si es lo mismo cuando el Corán dice «Él los amará» que cuando dice «ellos Lo amarán»[449]. Su postura, inicialmente, es que en realidad no se trata de lo mismo. Mientras que a Dios le correspondería el amor divino (*al-ḥubb al-ilāhī*) —en su doble faz de búsqueda de Su propio bien y de búsqueda de nuestro bien—, el amor del ser humano se dividiría en amor espiritual (*al-ḥubb al-rūḥānī*) y amor natural (*al-ḥubb al-ṭabīʿī*), los cuales, se darían de forma simultánea. Y aunque no aclara aún qué entiende por estos dos amores, sí que añade cuatro preguntas que surgen al hilo del comentario [450]: 1) ¿Lo amamos por nosotros mismos, por Él mismo, por una combinación de ambas o por ninguna de estas opciones? 2) ¿Cuál es el verdadero agente? ¿Lo amamos por nosotros, a través de Él, por ambas o por ninguna de estas opciones? 3) ¿Cuál es el inicio (*bud'*) de nuestro amor por Dios? ¿Este amor tiene

446 Ibn ʿArabī llama a los distintos apartados del capítulo 178: «uniones» (*awṣāl*). La concepción akbarí de límite como realidad intersticial que separa a la vez que une, resulta aquí evidente. Es conforme a ella que el pensador barcelonés Eugenio Trías desarrollará su *filosofía del límite*. Acerca de la relación entre ambos autores véase: D. Fernández Navas, «Eugenio Trías e Ibn 'Arabī», *op. cit. pp. 203-215.*

447 Ibn ʿArabī, *al-Futūḥāt*, p. 614.

448 Ibid.

449 C. 5:54.

450 *Cf.* Ibn ʿArabī, *al-Futūḥāt*, vol. V, pp. 614-615.

una finalidad (*gāya*) o no? ¿Si tiene una finalidad, cuál es? 4) ¿El amor es una cualidad personal (*ṣifāt nafsiyya*) en el amante? ¿Es un significado (*maʿnā*) que es adicional a su ser (*wuǧūd*)? ¿Es una relación entre el amante y el amado sin existencia concreta?

Antes de considerar las respuestas del maestro andalusí, es importante realizar dos precisiones. En primer lugar, es patente el cambio del punto de referencia respecto al apartado anterior. Si antes el Šayḫ hablaba de cómo Dios ama, ahora el eje es el ser humano que se pregunta por la naturaleza de su amor. En segundo lugar, a pesar de que la forma de plantear las cuestiones pueda parecer una indagación dialéctica, es importante insistir en que todo el capítulo 178 gira alrededor del conocimiento de fragancia (*maʿrifa*), o conocimiento de saboreo de la morada del amor. Y si bien es cierto que Ibn ʿArabī recurre constantemente a la luz del intelecto (*ʿaql*) en su intento de conciliación de perspectivas, no podemos olvidar que el principal propósito del escrito es traer a la claridad del lenguaje una experiencia inefable. No debería entonces extrañarnos que el modo de responder a las cuestiones no sea el propio de la razón discursiva y que parezca caer en una suerte de razonamiento circular o tautológico. La expresión de una experiencia cualitativa requiere un lenguaje específico con normas propias, más allá de la rigidez del concepto. Una aproximación oblicua, alusiva, sugestiva... De lo contrario, se nos escapará entre los dedos[451].

Ibn ʿArabī no debiera, por tanto, ser confundido con un filósofo que trata de demostrar mediante la fuerza de un silogismo o que pretende establecer conceptos y categorías fijas. Su propósito más bien es el de *guiar* hacia una determinada contemplación de lo real, cierto aroma, una forma indesligable de una transformación personal, que involucra tanto la apertura de la facultad imaginativa que reconoce el brillo de la presencia divina en lo creado —perspectiva de la similaridad (*tašbīh*)— como el rigor del intelecto que considera a Dios como realidad oculta inaccesible en Su ipseidad —perspectiva de la incomparabilidad (*tanzīh*)—. Una

451 Sobre la especificidad del discurso akbarí véase: P. Beneito, «La doctrina del amor», pp. 62-64.

lógica, así pues, del «sí» y del «no»[452] que nos sitúa más allá de cualquier aproximación unilateral a lo real, donde cada uno de los términos es afirmado amorosamente, sin negar a su par. Tal y como veremos, lejos de decantarse por una opción que invalide las otras, la respuesta del Šayḫ a las mencionadas cuatro preguntas consiste precisamente, en un «sí» y un «no» a cada una de las perspectivas abiertas.

Unidad de la esencia del amante y unidad del objeto del amor

Coherente con dicho espíritu, antes de encarar las cuatro cuestiones, Ibn ʿArabī da un nuevo giro e invita a considerar una perspectiva aunadora: el objeto del amor es solamente uno. Desde ahí lee el célebre poema de Hārūn al-Rašīd:

> Tres amables muchachas
> de mi rienda tirando me dominan,
> y en todos los rincones
> de este mi corazón las tres habitan[453].

El maestro andalusí plantea que, aunque los objetos que amamos parezcan múltiples, el verdadero objeto de nuestro amor en realidad es uno. Y esto es porque nuestra esencia (*ḏāt)* es una e indivisible[454]. Si el poema dice «rienda» y no «riendas» es porque que al-Rašīd ama solamente un significado singular que aflora en las tres mujeres. Por eso las tres se instalan por igual en cada rincón de su corazón. El amante es uno y ama solamente a uno en realidad. Por este motivo el amor sería incompatible con la asociación (*širk*)[455]. Si el mundo de lo creado es manifestación de la Esencia divina, el amor de al-Rašīd hacia sus tres esposas, o hacia cualquier elemento de lo creado, sería igualmente amor a la Unidad. La vivencia del amor terreno se revelaría, entonces, tan santa y pía como la de quien se halla enfocado en la dimensión trascendente del Amado.

---

452 D. Fernández Navas, «El "sí" y el "no" de Ibn ʿArabī a Averroes», *op. cit.*

453 M. Asín Palacios, *El Islam cristianizado, op. cit.* p. 473.

454 Ibn ʿArabī, *al-Futūḥāt*, p. 616.

455 Ibid.

Una vez establecida esta perspectiva de la Unidad, nuestro autor pasa a ocuparse por fin de las cuatro preguntas. Su proceder, sin embargo, no será rectilíneo, sino que implicará un nuevo rodeo. Primero realizará algunas consideraciones sobre quienes se acercan a los misterios divinos a través del conocimiento de fragancia, los *ʿārifūn*. Segundo, ofrecerá un largo relato sobre la historia del alma. Solo después de este camino, en dos pasos, podremos advertir la hondura de sus respuestas.

El amor de los*ʿārifūn*

Ante la pregunta sobre cuál es el bien buscado cuando amamos a Dios, esto es: si Lo amamos por nuestro bien o por Su propio bien, distingue tres tipos de amantes[456]. Primero, quienes Lo reconocen como Señor en las bendiciones otorgadas, es decir, aquellos cuyo amor depende del beneficio propio y se orientan hacia la cercanía, la presencia del Amado. Segundo, quienes Lo reconocen como Señor a través de lo oído en las Escrituras, esto es, aquellos que Lo reconocen desde la lejanía, sin tener experiencia positiva de Él y solo están interesados en Su bien. Tercero, aquellos que reconocen a Dios en la visión contemplativa (*šuhūd*), la fragancia, el sabor, es decir, la experiencia propia de los *ʿārifūn.* El amor de estos últimos sería el más «perfecto», pues combina las otras dos modalidades, presencia y ausencia, y reúne dos bienes[457]. El deseo de Dios de ser contemplado es cumplido y el hombre se realiza como siervo que trabaja por el bien del Amado. Al mismo tiempo, el deseo humano de contemplar a Dios es satisfecho. El que conoce mediante el perfume realiza de este modo la combinación de dos miradas. Se lamenta por Su ausencia y celebra Su presencia. *Amor binocular* doblemente fiel a la perspectiva de la incomparabilidad y de la similaridad, en constante juego dinámico[458]. La forma más perfecta del amor que rinde tributo simultáneamente a la Esencia Única de lo Real y a la Multiplicidad de Sus Manifestaciones.

456 Ibid.

457 Ibid.

458 Sobre la noción de amor binocular, véase: Fernández Navas «El "sí" y el "no" de Ibn ʿArabī a Averroes».

A continuación, Ibn ʿArabī hace alusión al célebre hadiz donde Dios pregunta a Moisés: «¿Alguna vez hiciste algo por Mi bien?». El profeta respondió que por el bien de Dios es que rezaba, que ayunaba y que practicaba el azaque. Pero Dios le dijo que rezar tiene un beneficio para el día del Juicio, que el ayuno es un escudo que protege contra la comisión de pecados y que el azaque es luz mientras la caridad es sombra[459]. Desconcertado, Moisés preguntó qué acción buscaría entonces el propio bien del Amado, a lo que el Señor contestó: «¿Alguna vez has hecho un amigo por Mi bien? ¿O has hecho un enemigo por mi Bien?». Ibn ʿArabī considera que cuando los seres humanos aman algo o sienten rechazo hacia algo por el bien de Dios, están significando (*maʿnā*) su amor (*ḥubb*) por Él enteramente[460]. Por significación debe entenderse aquí una realización interior del Amado. El hadiz de Moisés añadiría, entonces, un sentido adicional a la perfección de la visión contemplativa (*šuhūd*). Para que esta se realice plenamente, será necesario que el amante sea un siervo verdadero más allá del propio interés. La perfección del amor exige sincero interés en el bien del amado. A juicio del Šayḫ, esto es lo que sucede con las obras de adoración supererogatorias. Mientras que las obligatorias, al inscribirse en el ámbito del premio y la recompensa, no significarían un genuino interés en el otro en cuanto otro[461].

La historia del alma

Tras este paso por la tradición mosaica, Ibn ʿArabī cuenta la historia del alma[462], una narración simbólica donde se funden principios teológicos, reflexión intelectual, experiencia mística e indagación en la dimensión interior de la Palabra revelada, según las técnicas de la ciencia de las letras (*ʿilm al-ḥurūf*). La historia arranca con la célebre aleya donde Dios, antes de traer a los seres humanos a la

459 El azaque (*zakāt*) introduce un principio de solidaridad e igualdad basado en el derecho, no en la voluntad de los sujetos como la limosna (*ṣadaqa*). En este sentido, podría verse un mayor reconocimiento del otro en cuanto otro.

460 Ibn ʿArabī, *al-Futūḥāt*, p. 616.

461 Acerca de estos dos tipos de adoración en Ibn Arabī, véase: W. C. Chittick, *The Sufi Path of Knowledge*, p. 329.

462 Ibn ʿArabī, *al-Futūḥāt*, pp. 616-620.

existencia, arranca de la espalda de Adán a su descendencia y pregunta: «¿Acaso no soy vuestro Señor?»[463]. Los descendientes del Primer Hombre asienten. Y queda sellado para siempre un pacto pre-temporal, un vínculo esencial, anterior a cualquier concreción existencial.

Ibn ʿArabī considera que el alma (*nafs*) fue agarrada para testificar ante Dios y Lo reconoció, pero no voluntariamente. Por eso, cuando la soltó, se creyó libre y se enseñoreó. Es decir, se vio a sí misma como dueña del cuerpo y comenzó a actuar conforme a sus propios deseos y sin reconocerLo como Su Señor. Entonces, apareció la facultad reflexiva (*al-quwwa al-fakkāra*) que reprendió al alma por haberse olvidado de su esencia (*ḏāt*) y le preguntó: «¿Eres tú misma la que te trajo al ser-existencia? ¿Eres tú la que hizo ser a tu entidad (*ʿayn*) o fue Otro? Reflexiona conmigo»[464]. Vuelta sobre sí, el alma tomó conciencia de su dependencia ontológica respecto al Creador. Y concluyó que Él debía ser también, como *al-Raḥmān*, responsable de que los dolores que, a veces la aquejaban, no se perpetuasen. Es decir, Lo reconoció como principio de bien, fuente de amor y cuidado. De esta forma, pasó a amar a Dios.

Más tarde, apareció un hombre que se presentó como Mensajero del Creador[465]. El alma en primera instancia no le creyó. El ejercicio de la facultad reflexiva la conducía a reconocer a Dios únicamente en Su dimensión oculta. Pero cuando el mensajero le enseñó una serie de normas de conducta mediante las que agradar a Aquel que le había regalado la existencia, el alma las aceptó con gusto. Su gratitud era tal que aceptó incluso aquellas normas que iban en contra de sus propios deseos. El Mensajero le explicó que el seguimiento de las reglas conllevaba un premio mientras que el apartarse implicaba un castigo. El alma las acató «naturalmente», desde el miedo a la condena y el deseo de ser premiada. Pero también desde un agradecimiento sincero hacia el Creador. Amó a Dios por sí misma y por Él. Según Ibn ʿArabī, la naturaleza intersticial

463 La aleya completa dice: «Cuando tu Señor sacó de los riñones de los hijos de Adán a su descendencia y les hizo atestiguar contra sí mismos: "¿No soy yo vuestro Señor?". Dijeron: "¡Claro que sí, damos fe!". No sea que dijerais el día de la Resurrección: "No habíamos reparado en ello"» (C. 7:172. Trad. Cortés).

464 Ibn ʿArabī, *al-Futūḥāt*, vol. V, p. 617.

465 M. Asín Palacios, *El Islam cristianizado*, pp. 476-478.

del alma, mediadora entre lo físico y lo espiritual, permite este doble amor: «Por su naturaleza física se explica el amor de Dios inspirado en la esperanza y el temor. En cambio, se debe a su espiritualidad el que sirva a Dios, solo por amor»[466].

Pero como Dios es un amante celoso (*al-Gayr*) —prosigue el relato del Šayḫ—, no quiso que el alma cayera en asociación (*širk*) y *se perdiera* en el amor a las cosas mundanas. Por ello, se le manifestó radiantemente (*taǧallī*) en lo creado. Así, cuando el alma Lo reconoció en Su manifestación dejó ya de amar las «sogas» —las causas secundarias— en sí mismas. Su amor natural hacia las cosas creadas se subordinó a la búsqueda del bien de Dios. Y como Lo veía en todas partes, el propio interés del alma quedó satisfecho, pues la presencia divina le hacía florecer y deleitarse en la contemplación.

Cuando guiada por la facultad reflexiva, se preguntó por el comienzo y la finalidad del amor de Dios, el alma se detuvo en el hadiz del Tesoro Oculto. Advirtió entonces que era Dios quien irradiaba en lo invisible (*bāṭin*), detrás de las imágenes que ella amaba en lo visible (*ẓāhir*). Comprendió que el verdadero amor era así de Dios hacia sí mismo y que cuando Él vio Su propia imagen exhaló un suspiro (*nafas al-Raḥmān*), del cual surgió la Niebla, el pléroma celestial, a partir del cual se produjo la creación del mundo. En cuanto al inicio del amor de los seres humanos, el alma reparó en que su verdadero origen no era la vista, sino el oído, es decir, la respuesta al mandato divino existenciador (*kun*). Y es por esa raíz amoroso-auditiva, según Ibn ʿArabī, que los seres humanos son movidos a bailar por el sonido del ritmo y sanados en su interior cuando escuchan melodías. La música se revelaría, así, como cordón umbilical, camino que nos conecta con nuestra condición originaria, nuestra dimensión pre-existente.

La conjunción copulativa

Como cierre de la historia, el maestro andalusí ofrece unas consideraciones sobre el mandato divino existenciador (*kun*)[467], que

466 Ibid., p. 478.

467 Ibn ʿArabī, *al-Futūḥāt*, pp. 620-621.

pertenecen al puro ámbito de la ciencia de las letras[468]. Desde una perspectiva *fonosófica*, considera el *kun* como una metáfora del mismo acto creador, en el sentido de movimiento desde lo invisible hacia lo visible, de Dios en su pura Ipseidad hacia el mundo de la manifestación y la pluralidad. La primera letra, «k» (*kāf*), tiene su lugar de emisión en la parte más interior de nuestra garganta, la más oculta, de tal modo que se correspondería con el hálito de Dios como *al-Raḥmān*. A la segunda letra, «u» (*ḍamma*), la considera como una *wāw* que se hubiera invisibilizado, como invisible es el mundo espiritual que antecede al ámbito de la manifestación[469]. Y, por último, la tercera letra, «n» (*nūn*), de carácter labial, ya prácticamente fuera del aparato de fonación, se correspondería con el ámbito de lo visible. Si nos fijamos en cómo disponemos nuestra garganta, aliento, lengua y boca al pronunciar «kun», podremos advertir cuánto tiene de sacar fuera algo profundo, como si lo más oculto se hiciera manifiesto.

No menos interesante es la consideración akbarí de la *ḍamma* como una *wāw*. La letra *wāw* significa por sí sola la conjunción copulativa «y». De tal modo que el Šayḫ aludiría a cómo el acto creador de Dios, Su palabra creadora, lleva en su mismo centro, el amor copulativo. Es decir, el amor como esencia de la creación, nexo entre lo invisible (*bāṭin*) y lo visible (*ẓāhir*), entre lo primero y lo último, movimiento que une realidades antitéticas. La invisibilización de la *wāw* simbolizaría, además, al amor que uniendo dimensiones contrapuestas desaparece en su propio cumplimiento. En este sentido, *kun*-amor sería símbolo del puro verbo, de la pura acción frente al carácter autoafirmativo del sustantivo. Nos encontramos, así pues, ante una concepción del Ser y la realidad cuyo fundamento es el dinamismo servicial y el compromiso amoroso con la otredad. En la cosmovisión akbarí, Dios es Aquel cuyo Ser consiste en regalarSe constantemente, en todas direcciones, en incondicional servicio amoroso hacia Sus criaturas.

---

468 Sobre este mismo tema, véase: Fernández Navas, *«El "sí" y el "no" de Ibn ʿArabī a Averroes», pp. 154-155.*

469 En lengua árabe hay vocales cortas de un tiempo de duración, que no se escriben, y vocales largas, de dos tiempos de duración, que sí son representadas gráficamente. Tanto *ḍamma* como *wāw* se corresponden con el fonema /u/, siendo la primera corta y la segunda, larga

La multidimensionalidad de las respuestas

Tras estas consideraciones, ya estamos en disposición de explicar cuál es la respuesta deIbn ʿArabī a las tres primeras preguntas. Según adelantamos, su senda será la armoniosa conjugación de miradas. Así, para la primera cuestión, relativa al interés del amante, el discurso akbarí ofrece cuatro perspectivas: 1) Amamos a Dios por nosotros mismos, en cuanto supone un premio en el otro mundo y en cuanto la contemplación de Su presencia nos deleita; 2) Amamos a Dios por Él mismo en tres sentidos: a) involuntariamente, en cuanto obedecemos a su mandato existenciador (*kun*), b) voluntariamente, a través del intelecto, que nos permite reconocerLo como creador y agradecerLe el habernos traído a la existencia, y c) también voluntariamente, a través de las obras supererogatorias que, al no regirse por el premio y el castigo, solo buscan el bien del Amado; 3) Amamos a Dios por Él mismo y por nosotros mismos, en cuanto el ser humano puede participar simultáneamente de la adoración esencial y la adoración voluntaria; 4) En realidad, no cabe hablar de interés en nuestro amor a Dios, pues según la perspectiva de la incomparabilidad, es Él quien Se ama a Sí mismo.

Para la segunda pregunta, acerca del verdadero agente en nuestro amor a Dios, encontramos otras cuatro vías de solución: 1) Somos nosotros quienes Lo amamos según la perspectiva de la adoración esencial, en cuanto obedecemos Su mandato existenciador (*kun*) y también, según la perspectiva de la adoración voluntaria, si seguimos el Camino que nos ofrece; 2) No somos realmente nosotros quienes Lo amamos, pues no es posible desobedecer Su mandato existenciador (*kun*), ni tampoco, en realidad, somos nosotros quienes abrazamos su Voluntad cuando seguimos el Camino, pues todo al fin y al cabo, cae bajo el dominio de Su plan creador; 3) Somos nosotros quienes Lo amamos y no somos nosotros; 4) No tiene sentido preguntarse cuál es el agente de nuestro amor: desde la perspectiva de la incomparabilidad, no cabe hablar sino de un amor de Él hacia Él.

Para la tercera pregunta, la historia del alma muestra cómo el origen del amor de los seres humanos hacia Dios parte del «oído», gracias al cual pudieron escuchar el mandato existenciador. Esto es: la receptividad originaria, anterior a cualquier inserción existencial y estructura de señorío. Pero también cabe apuntar a la palabra divina, al oído humano y a la palabra teofánica, o a ninguna de estas opciones, desde una perspectiva de la unidad. Respecto a cuál sea la finalidad de este amor, cabe igualmente, apuntar en cuatro direcciones y decir que es tanto la búsqueda del bien propio, como el bien del Amado, como los dos, como ninguna de estas opciones, pues, en realidad, la Única realidad es Dios.

Respecto a la cuarta pregunta, acerca del estatuto ontológico del amor, es decir, si es una cualidad del amante, una relación o una significación, Ibn ʿArabī dice que el amor es una cualidad que pertenece al amante[470]. Su razonamiento es fenomenológico-ontológico: en cuanto el amor del amante se mantiene con independencia de que el amado esté presente o ausente, su cualidad pertenece al amante y no al amado. Así pues, cuando decimos que se ha extinguido un amor, no significa que la persona amada haya desaparecido: lo que fenece es la conexión del amante hacia el amado. Desde el polo del amante, el amado no sería más que un «lapso», no-ser, que precisa de actualización, asistencia continua. No sería, por tanto, un significado (*maʿnā*) en el sentido de indicar algo que le pertenece de suyo al amado, pero sí lo sería en cuanto el amado es un ser virtual (*maʿdum*) que necesita ser actualizado por el amante[471]. Al mismo tiempo, en cuanto la propia estructura del ser como *wuǧūd* implica una circularidad y en cuanto el amor de los seres humanos a Dios se cruza con el amor de Dios a los seres humanos, el amor admite ser visto como una co-relación (*nisba*).

2.2. El amor espiritual

Toca ahora ocuparnos del amor espiritual (*al-ḥubb al-rūḥānī*)[472]. Ibn ʿArabī lo califica como un amor «compuesto», que combina el bien del amante y el bien del amado, el interés en la propia satisfacción y el interés en el bien del otro, justo como sucedía en la historia del alma. De un lado, el amante espiritual busca la unión con el amado, traerlo a la existencia, al ámbito donde acontece el Ser

470 *Cf.* Ibn ʿArabī, *Tratado del amor*, p. 84

471 Ibn ʿArabī, *Tratado del amor*, pp. 85 y ss.

472 Ibn ʿArabī, *al-Futūḥāt*, pp. 622-625.

(*wuǧūd*) y se produce la satisfacción del deseo de unión. Pero al mismo tiempo, si el amante espiritual conoce cuál es la voluntad (*irāda*) o preferencia (*iḫtiyār*) del amado, pasa a adoptarla como si fuera suya y ama lo que ama el amado, incluso si este desea la separación. En este sentido, el amor espiritual precisa de conocimiento, una combinación de sabiduría (*ʻilm*) e intelecto (*ʻaql*). O, en otras palabras: el amante espiritual sería fiel tanto a la presencia del amado como a su dimensión ausente, estaría comprometido tanto con aquello del amado que le satisface como con aquello del amado que le pertenece propiamente en cuanto otro. Tras exponer concisamente estas ideas, el Šayḫ ofrece una serie de poemas que le permiten ahondar en la cuestión. En primer lugar, presenta el siguiente verso:

> Zamānu l-wuǧūdi zamānu l-wiṣāli / zamānu l-widādi kulū wa-šrabū[473].

Maurice Gloton, de forma muy concisa, lo traduce como:

> Le moment de l'extase est celui de l'union
> et celui de l'amour. Mangez donc et buvez![474]

Mientras que Eric Winkel, opta por:

> The period of the site of being is the period of the connection, is the period of loving: eat, and drink[475].

Para acercarnos al alcance y hondura de este poema resulta crucial indagar en el sentido de algunos de sus términos, como *wuǧūd, wiṣāl* y *widād*. Ibn ʻArabī explota de modo recurrente la raíz de *wuǧūd* en su doble dimensión de algo que se da y algo que encontramos[476]. Pensar en el ser (*wuǧūd*) akbarí exige, por tanto, renunciar a cualquier concepción ontológica estática o substancialista e introducirnos en una lógica dinámica y fenomenológica, donde se da una suerte de circularidad co-constitutiva. En cuanto al

473 Ibid., p. 622.
474 Ibn ʻArabī, *Traité de l'Amour*, p. 85.
475 Ibn ʻArabī, *The Openings revealed in Makkah*, vol. 8. Pre-publicación
476 *Cf.* W. C. Chittick, *The Sufi Path of Knowledge*, p. 6.

término *wiṣāl*, suele traducirse como «goce amoroso de amantes». En su campo de interreferencia léxica (*w-ṣ-l*) se encuentran voces como *waṣīl* («amigo inseparable»), *waṣīla* («vínculo, lazo, camella que ha parido diez años seguidos, cultivo, cosecha, abundancia») o *waṣl* («unión»). De modo que la unión fecunda entre dos se revela como la imagen conductora de su raíz trilítera. Por último, *widād* es una derivación de *wudd* («amor constante, fiel»), afecto de estabilidad y fijeza. Podríamos traducir entonces así:

> El momento del ser [*al-wuǧūd*], es el momento de la conexión [*wiṣāl*], es el momento [*zamān*] del amor [*al-widād*], ¡comed y bebed! [*kulū wa-šrabū*]

Estaríamos ante una alusión al tiempo relativo (*zamān*) del *wuǧūd,* instante en que el amado concurre en el ámbito de la manifestación y el amante despierta a la realidad saliendo de sí. Un tiempo de unión amorosa, fecunda, que no se extingue y se renueva como instante gracias a la acción del amor constante que sostiene al amado en su aparecer, pues por sí mismo, en cuanto no posee existencia real efectiva, no podría ni siquiera advenir al espacio de la manifestación. En cuanto a la parte final del verso —*kulū wā-šrabū* («comed y bebed»)—, entendemos que se trata de una invitación a que el lector experimente y saboree por sí mismo las delicias del encuentro amoroso, que cabe leer en línea con C.2:172, donde Dios exhorta a Sus siervos a comer de las cosas buenas con que los ha provisto[477]. No podíamos esperar menos en un texto que orbita sobre el conocimiento de fragancia o saboreo.

A continuación, el Šayḫ presenta un poema fruto de una experiencia contemplativa en la que advirtió la presencia (*taǧallī*) de Dios en el mundo[478]. En el primer verso aparece el nombre «Zaynab», alusión al amor binocular que conjuga interioridad y exterioridad, incomparabilidad y similaridad. El amor espiritual quedaría así identificado con esa forma de amor que, según Ibn ʿArabī, es la más alta que puede alcanzar el ser humano. También aparecería asociado al constante movimiento de El Omni-Compasivo cuyo acto

---

477 «¡Creyentes! Comed de las cosas buenas que os proveemos» (C. 2:172. Trad. Cortés).

478 Ibn ʿArabī, *Tratado del amor*, p. 88.

creador se renueva a cada instante[479], pues la consideración simultánea de perspectivas contrapuestas exige un movimiento pendular por parte del amante, oscilación entre lo ausente y lo presente. Escribe el maestro andalusí:

> Zaynab me ha conquistado mediante la pasión de amor [*hawā*]
> Fuera de ella no sé, pues, comportarme.
>
> Pero cuando se me manifestó la luz del ser [*taǧallī*]
> envolviéndome por completo, se esfumaron las tinieblas.
>
> Me entregué a ella por afecto intenso.
> El amor [*hawā*] es siempre un duro ascenso.
>
> Entre el efecto del amor [*hawā*] y la atracción del deseo
> no podría encontrarse un momento de descanso[480].

En el comentario al poema, desde una perspectiva con inevitables ecos fenomenológicos, Ibn ʿArabī habla de un movimiento circular entre el deseo del amante y lo que se muestra del amado, que nos ubica fuera de la lógica del tiempo lineal u horizontal, donde hay un antes y un después: «El hálito se exhala de manera que forma en el amante la imagen del amado hasta el punto incluso de hacer aparecer una forma externa que contempla y por la que realiza su motivación y su felicidad al margen de toda circunstancia temporal»[481]. La experiencia del encuentro amoroso tendría, así pues, mucho de *kairós*, de tiempo-instante donde la indiferenciación de Chronos deja espacio al acontecimiento, ámbito

479 Sobre la noción de creación en Ibn ʿArabī, véase F. Mora Zahonero, «Creación continua: "El abandono de toda certeza"», *El Azufre Rojo*, n º 3, 2016, pp. 31-54.

480 Ibn ʿArabī, *Tratado del amor*, p. 89. Seguimos la traducción de Gloton, a excepción del tercer verso. Donde Ibn ʿArabī escribe «... wa-l-hawā abadan mutʿibu», el investigador francés interpreta «Mais l'amour pour toujours accable de fatigue» (pero el amor para siempre abruma por cansancio), Ibn ʿArabī, Traité de l'Amour, p. 85. A nuestro juicio, esta fórmula suscita una imagen que no encaja con la mencionada inextinguibilidad del amor deseante [šawq]. Es por ello que hemos recurrido a una forma más parecida a la traducción de Winkel, quien opta por «Love is ever a hard ascent», Ibn ʿArabī, *The Openings revealed in Makkah,* vol. 8, pre-publicación. Para la versión árabe, véase Ibn ʿArabī, *al-Futūḥāt,* vol. V, pp. 622-623.

481 Ibn ʿArabī, *Tratado del amor*, p. 89.

de experiencia cualitativa, de carácter vertical, intensiva, más allá de toda consideración cuantitativa[482]. Por otro lado, resulta interesante atender a la musicalidad de los versos, cuya rima termina en «b» (*bā'*). El valor numérico de esta letra, según el sistema *abǧad*, es 2, lo cual sugiere una reflexión por parte del Šayḫ acerca de la dualitud. Seguidamente, el místico murciano comparte las siguientes líneas:

> Cautivo estoy por el amor [*raḥma*] que Dios me ha otorgado,
> ¿cómo no asombrarse con algo semejante? conviene estar asombrado.
>
> El momento [*zamān*] del amor [*al-widād*] es el momento del ser [*al-wuǧūd*],
> es el momento de la conexión [*wiṣāl*], ¡comed y bebed! [*kulū wa-šrabū*]
>
> ¿Dónde está el amor dependiente [*ġarām*]? ¿Dónde está la enfermedad [*al-saqām*]?
> ¿Y dónde está la pasión [*hayām*]? ¿Acaso no estáis turbados?
>
> De ropaje puro [*muṭahharat al-ṯawb*], está velada [*maḥǧūba*],
> no puede con nadie ser asociada [*fa-laysat ilā aḥadin tunsab*][483].

En el primer verso, advertimos una consonancia con el amor del alma agradecida por el amor (*raḥma*) del Omni-Compasivo que la trajo a la existencia y en ella la mantiene. También se aprecia una

482 *Cf.* P. Beneito. «El tiempo de la gnosis: consideraciones acerca del pasado y el futuro de la mística en la obra de Ibn 'Arabī», en A. Díaz de Mera García Consuegra (ed.), *La mística en el siglo XXI*, Madrid, Trotta, 2002, pp. 92-97

483 Ibn 'Arabī, *al-Futūḥāt*, vol. V, p. 623 (Traducción propia). Gloton escribe: «Je reste subjugué par la miséricorde / que Dieu m'a accordée. C'est pourquoi en amour, / Il est souhaitable qu evous soyez conquis. / Le moment de l'amour est celui de l'extase / et celui de l'union. Mangez donc et buvez! / Où est l'intense amour? Où est la maladie? / Et où est la passion? N'êtes-vous pas troublés? / Cette aimée dont l'habit reste pur est cachée. / Mais alors à personne elle ne peut associer!», Ibn 'Arabī, *Traité de l'Amour*, p. 86. Winkel, por su parte, opta por: «I am captivated by the kindness of God for me, and a like; it is fitting that we be amazed. / A time of loving a time of being a time of connecting, eat and drink. / So where is the infatuation, and where is the withering and where is the crazy passion? No, be amazed! / Her clothes purified and cleansed, she becomes veiled behind the curtain. She is not corelated to anyone! », Ibn 'Arabī, *The Openings revealed in Makkah*, vol. 8, prepublicación.

referencia al estado de asombro y perplejidad propio de quien se acerca a Dios según Su Ocultación y según Su Manifestación que es, justamente, lo que le sucede a quien realiza el doble juego de amor a Zaynab: «¿Cómo no asombrarse con algo semejante?». Humildad metafísica, asombro y conjugación de perspectivas irían así de la mano, cuando hablamos de amor espiritual.

En el segundo verso, aparecen los mismos términos que comentamos más arriba: *zamān, wuǧūd, wiṣāl,* pero en un orden distinto. No parece sin embargo que esta alteración suponga un cambio de sentido. El amor espiritual sería una experiencia incardinada en el ámbito del conocimiento de fragancia o gustativo (comed, bebed), que precisa de una dinámica y fiel asistencia constante (*widād*) por parte del amante, para que el amado advenga al espacio de la manifestación (*wuǧūd*) y hacer así posible la conexión (*wiṣāl*).

En el tercero, llama la atención la presencia de *garām,* término al que Ibn ʿArabī dedica un comentario específico en otro apartado del capítulo 178[484] y que refiere a la tristeza o dolor que adviene al amante cuando ante la presencia del amado, siente su mismo sustraerse. Este paradójico cruce de perspectivas parece adecuado al amor espiritual, que participa a la vez de lo físico y lo espiritual. Mientras que la enfermedad (*saqām*), la pasión (*hawā*) y el asombro (*naʿǧab*) pueden entenderse como efectos de disminución del señorío en aquel amante que se asoma al abismo de la combinación de perspectivas enfrentadas y sufre por la tensión hacia un Absoluto que no puede alcanzar más que de modo relativo.

En el cuarto verso, la conjugación de opuestos continúa a través de la imagen del ropaje (*al-ṯawb*) que, como es sabido, en la cosmovisión akbarí es algo que oculta a la vez que muestra. La mención a su carácter puro (*muṭahhara*) se puede leer como un juego alusivo con la enfermedad. La tristeza que aqueja al amante al considerar la Esencia Oculta del Amado solo puede curarse accediendo a las manifestaciones de dicha esencia, de tal modo que el velo que separa del Amado sería fuente de enfermedad y al mismo tiempo principio de curación[485]. El amor espiritual se descubriría como fuente vivificadora que conduce a los amantes hacia la

484 *Cf.* Ibn ʿArabī, *al-Futūḥāt,* p. 629.

485 Uno de los significados de *muṭahhar* es «antiséptico».

plena felicidad. Así mismo, *muṭahhara* puede entenderse como alusión al carácter puro, libre de mácula, de la Esencia divina en su Ocultación. Desde este enfoque, entendemos que el poeta se despida diciendo que la amada no puede ser comparada con nada. Estableciendo una transitividad entre la Esencia de lo Real y la esencia del ser humano —que, recordemos, según la tradición, está hecho a imagen y semejanza de Dios—, Ibn ʿArabī añade que la pureza del ropaje es la pureza de la naturaleza originaria (*fiṭra*) de los seres humanos[486]. La medicina, la fuente de la vida, estaría en la propia naturaleza humana. Solo se necesitaría un paso hacia atrás, un desvestirse de la pretensión, para acceder a esa dimensión de pureza original y perfección de la que dispone toda persona. El amor espiritual, mediante el doble juego entre lo oculto y lo manifiesto, sería, así pues, vía hacia dicha toma de conciencia.

Como cierre del poema, el maestro andalusí ofrece un último verso, donde advertimos una perspectiva adicional:

> ¡Es muy necesario dar gracias a Dios!
> Ella es una virgen, para mí, mientras que yo soy [como] la mujer casada[487].

Según explica el propio Šayḫ, la manifestación de lo divino es una virgen (*bikr*), en cuanto lo que acontece en la experiencia del *wuǧūd* proviene de la no-existencia, ámbito de pureza e incomparabilidad previo a todo aparecer. En cambio, él se significa como mujer casada, ya que las criaturas no cuentan con ningún momento previo al amor de Dios: «Yo me encontraba ya amado (por el ser divino) incluso antes de ser generado»[488]. Se trata del justo reverso

486 El hadiz aludido por el Šayḫ dice: «Todo ser es engendrado según la naturaleza primordial», v. Ibn ʿArabī, *Tratado del amor*, p. 90. A propósito del comentario akbarí, resulta interesante mencionar que la *fiṭra* implica un sentido de separación, en cuanto vinculada al nombre *al-Fāṭir* (El que Separa). Desde esta perspectiva, la pureza originaria consistiría en el reconocimiento de la dependencia ontológica respecto al Creador

487 Ibn ʿArabī, *al-Futūḥāt*, vol. V, p. 623. Seguimos la traducción de Winkel: «Thankfulness [*šukrun*] to God is obligatory; You see, it is a virgin [*bikru*] for me, while I am the woman already married», Ibn ʿArabī, *The Openings revealed in Makkah*, vol. 8, pre-publicación.

488 Ibn ʿArabī, *Tratado del amor*, p. 90.

de lo apuntado más arriba sobre el principio y el final del amor divino. En cuanto la realidad de las criaturas nace y depende constantemente del amor de Dios, no podrá concebirse jamás al ser humano en una situación de pura ipseidad. El hombre es ese ser cuyo ser consiste en depender del amor de un Amante al que ama de forma irremisible.

Antes de terminar la unión dedicada al amor espiritual, Ibn ʿArabī vuelve a considerar la relación entre el amante y la voluntad del amado[489]. Según decíamos, el amante espiritual busca tanto el bien propio como el bien del amado. Es por ello que, por un lado, busca la unión (*ittiḥād*) y que, al mismo tiempo, cuando conoce la voluntad de este, la adopta como si fuera la suya propia. Sin embargo, el Šayḫ advierte que la situación es más compleja de lo que parece y que «en realidad, nadie ama al amado por el amado mismo»[490]. Partiendo de la idea de que lo que aún no ha concurrido en el espacio del *wuǧūd* es un no-existente, razona que es imposible amar la voluntad del amado por él mismo: pues para amar la voluntad del amado es necesario conocerla, es preciso que acontezca en el espacio del ser por medio de la colaboración del propio amado. En cuanto el advenir a la presencia satisface la voluntad de unión del amante, puede decirse que el amante espiritual, aun cuando abraza la voluntad del amado, no ama verdaderamente más que lo que aparece en el espacio del *wuǧūd*. Por eso, desde esta perspectiva, nadie ama al amado por sí mismo. En línea con este enfoque, el maestro andalusí añade que aunque todos los seres humanos son amantes, la mayoría desconoce cuál es la verdadera naturaleza de su amor, pues confunden el lugar donde se manifiesta lo que aman y lo que verdaderamente aman: «Todos se ofuscan con el ser real en el cual existe lo que aman, y se ilusionan creyendo que dicho ser real es su amado, cuando en realidad tan solo lo aman de un modo secundario y subordinado; en realidad, nadie ama a cosa alguna, por y para esta cosa amada; solamente la ama, por y para sí mismo»[491].

489 Ibn ʿArabī, *al-Futūḥāt*, vol. V, pp. 624-626.

490 Ibn ʿArabī, *Tratado del amor*, p. 92.

491 M. Asín Palacios, *El Islam cristianizado*, p. 484.

Estas consideraciones no debieran entenderse, sin embargo, en un sentido moral, sino en el preciso juego de presencias y ausencias planteado por el autor. No se trata de que el hombre sea un ser irremisiblemente orientado hacia un amor egoísta, sino de señalar las dinámicas de manifestación y ocultación que conducen el amor humano y recordar que el conocimiento de las criaturas siempre habrá de darse de modo relativo, condicionado por el hondo deseo de presencia. Que la voluntad del otro deba inscribirse en el ámbito del *wuǧūd* para poder ser adoptada, no significa que no importe. Muy al contrario, convertir el propio ser en un regalo de amor, a imagen y semejanza del amor ilimitado del Omni-Compasivo, es la gran apuesta akbarí del capítulo 178 y acaso de toda su obra.

En cuanto a la finalidad (*gāya*) del amor espiritual, Ibn ʿArabī decide tratarla dentro de la unión sobre el amor natural, «por la relación estrecha» que guarda con este. Su finalidad sería la unión (*ittiḥād*), que «consiste en que la esencia del amado venga a ser la misma esencia del amante y que la esencia del amante venga a ser la misma esencia del amado»[492]. Para explicar mejor qué quieren decir estas enigmáticas palabras, nos invita a pensar en una pareja que al besarse intercambia su saliva y su aliento, de tal manera que sus seres se identifican, se mezclan:

> Ese aliento no es otra cosa que el espíritu animal que anima a la forma física (cuerpo); de modo que el aliento de cada uno de los dos que respiran es el espíritu de cada uno de ambos. Luego el que lo recibe dentro de sí, en el momento de besar [...] y de inspirar, queda vivificado por su espíritu[493].

En virtud de esa circulación de aliento y saliva, el místico murciano apunta que los amantes espirituales pueden «decir con verdad»[494] las palabras de Ḥallāǧ: «Yo soy quien amo y a quien amo yo». El círculo co-constitutivo del *wuǧūd* aparece, así, como círculo de amor recíproco que diluye las fijezas de la subjetividad en aras de una transjetividad irremediablemente dinámica.

---

492 Ibid., pp. 485-486.

493 Ibid.

494 M. Asín Palacios, *El Islam cristianizado*, p. 486.

2.3. El amor natural

En cuanto al amor natural (*al-ḥubb al-ṭabī'ī*)[495], Ibn ʿArabī sostiene que su especificidad radica en que solo interesa la unión, es decir, el amante solo busca su propio bien[496]: «El amor natural [...] tiene su origen en el bienestar y en el beneficio, porque lo natural del ser no es nunca capaz de amar a otro por él, es únicamente por sí por lo que ama a las cosas, deseando unirse o aproximarse a ellas, como ocurre con los animales y en los hombres por su parte animal»[497]. Por eso el amante desea besos, abrazos, caricias... cualquier cosa que permita gozar del encuentro con el amado. Cabe decir, en este sentido, que es un afecto de carácter *monocular*, orientado al interés propio y que se desarrolla específicamente en la dimensión corporal y sensible. Esto no significará, sin embargo, que el Šayḫ valore esta faz del amor como intrínsecamente negativa. Lejos de cualquier forma de desprecio hacia el cuerpo, advierte que el deseo natural tiene su fundamento en la misma acción creadora de Dios, según indica el propio Corán: «Dios ha dado a cada cosa su norma como criatura» (C. 20:50)[498]. Así pues, frente a cualquier forma de hostilidad hacia la vivencia del goce corporal, el amor natural no es visto como algo rechazable, sino justo al revés: aspecto de lo Real que goza de la misma pureza y santidad que el conjunto de lo creado, en cuanto manifestación del Ser. Si cada una de las criaturas alaba al Creador con su mero existir, no menos sucederá en este caso. Quien ama de modo natural no hace sino obedecer la esencia de su ser tal y como fue dispuesta por *al-Raḥmān*.

El amor natural sería, además, «común a todos»[499], es decir, toda persona que ama lo hace naturalmente, de modo irremediable, pues incluso el amante espiritual combina el interés en el bien del amado y el interés en el bien propio, al tiempo que necesita siempre de un soporte sensible para contemplar al amado.

495 Ibn ʿArabī, *al-Futūḥāt*, vol. V, pp. 625-629.

496 Ibn ʿArabī, *Tratado del amor*, pp. 95 y ss.

497 Ibid., p. 99.

498 Trad. Gloton, Ibn ʿArabī, *Tratado del amor*, p. 97. En la versión de Julio Cortés encontramos: «Nuestro Señor es Quien ha dado a todo su forma y, luego, dirigido».

499 Ibn ʿArabī, *Tratado del amor*, p. 97.

En clave metafísica, el maestro andalusí se pregunta si acaso la búsqueda de besos, abrazos, caricias... significa que el objeto del amor humano, en cuanto natural, es múltiple. Su respuesta, como puede intuirse, es que no, pues en realidad todas esas formas no son sino medios de alcanzar la unión:

> [...] lo amado es la unión con una cosa cualquiera, existente en muchos o pocos sujetos; [esa cosa] es siempre y exclusivamente una sola y la misma en sí [...], aunque de especies diferentes (la conversación, el estrecho abrazo, el beso), realizadas estas en uno solo o en muchos sujetos. Por consiguiente, no cabe que el amante ame dos cosas en modo alguno, pues el corazón no es capaz de contenerlas[500].

Siguiendo este énfasis en la perspectiva de la unidad, nuestro autor cierra su comentario preguntando si la unicidad del objeto del amor no aplica a Dios, es decir: si el objeto del amor divino es múltiple en cuanto las escrituras dicen «Él los amará y ellos Lo amarán»[501]. La respuesta en este caso pasa por la prudencia y cortesía propia de quien se atiene la dimensión de la incomparabilidad del Ser. Nuestro conocimiento positivo, dice Ibn ʿArabī, solo corresponde al de nuestra propia experiencia, de tal modo que no cabe realizar una afirmación de autoridad sobre la cualidad de un amor que solo sería cognoscible para quien accediera a la verdadera esencia (*ḏāt*) de Dios. «El cómo» de Su amor, quedaría por tanto más allá del alcance humano.

2.4. El amor elemental

Como cierre al discurso sobre las diferenciaciones, el maestro andalusí dedica un breve espacio al amor elemental (*al-ʿunṣurī*)[502]. Este es descrito como un tipo de amor específico, dentro del natural, que se caracteriza por tener un solo amado. Si en el mero amor natural, lo que importa es realizar la unión —conseguir un beso, un abrazo, con independencia de la persona que lo proporcione—,

500 M. Asín Palacios, *El Islam cristianizado*, p. 489.

501 Ibn ʿArabī, *Tratado del amor*, p. 103.

502 *Cf.* Ibn ʿArabī, *al-Futūḥāt*, vol. V, p. 629.

en el elemental solo se desea la unión con un amado específico. El natural sería como un «ámbar amarillo» que se adhiere a cualquier material con el que entre en contacto, mientras que el elemental se asemejaría al «imán» que se une solamente al hierro. Los legendarios amantes arábigos, Layla y Qays, entrarían por tanto en esta segunda categoría.

Según el maestro andalusí, el amante elemental se asemeja, además, al amante espiritual en que realiza la *ṭahāra*, la purificación ritual antes de practicar el rezo[503]. Habría aquí una alusión a la concentración del amante en un solo amado. El lavar el cuerpo antes de la oración como despojo de aquello que disipa, herramienta mediante la que orientarse plenamente hacia Dios.

Siguiendo esta línea de concentración en la unidad, Ibn ʿArabī cierra su consideración afirmando que el amante elemental es semejante a aquel que, en un plano religioso, reconoce la unidad que subyace a todos los sistemas de creencias: «Aquel que ve en el conjunto de las convicciones doctrinales una realidad única»[504], palabras que nos sirven para insistir una vez más en cómo el *amor binocular* que impulsa la escritura akbarí supone un sí profundo y simultáneo, tanto a la perspectiva de la unidad de lo Real como a la de la multiplicidad de las manifestaciones del Ser.

3. LAS CUATRO DENOMINACIONES (*ALQĀB*) DEL AMOR: *HAWĀ*, *ḤUBB*, *ʿIŠQ* Y *WUDD*

El siguiente apartado del capítulo 178 está dedicado a las cuatro denominaciones (*alqāb*) del amor: *hawā*, *ḥubb*, *ʿišq* y *wudd*. En la «introducción», conocimos la primera aproximación de Ibn ʿArabī a estas nociones y señalamos una estructura de descenso y ascenso. Primero, el amor originario o seminal mediante el que Dios como *al-Raḥmān* concede la existencia a lo que carece de ella (*ḥubb*). Segundo, el amor fiel (*wudd*) con el que renueva y cuida a cada instante todo lo creado. Tercero, el amor de enredadera (*išq*) que envuelve el corazón y orienta hacia el Amado. Y cuarto, el

503 Ibn ʿArabī, *Tratado del amor*, p. 105.
504 Ibid.

amor pasión (*hawā*) donde el amante se entrega a la posesión amorosa[505]. Así en el citado poema:

> Del amor procedemos,
> con él fuimos creados;
> así al amor tendemos
> y estamos consagrados[506].

Ahora Ibn ʿArabī sigue un orden distinto: primero habla del *hawā*, segundo del *ḥubb*, tercero del *ʿišq* y cuarto del *wudd*. Pero antes de entrar en el comentario, apunta que cada uno de estos nombres «va unido a un estado espiritual (*ḥāl*)»[507]. Esta mención al *ḥāl* indica, a nuestro juicio, la clave de la variación en el orden. Ya no se parte de Dios, sino que se concentra en los pasos que ha de realizar el ser humano para perfeccionar su amor por Dios. Si antes teníamos un descenso desde el amor originario (*ḥubb*) de Dios hasta un ser humano que quedaba prendido por la súbita pasión amorosa (*hawā*), ahora tenemos el tránsito desde esa pasión hasta la perfección del amor humano (*wudd*) que certifica el pleno retorno al amor divino y completa el círculo del amor.

3.1. El amor como *hawā*

El maestro andalusí considera el amor pasión (*hawā*) desde dos ángulos. En primer lugar, como algo que cae en el corazón de la persona y aparece desde lo no-visto a lo visto, igual que la estrella en el firmamento[508]. Esta caída entiende que puede deberse a la vista (*naẓar*), al oído (*samāʾ*) o a la buena conducta (*iḥsān*) del amado. Recordemos que la pasión súbita de amor (*hawā*) implicaba una dimensión de heteronomía y sometimiento[509]. Así que cuanto más fuerte, más estable sea el modo en que el amado cayó a su corazón, mayor será el amor pasional.

---

505 *Cf.* Ibn ʿArabī, *al-Futūḥāt*, vol. V, p. 630.

506 V. *supra*. p. 135.

507 Ibn ʿArabī, *Tratado del amor*, p. 107.

508 Ibid.

509 Vid. *supra*. p. 136.

> La más importante y la más constante es la mirada [*naẓar*], porque el amor que ella engendra no se altera tras el encuentro (del ser amado), al contrario de la audición [*samā'*] de su voz, que es susceptible de alterarse tras la frecuentación. Es en efecto poco probable que la forma del bienamado que él ha percibido por el oído le corresponda felizmente en la imaginación. En cuanto al amor producido por la buena conducta [*iḥsān*], está sometido a deficiencia ya que el descuido lo hace cesar, aunque la buena conducta persista tras la desaparición de aquel que lo ha otorgado[510].

El segundo sentido en que Ibn ʿArabī se refiere al *hawā* es como amor «que debería ser conforme» con la Ley[511]. El Šayḫ pasa así de la descripción de un sentir natural a la guía espiritual. El amor pasional es algo que cae sobre los seres humanos, pero también puede ser un primer peldaño en el camino de ascenso amoroso hacia Dios[512]. Este doble movimiento descendente y ascendente está presente en la misma raíz de *hawā* (*h-w-ā*), según advierte Pablo Beneito[513]. A propósito del ascenso, Ibn ʿArabī remite a la siguiente aleya: «¡David! Te hemos hecho sucesor en la tierra. ¡Decide, pues, entre los hombres según justicia! ¡No sigas la pasión [*hawā*]! Si no, te extraviará del camino de Alá. Quienes se extravíen del camino de Alá tendrán un severo castigo. Por haber olvidado el día de la Cuenta»[514]. A juicio del maestro andalusí, el texto profético invita a seguir lo que Dios ama, en vez de aquello a lo que nos inclina nuestro amor pasional. Dios querría decir: «No sigas el móvil de tu amor sino el objeto de Mi amor»[515]. Es importante comprender que no se trata, entonces, de renunciar a la vivencia del amor pasional, sino de orientarlo adecuadamente. En cuanto el

510 Ibn ʿArabī, *Tratado del amor*, p. 108. Hemos respetado la traducción de Gloton, en su versión española, a excepción de la expresión *'iḥsān*, que él traduce como «beneficio» [*bienfait* en la versión francesa, Ibn Arabi, *Traité de l'Amour*, p. 103], y nosotros como «buena conducta».

511 Ibid.

512 Más adelante, en el apartado dedicado a las cámaras nupciales, veremos con mayor detalle la simultaneidad del ascenso y el descenso amoroso, v. *infra*. pp. 232 y ss.

513 P. Beneito, P. «La doctrina del amor», p. 68.

514 C. 38:26. Trad. Cortés.

515 Ibn ʿArabī, *Tratado del amor*, p. 108.

seguimiento de la Ley no solo satisface a Dios, sino que conduce al ser humano a alcanzar la felicidad en este mundo, puede decirse, además, que la canalización del amor pasional produce un bien tanto en el amante como en el Amado. O, en otras palabras: que hay una apertura o tránsito desde la dimensión natural del amor hacia la espiritual.

3.2. El amor como *ḥubb*

El amor originario o seminal (*ḥubb)*[516] surge cuando el amor pasional (*hawā*) se purifica de la asociación (*širk*) o idolatría. Los idólatras son quienes que no encauzan adecuadamente su tensión originaria, como criaturas hacia su verdadero objeto, la Unidad de la que proceden y a la que desean retornar. Quienes confunden lo Uno y lo múltiple, la naturaleza del Creador y la de las criaturas. Quienes creen haber encontrado al Amado, en sentido, absoluto, en el plano de lo relativo. El maestro andalusí evoca un hadiz que relata cómo el día del Juicio, cuando caigan todos los velos, los idólatras reconocerán al Verdadero (*al-Ḥaqq*) y pasarán a amarLo con un amor aún más intenso. Hasta ese momento, habían estado confundidos, amando por una parte a Dios y por otra parte a los ídolos. Pero una vez salgan de su error, concentrarán su amor únicamente en el Verdadero, que era Aquel al que venían buscando desde el principio, en realidad, desde lo más hondo de su ser[517]. Ibn ʿArabī compara así el amor originario (*ḥubb*) con una jarra (*ḥabb*) donde se decantan los residuos: «[el amante] ha adquirido una naturaleza límpida, tras haberse desembarazado de las impurezas causadas por la asociación [*širk*] de dioses múltiples

516 Ibn ʿArabī, *al-Futūḥāt,* vol. V, p. 632.

517 Resulta interesante este tratamiento del idólatra, como un verdadero amante de Dios, solo que algo confundido. Puede entenderse esta presentación, que reconoce cierto grado de verdad en quien profesa una creencia radicalmente distinta a la propia, como una muestra más del espíritu amoroso Omni-Compasivo que anima la escritura akbarí. Así mismo, la consideración de la asociación (*širk*) como carencia de conocimiento en vez de como rasgo moral o natural, indica que nos movemos en el ámbito de lo que suele conocerse como teorías de la no-dualidad, como es el caso del Vedanta advaita, el taoísmo o el budismo zen, visiones de la realidad donde no cabe un dualismo tajante entre divinidad-mundo, bien-mal, espíritu-cuerpo

en direcciones divergentes»[518]. Desde este punto de vista, entendemos que el amor originario aplicado a los seres humanos consiste en trascender la propia limitación, de modo análogo al amor creador de Dios que hace de su propio ser un regalo de amor.

3.3. El amor como *ʿišq*

Ibn ʿArabī destaca el carácter excesivo, desbordante, del amor como *ʿišq*[519]. Pero lejos de valorarlo negativamente, lo vincula a una mayor intensidad: «[...] los creyentes aman a Alá con un amor más fuerte [*ašadd*]» (C.2:165)[520]. El maestro andalusí considera que mientras el *ḥubb* se da en el corazón del amante, la intensidad del *ʿišq* afecta a la totalidad de su ser: sangre, miembros, cuerpo y espíritu. Entonces, se produce una transformación en el amante. Podríamos decir que ya no hay distancia entre el ámbito de la interioridad y el de la exteriordad. El corazón de la persona y las funciones de su cuerpo se identifican. Igual que en el célebre hadiz, el habla, el oído, la vista empiezan a convertirse en el Amado. Este sería el amor de Zulayḫa, cuya sangre llevaba escrita el nombre de Yūsuf. O el de *al-Ḥallāǧ*, cuyos miembros cortados derramaron un hilo de sangre donde podía leerse el nombre de su Amado[521]. Como muestra de haber experimentado él mismo este estado, el Šayḫ comparte los siguientes versos:

> No me fue cortado miembro,
> ni juntura desgarrada,
> sin que en ellos el recuerdo
> de Vos, Señor anidara[522]

Es también característico de quienes viven este amor padecer un *garām*, un amor que se les adhiere y que les impide liberarse de él, alusión al amor como enredadera, cuyas ramas atrapan todos

518 Ibn ʿArabī, *Tratado del amor*, p. 112.

519 Ibn ʿArabī, *al-Futūḥāt*, vol. V, p. 632.

520 Trad. Cortés.

521 Ibn ʿArabī, *Tratado del amor*, pp. 114-115.

522 M. Asín Palacios, *El Islam cristianizado*, p. 492.

y cada uno de los miembros del amante y aun su espíritu[523]. Una afección total que puede ser vista como experiencia de máximo padecimiento y heteronomía, amor que nos hace absolutamente esclavos, que nos somete totalmente, pero que también eleva y transforma. Como en el hadiz: el ser humano pasa a ser Sus ojos, Sus manos, Sus pies... Planta enredadera y trepadora este amor, que lo mismo que se adhiere con la máxima fuerza, se eleva por encima de todas las cabezas.

3.4. El amor como *wudd*

Ibn ʿArabī define el amor constante (*wudd*) como una estabilidad en el *hawā, en el ḥubb,* en el *išq* o en cualquier estado (*ḥāl*) del amante[524]. Si antes decíamos que el amor *ḥubb* puede reorientar el *hawā* y que el *išq* supone un nivel superior respecto al *ḥubb* en cuanto concierne a la totalidad del amante y no solo a su corazón o dimensión interior, el *wudd* se presenta aquí como la cúspide del amor. Esta jerarquía guarda estricta coherencia con la preeminencia del amor Omni-Compasivo de Dios. El más perfecto de los seres no Se piensa a sí mismo, como el dios aristotélico, sino que hace de Su propio ser un regalo. En el capítulo de *Futūḥāt* dedicado al Nombre de Dios *al-Wadūd* (El Amoroso, el Constante en Su Amor), encontramos:

> Así pues [*al-Wadūd*] ama incesantemente y permanece constante en Su amor (*wadūd*), de modo que continuamente da existencia a aquello que nos corresponde y cada día se ocupa de un nuevo cometido y el nombre al-*Wadūd* no tiene más significado que este[525].

En su comentario a los Nombres Divinos, Ibn ʿArabī describe el investimento de poder del ser humano que adopta (*taḫalluq*) ese Nombre. Puede apreciarse la línea de continuidad entre una ontología basada en el amor y una antropología donde la plenitud consiste en imitar el acto de amoroso de Dios:

---

523 *Sobre el término garām, v. infra*, pp. 200-202.

524 Ibn ʿArabī, *al-Futūḥāt,* vol. V, p. 633.

525 P. Beneito, *El lenguaje de las alusiones,* p. 156

> Si el amor (*ḥubb*) de Dios —Exaltado y magnificado sea— y el amor de aquel a quien se le ha mandado amar prevalecen en el corazón del siervo en cualquier estado (*ḥāl*) que, de improviso, procedente del amado (*maḥbūb*), pueda sobrevenirle, tanto si este le agrada como si no, llámase entonces a tal siervo «amoroso» (*wadūd*)[526].

Este amor constante (*wudd*) reunirá tanto un rebajamiento de servicio amoroso, servicio al otro para sostenerlo en el ser, como un alzamiento. Según Ibn ʿArabī, a quien realiza el *wudd* nada le cambia, su amor resulta invulnerable, nada le arrebata su fuerza y su dominio está firmemente establecido, tanto en los momentos álgidos de entusiasmo y contento como en los de profunda tristeza, o en el exilio[527].

3.5. Algunos errores en la vivencia del amor

Antes de finalizar la unión sobre las denominaciones del amor, el maestro andalusí comenta algunos errores típicos en las vivencias de los amantes[528], que comparten una misma raíz: el desconocimiento de la verdadera naturaleza del Amado. Muchas personas, por ejemplo, creen que su afecto se dirige a algo sólido, con consistencia propia:

> [...] se imagina que el objeto del amor tiene una existencia efectiva, cuando en realidad es pura potencialidad. El amor se empeña en considerarlo como presente en una persona. En cuanto el amante ve al amado, su amor se renueva para que persista este estado del que ama su existencia efectiva y que tiene esta persona por origen. Es por ello que el objeto del amor está siempre en potencia, aunque la mayoría de los amantes no tengan conciencia de ello, con excepción de los [*ʿārifūn*][529].

Fruto de la ignorancia, se producen efectos sumamente negativos en el amante, como anulación del intelecto, alteración emocional, falta de sueño, locura, enfermedad, imputación de malos

526 Ibn ʿArabī, *El secreto de los nombres*, p. 137.
527 Ibn ʿArabī, *Tratado del amor*, pp. 115-116.
528 Ibn ʿArabī, *al-Futūḥāt*, vol. V, pp. 633-635.
529 Ibn ʿArabī, *Tratado del amor*, p. 117.

motivos al amado...[530]. Frente a este cuadro, el Šayḫ ofrece los siguientes versos:

> El amante apasionado [*hawā*], poseído por el amor,
> no deja de lamentarse
> de estar separado del amado [*ḥabībī*]
> o de estar alejado de él.
> ¡Lejos de mí este estado!
> Pues en mi imaginación
> permanece el bienamado [*ḥabībī*]
> siempre en mi presencia
> él de mí procede,
> él me compenetra,
> y en mi intimidad queda
> ¿Por qué diría entonces yo qué me pasa?[531]

Si asumimos la perspectiva del amor constante (*wudd*) como un nivel más elevado de conciencia y desarrollo espiritual, podemos ver aquí a un Ibn ʿArabī que, desde el *wudd*, no siente aflicción, en ningún momento, pues le es posible traer siempre a la presencia imaginal a Su Bienamado. Resuena entonces aquel encuentro con Niẓām ante la Kaaba y también el ideal del Ser Humano Perfecto como aquel capaz de reconocer el rostro de lo divino en cada uno de los elementos de lo creado. Y cabe interpretar, en consecuencia, que la pena y el sufrimiento, no son sino estaciones de paso, antes de la vivencia del gozo y la plenitud.

Ibn ʿArabī también señala a aquellos amantes que piensan que cualquier persona debe compartir su opinión acerca de la belleza del amado. Tras el acento en las virtudes de la aproximación imaginal, se advierte ahora un movimiento de compensación por parte de nuestro autor, que incide en la limitación de la propia mirada. En esa línea, aprovecha también para apuntar que el amor genera una confusión en el intelecto (*ʿaql*) y pertenece más propiamente al dominio del alma (*nafs*)[532].

---

530 Ibid. p. 118.

531 Ibid. p. 119.

532 Ibn ʿArabī, *al-Futūḥāt*, vol. V, p. 634

Por último, volviendo a la perspectiva de lo imaginal, el místico murciano explica que otro tipo de extravío en la vivencia del amor consiste en confundirse en el modo de buscar la unión con el amado y creer que el encuentro físico será el más placentero[533].

3. 6. Las denominaciones del amor en el comentario al *Tarǧumān*

Además del capítulo 178 de *Futūḥāt,* Ibn 'Arabī trata las denominaciones del amor en el comentario al *Tarǧumān al-Ašwāq.* Concretamente, en la glosa al primer poema, aquel que recitó frente a la Kaaba y precipitó el encuentro imaginal con Niẓām[534]:

> Ojalá supiera si ellos conocieron los corazones que poseyeron
> y mi corazón supiera qué senderos de montaña [*ši'b*] siguieron.
> ¿Acaso ves si se salvaron o si perecieron?
> Los maestros del amor [*'arbāb al-hawā*], ante el amor [*fī l-hawā*], perplejos cayeron[535].

Según el Šayḫ, en el primer verso, el pronombre «ellos» se refiere a los lugares supremos de contemplación (*manāẓir 'ulā*) a los que accede el corazón de quien disfruta del conocimiento de fragancia (*ma'rifa)*[536]. El poema nos sitúa así en una dimensión de heteronomía, de sometimiento a un amado que posee al amante. Mientras que los «corazones» son una alusión al corazón perfecto del muhammadí (*qalb kāmil muḥammadī*)[537], esto es, el corazón doblemente fiel del Ser Humano Perfecto.

En el segundo verso, los «senderos de montaña» (*ši'b*) aluden a la morada espiritual (*maqām*) como lugar alto y estable de contemplación, frente al estado espiritual (*ḥāl*), donde no hay fijeza[538]. Como ya señalamos, la morada o estación depende, en parte, del mérito del viajero y tiene cierto grado de permanencia, mientras

533 Ibid. p. 635.

534 Para el relato que Ibn 'Arabī hace de dicho encuentro, véase: Ibn 'Arabī, *L'Interprète des désirs, op. cit.* pp. 57-70. Consúltese también el estudio de Pablo Beneito «Qurrat al-'Ayn».

535 Ibn 'Arabī, *L'Interprète des désirs,* p. 71.

536 Ibid.

537 Ibid., p. 72.

538 Ibid.

que el estado es de carácter efímero[539]. La pregunta por los senderos de montaña puede entenderse, así, como reclamo por parte de un amante que aspira a que el encuentro con el Amado sea más duradero. O lo que es lo mismo: un amante que accede al gozo de la presencia del Amado pero que sufre al mismo tiempo Su sustraerse. Genuina experiencia de unión de contrarios.

Acerca del tercer verso, Ibn ʿArabī explica que la manifestación del Ser (*wuǧūd*) precisa de la participación del ser humano: «Si no hay espectador o contemplador [...] no hay realidad contemplada»[540]; es decir, lo que venimos señalando como círculo co-constitutivo entre amante y amado. En esa dirección, el Šayḫ aclara que el «perecieron» refiere a la ruina del lugar de contemplación por falta de un contemplador[541]. La llamada del poema de Zaynab a comer y beber del amor encuentra, así, cierto correlato en este verso que invita a comprobar si ha habido salvación o muerte, contemplación del Amado o arrojo al mundo de las sombras.

En el comentario al cuarto verso, la cuestión se resuelve desde una lógica binocular, según la típica conjugación akbarí de dimensiones contrapuestas. La respuesta del maestro andalusí ʿArabī es un «sí» y «no» que recuerda el encuentro con Averroes. De un lado, nos dice que el amante está conminado al «sí», a la búsqueda de presencia divina, al deseo de contemplar al Amado. Es lo que hemos llamado la dimensión natural del amor, que reclama la unión. Pero del otro lado, apunta que el amante está llamado a abrazar la voluntad del Amado, esto es: a realizar la dimensión espiritual del amor que combina el bien propio y el bien del Amado. En cuanto Dios en Su revelación pide que los seres humanos le reconozcan tanto en Su Manifestación como en Su Realidad Esencial, el amante se ve abocado así a una situación de perplejidad, anulado su intelecto, entre dos perspectivas que parecen opuestas:

> Cuando sobreviene el amor apasionado (*hawā*), exige una cosa y su opuesto, y cualquiera que esté enamorado queda perplejo y desorientado [...]. El enamorado o amante pide estar unido a Él. Si el Amado quiere la separación, el amante es puesto a prueba,

539 V. *supra*. p. 64.

540 Ibn ʿArabī, *L'Interprète des désirs*, p. 72.

541 Ibid.

abrumado por dos realidades antinómicas (*naqīḍān*) que son para él como dos amados (*maḥbūbān*). La perplejidad (*ḥayra*) que necesariamente acompaña a la pasión por el amor surge de este enfrentamiento y el que luego es calificado por este amor cae bajo el impacto de este desorden[542].

Y justo a continuación aparece, ya por fin, la mención a las denominaciones del amor. Ibn ʿArabī presenta esas nociones en términos que nos resultan ya conocidos: el *hawā* como enamoramiento que cae de súbito en el corazón del amante, el *ḥubb* como encauzamiento del *hawā*, el *išq* como amor de enredadera trepadora que se apodera totalmente del amante pero que también lo eleva y el *wudd* como fidelidad y constancia en el cuidado amoroso:

> En nuestra opinión, el amor apasionado [*hawā*] se entiende como la caída del amor en el corazón del amante, y solo de un amante, al comienzo de un proceso amoroso. Cuando ninguna otra realidad puede asociarse con su amor, se vuelve puro y diáfano y se llama amor original [*ḥubb*]. Cuando es constante se le llama constancia de amor o afecto fiel de amor [*wadd*]. Cuando se apodera del corazón [*qalb*] y del interior del ser [*ašā'*] y disipa el temor por el porvenir [*ḫawāṭir*], todo lo que le queda por hacer al corazón es adherirse al Amado y a esto lo llamamos amor [...] espiración loca de amor [*išq*], como ocurre con la enredadera espinosa que se enrosca en espiral cuando se eleva sobre su soporte[543].

Sin embargo, aquí las denominaciones forman una secuencia distinta (*hawā-ḥubb-wudd-išq*) a los dos ordenamientos que vimos en el capítulo 178 —*ḥubb-wudd-išq-hawā* en la introducción y *hawā-ḥubb-išq-wudd* en la unión sobre las denominaciones del amor—. El investigador canadiense y experto en amor akbarí Hany Ibrahim subraya esta diferencia de orden e indica que Ibn ʿArabī no ofrece motivo de la variación[544]. Por nuestra parte, consideramos que en realidad el Šayḫ sigue moviéndose en el mismo esquema de progresión desde el amor pasional hasta la unión perfecta con el amor

542 Ibid. p. 73 (trad. propia).

543 Ibn ʿArabī, *L'Interprète des désirs*, pp. 73-74 (trad. propia).

544 H. T. A. Ibrahim, *Love in the writings of Ibn ʿArabī*, Tesis Doctoral, University of Calgary, 2020, p. 136.

divino *hawā-ḥubb-išq*. Si el *wudd* aparece entre el *ḥubb* y el *išq*, es simplemente en virtud de su capacidad para darse en cualquiera de las otras denominaciones. En cuanto fuertemente unido al acto de *al-Raḥmān* por el que cuida de lo creado a cada instante, el *wudd* ofrece un carácter ubicuo y de soporte a cualquiera de las manifestaciones del amor, al tiempo que se desvela como culmen la perfección amorosa que puede alcanzar el ser humano.

3.7. El comentario al nombre Divino *al-Wadūd*

En el capítulo de *Futūḥāt* dedicado al nombre divino *al-Wadūd* puede reconocerse la misma lógica que acabamos de describir. Ibn ʿArabī presenta las denominaciones del amor, en secuencia *hawā-ḥubb-išq*, ocupando esta vez *wudd* una posición intermedia entre el *hawā* y el *ḥubb*:

> Lo primero que, en el descenso de este atributo, sobreviene al corazón, se denomina *hawā* «súbito deseo» o «inclinación amorosa», en el sentido de la expresión *hawā-l naym* que indica el descenso de un astro.
>
> Luego viene el estado denominado *wadd*, la «constancia» o «persistente fidelidad en el amor».
>
> Sigue luego el llamado *ḥubb*, «amor original» que es el «puro amor», libre y despojado de toda voluntad propia (*irāda*) por parte del amante que se conforma sin reservas a la voluntad del amado.

Luego está el llamado *išq* [el amor cegador y arrebatador, la pasión envolvente] que consiste en que [el amor] envuelve el corazón [del amante] (*al-iltilāf bi-l-qalb*). Este término está tomado del término *ʿašaqa*, hiedra espinosa trepadora que, enroscándose a ella en espiral, envuelve la parra u otras plantas semejantes. Así que el amor cegador (*ʿišq*) envuelve el corazón del amante cegándolo de tal modo que no puede mirar y ver a ningún otro que a su amado[545].

545 P. Beneito, «La doctrina del amor en Ibn al-ʿArabī», p. 68.

3.8. La serenidad

Otro aspecto interesante del comentario al *Tarǧumān* es el vínculo entre el amor envolvente (*išq*), el máximo sometimiento y la serenidad, entendida como disipación del temor por el porvenir. En el poema del capítulo 178 dedicado al «amor del amor», observábamos una dinámica similar[546]. El corazón del siervo, «derretido» ante la Majestad divina, gozaba de la confianza (*amān*) del reposo en el Ser. Y algo muy similar vimos también cuando hablábamos del *taǧrīd*, como desasimiento que implicaba una serena aceptación de lo real, más allá de las motivaciones egoicas y los temores de la mente calculadora e instrumental[547]. Desde este punto de vista, la anulación del amante que se produce en el estado del *išq* —que es en realidad una anulación de la exterioridad disociada de la interioridad o afirmación unitaria de la persona— coincidiría esencialmente con la perplejidad y la apertura cordial del Ser Humano Perfecto dispuesto siempre a acoger cualquier forma. Sometimiento, perplejidad, apertura amorosa del corazón y confianza serena en el Ser irían así de la mano, en la más alta de las denominaciones del amor.

En otra parte de *Las Iluminaciones de La Meca* encontramos estas palabras sobre quienes buscan a Dios, pero temen perder su propio ser:

> Hay quienes al experimentar el desvelamiento corren aterrorizados al mundo visible [...]. Uno fue nuestro compañero Aḥmad al-ʿAṣṣād al-Ḥarīrī: «Me asusta y aterroriza perderme a mí mismo por culpa de lo que he visto».
>
> Quien entra en la presencia de Dios teniendo algo de señorío en sí mismo tendrá miedo a perderlo, así que escapa de vuelta a la existencia en la que su señorío se hace manifiesto [...]. Pero aquel que está firmemente fijado entra como un sirviente receptivo con una resolución inflamada por su raíz, así que Dios puede darle aquellos de sus Nobles favores que le habituarán. Entonces él saldrá como una luz desde la que la iluminación es buscada.

546 V. *supra* p. 127.

547 V. *supra* pp. 25-28.

Aquel que accede a lo Sublime con su señorío es como si entrara con una lámpara ardiente, mientras que quien accede con su servidumbre es como si entrara con una mecha sin fuego. Cuando ambos hacen así, una respiración del Omni-Misericordioso sopla hacia ellos. La lámpara se extingue con ese viento, mientas que la mecha se enciende. El poseedor de la luz se queda en la oscuridad, mientras que el poseedor de la mecha se queda con una luz cuya iluminación puede ser buscada. ¡Así que mira lo que su preparación le ha dado!

Así, todo el que huye de ahí teme que su lámpara se extinga. Tiene miedo de que su señorío desaparezca, así que huye al lugar donde se hace manifiesto. Pero solo sale cuando su lámpara se ha extinguido. Si sale y todavía está iluminada, porque el soplo no ha hecho efecto en ella, entonces está en derecho de reclamar el señorío. Pero aún eso hubiese sido a través de Dios preservándole.

Aquel que entra como siervo no tiene miedo. Cuando su mecha se enciende sabe quién la ilumina y ve su bondad en ello. Entonces sale como un siervo iluminado. Así Dios dijo: «Gloria sea a Él que cargó con su siervo por la noche» (C. 17:1), es decir como un siervo. Pero cuando volvió con su comunidad, vino «llamando a Dios con su permiso y como una lámpara de luz» (C.33:46), justo como él había entrado como siervo humilde, sabiendo dónde estaba entrando y en quien estaba entrando[548].

3.9. La Dama de la Kaaba

Por último, y antes de cerrar el apartado sobre las denominaciones del amor, quisiéramos volver al encuentro entre Ibn ʿArabī y Qurrat al-'Ayn/Niẓām frente a la Kaaba. En el comentario al *Tarǧumān,* lo último que dice el Šayḫ sobre aquel episodio es:

> Más tarde, la reconocí y cultivé su compañía. ¡Vi en ella sutilezas de cuatro tipos de conocimiento que ningún experto podría describir![549]

En un reciente estudio sobre este encuentro, Pablo Beneito considera evidente que existe una correspondencia entre los cuatro tipos de conocimiento sutil, las cuatro denominaciones del amor

548 W. C. Chittick, *The Sufi Path of Knowledge,* p. 323 (trad. propia).
549 Ibn ʿArabī, *L'Interprète des désirs,* p. 70.

y los cuatro momentos en que se divide cada *circunambulación* alrededor de la Kaaba, en cuanto paso por cada una de sus cuatro esquinas[550]. Aún más, Beneito defiende que toda la experiencia frente a la Kaaba fue manifestación de la misma Piedra Negra, «una temenofanía, bajo la imagen de Niẓām»[551].

La expresión *Qurrat al-ʿAyn* (el placer del ojo) con que la joven se presenta ante el Šayḫ resulta clave en este planteamiento. El término *ʿayn* significa «ojo», pero también «entidad». A lo largo de su obra, Ibn ʿArabī explota esta coincidencia e invita a pensar en cómo el ojo de quien contempla coincide con la entidad de lo visto, es decir, el círculo co-constitutivo, círculo amoroso del *wuǧūd*, entre el amante y amado. Desde esta perspectiva, solamente hay una entidad, aunque en el plano de la pluralidad pueda haber una infinitud de entidades. Según vimos, el soporte de la experiencia imaginal es tanto el sujeto que sueña como la realidad que se desvela. Es en el primer sentido que dijimos que el encuentro de Ibn ʿArabī con el *otro* angélico en Siria fue una experiencia hacia dentro, que la voz del *otro* nació de entre sus costillas.

Apuntando hacia la dimensión imaginal, Beneito recalca cómo Ibn ʿArabī recuerda que los versos frente a la Kaaba «se le presentaron»[552]. El «sutil» toque de la mano de la joven sobre el hombro del Šayḫ, así como la respuesta de este («el placer es mío») incidirían en el carácter interior del acontecimiento. A ello se sumaría una enorme cantidad de alusiones, en el campo intertextual, de interreferencia léxica y alusión aritmosófica que dibujarían una identidad entre la Kaaba, la joven y el corazón del Šayḫ, Estaríamos, por tanto, ante una experiencia de transjetividad, una transitividad de identidad característica de una ontología dinámica y simbólica[553].

Para entender este punto quizá resulte útil recordar nuestra consideración sobre el juego entre sometimiento y señorío que caracteriza al Ser Humano Perfecto. En su amoroso entregarse, en su hacer del propio ser un regalo de amor, el *insān al-kāmil* borra las barreras de cualquier ontología substancialista y, perplejo, se

550 P. Beneito, «Qurrat al-ʿAyn», p. 15.
551 Ibid., p. 8.
552 P. Beneito, «Qurrat al-ʿAyn», p. 11.
553 Ibid., pp. 5-6.

reconoce como sí mismo y como no-sí mismo. Reconoce a Dios en sí y se reconoce a sí como distinto de Dios. Mira al mundo y reconoce la faz divina, al tiempo que reconoce que ninguna de las manifestaciones del Ser agota el fondo de la Realidad Esencial.

El reto akbarí de reconocer la presencia y la ausencia de Dios en cada aspecto del ser, cada criatura, cada elemento de lo real, entendemos que conduce de suyo a la apertura transjetiva. Las fronteras de una identidad construida a imagen y semejanza de las categorías dicotómicas de la razón discursiva se deshacen a la luz del corazón que descubre la identidad entre el ojo y la entidad; y que se descubre, a la vez, en su no-ser y en su participación del Ser.

De la mano de esta dinamicidad aparece la serenidad. Reducido el ego a cenizas, convertida en rescoldo la constante pregunta por el porvenir —por el *qué será,* de la razón discursiva e instrumental—, el amante advierte un fondo invulnerable en sí. Fondo donde reposa enroscado, cual planta alrededor del Amado. Esa serenidad de la que hablamos a propósito del *išq* se descubre, entonces, como condición *sine qua non* de la experiencia transjetiva, de igual modo que no hay aniquilación sin subsistencia ni hay subsistencia sin aniquilación. El miedo a perder la identidad propia es dejado atrás, en beneficio de la apertura amorosa a un *otro* que ya no es nunca más un mero *otro.*

4. LOS RASGOS DE LOS AMANTES

Ibn ʿArabī dedica la séptima unión del capítulo 178 a los rasgos característicos de los amantes de Dios (*nuʿūt al-muḥibbūn*)[554]. Podemos entenderlo como una continuación de la reflexión sobre

---

554 Asín Palacios traduce como «fenómenos que se observan en los amantes», (M. Asín Palacios, *El Islam cristianizado*, p. 496); Gloton como «états des amants» (estados de los amantes), Ibn ʿArabī, *Traité de l'Amour*, p. 123); Winkel como «epithets» (epítetos), Ibn ʿArabī, *The Openings revealed in Makkah*, vol. 8, prepublicación; e Ibrahim se decanta por «characteristics» (características), H. T. A. Ibrahim, *Love in the writings of Ibn ʿArabī*, p. 152. En virtud del carácter dinámico y transitivo que tienen estos *nuʿūt*, sobre el cual hablaremos al final de este epígrafe, creemos más adecuado el uso del término «epíteto» o «estado» que «característica», que sugiere una nota más estable. En cuanto a «fenómeno» si bien recoge el sentido de transitoriedad, preferimos evitarlo por ser un término especialmente cargado en la tradición filosófica occidental.

los efectos negativos del amor en los seres humanos. El maestro andalusí abre con un comentario sobre siete rasgos típicos de los amantes, como el enflaquecimiento o la melancolía, y a continuación añade cuatro epígrafes. El primero trata las cualidades (*ṣifāt*) que hacen que los seres humanos sean amados por Dios. En el segundo, presenta una nueva lista de características que distinguen a los amantes de Dios y ahonda en la dimensión aniquiladora del amor. En el tercero, realiza un alegato a favor de la vivencia del gozo y la alegría en el amor. Y en el cuarto, plantea la importancia de conjugar perspectivas contrapuestas. Por nuestra parte, seguiremos ese mismo orden.

4.1. Los siete rasgos

Los siete rasgos que comenta el Šayḫ son el enflaquecimiento, la marchitez, el endeudamiento, el ardor amoroso, el vagabundeo, los suspiros y la melancolía. Como preámbulo, comparte un texto del maestro egipcio Ḏū l-Nūn donde se describe a los que conocen según la fragancia (*ʿārifūn*) como los más piadosos sirvientes del Señor. El juego ambivalente entre la humillación del siervo y el ascenso gozoso para encontrarse con el Amado resulta patente:

> Dios dispone de unos servidores cuyos corazones son penetrados por la limpidez cristalina de Su Amor y cuyo espíritu ha sido dilatado por el deseo ardiente [*šawq*] que tienen de Su visión. Gloria a Aquel que les ha llenado con Su Amor [*šawq*], haciendo que sus inteligencias sean aptas para acercarse a Él y sus pechos transparentes para recibir Su Favor. Gloria a Aquel que les asistió con Su Gracia y que puso intimidad en su árida soledad y consuelo a su afecto.
>
> ¡Dios mío! Por Ti, sus cuerpos se han humillado, sus manos tendidas se han abierto en la esperanza de que Tú les hagas un mayor número de favores y Tú les hiciste saborear la dulzura del discernimiento que Te concierne. ¡Cuán agradable les has hecho la vida y cuán duraderos son los beneficios que Tú les procuras! Tú les has abierto las puertas de Tus cielos, has hecho marchar en procesión a sus corazones en Tu Reino celestial.

> [...] es por Ti por lo que gimen los corazones [de los *'ārifūn*] [...] las reflexiones sobre los temas que no les interesan apenas les preocupan. Tampoco son desanimados por la fatiga y la vigilia. Conversan íntimamente con Él, con toda espontaneidad, y ante Él se humillan conscientes de su indigencia. Por ello mendigan Su indulgencia por sus errores y solicitan Su perdón por sus conductas culpables. Permanecen con el corazón emocionado, meditando sobre su triste suerte al servicio de Dios, como lo hacen los seres piadosos[555].

Enflaquecimiento

El primero de los rasgos tratados por Ibn 'Arabī es el enflaquecimiento[556]. El maestro andalusí considera su dimensión sutil (*laṭā'if*) o plano de lo imaginal y su dimensión densa (*kaṯā'if*) o plano de lo meramente corporal[557]. En el orden de lo sutil, hay enflaquecimiento cuando los amantes advierten que en realidad era Dios el agente de su amor. Sus espíritus se han vuelto tan delgados como un espejismo descubierto en su ilusoriedad:

> [...] los amigos de Dios creen que sus propios espíritus son los que realmente cumplen las obligaciones que Dios les ha impuesto y los que libremente se apartan de sus mandatos... Mas cuando el velo que cubre sus ojos se descorre y su vista se aguza, se encuentran entonces con que sus espíritus son como la imagen del agua en la ilusión del espejismo: no ven ya persona alguna que cumpla los preceptos divinos, sino el Creador de los actos, que es Dios mismo; experimentan entonces que Dios es aquel mismo ser que antes imaginaban era su propia alma; y así, la personalidad de sus propios espíritus se disipa[558].

555 Ibn 'Arabī, *Tratado del amor*, pp. 123-124.

556 Asín Palacios lo traduce como «consunción» (M. Asín Palacios, *El Islam cristianizado*, p. 496); Gloton como «dépérissement» (debilitamiento), Ibn 'Arabī, *Traité de l'amour*, p. 117; Winkel, como *withering away* (desvanecerse o desaparecer), Ibn 'Arabī, *The Openings revealed in Makkah*, vol. 8, pre publicación; Ibrahim, como «emaciation», un adelgazamiento patológico, H. T. A. Ibrahim, *Love in the writings of Ibn 'Arabī*, p. 153. En el campo de interreferencia léxica de *nuḥūl* (*n-ḥ-l*) encontramos *naḥil* (adelgazar), *anḥal* (extenuar), *naḥif* (delgado, flaco).

557 Ibn 'Arabī, *al-Futūḥāt*, vol. V, p. 636.

558 M. Asín Palacios, *El Islam cristianizado*, p. 497.

En el orden corporal, el enflaquecimiento se debe a la concentración del amante en el Amado. Tan preocupado está en atender las tareas designadas por Él, que deja el cuidado de su propio cuerpo en un lugar secundario, hasta hacer de esta algo casi invisible.

Marchitez

El segundo de los rasgos es la marchitez[559]. Desde una perspectiva corporal, los amantes que se marchitan abandonan el disfrute de las comidas para centrarse casi en exclusiva en el placer del alma. Como Su amado les pide que comparezcan en todo momento para establecer conversación íntima, apenas duermen, pues el sueño es un obstáculo al encuentro amoroso. Y tampoco comen apenas, ya que las cosas húmedas que entran al estómago generan vapores que inducen al sueño[560]. Sus cuerpos se deterioran... pero su anhelo es cumplido:

> [...] al disminuir los humores en su organismo, desaparece de sus cuerpos el lustre propio de la salud, palidecen sus labios, languidecen sus miembros todos, huye de sus ojos el sueño, velan con atención más viva, y así consiguen lo que se proponen, que es conversar con su Amado[561].

Desde una perspectiva sutil, el marchitamiento consiste en un rebajamiento humilde que previene de la arrogancia espiritual. Ibn ʿArabī explica que, a veces, los amantes alcanzan un grado de

---

559 En su campo de interreferencia léxica (*ḏ-b-l*), encontramos palabras como *ḏabal* (marchitarse, ajarse, apergaminarse, enflaquecer), *ḏabl* (concha, carey, nácar), *ḏabla* (excremento, cagajón) y *ḏubāla* (mecha, pabilo, torcida). Asín Palacios lo traduce como «languidez» (M. Asín Palacios, *El Islam cristianizado*, p. 498); Maurice Gloton escribe «délabrement» (deterioro), Ibn ʿArabī, *Tratado del amor*, p. 127; y Winkel opta por «wilting» (marchitarse, languidecer), Ibn ʿArabī, *The Openings revealed in Makkah*, vol. 8, pre-publicación. Ibrahim, en cambio, se decanta por «withering», término que recoge el sentido de marchitarse, pero que, además, en su forma adjetival, refiere a un comentario realizado con intención de humillar o avergonzar a alguien. Así pues, conviene tener en cuenta esta amplitud semántica y pensar en un deterioro o reducción a una mínima expresión (concha, excremento, pabilo...), cuyo sentido excede la mera fisicidad

560 M. Asín Palacios, *El Islam cristianizado*, p. 498.

561 Ibid.

conocimiento espiritual tan alto que les hace sentirse cercanos a las entidades angélicas. De tal manera que se confunden acerca de sus capacidades y se creen capaces de alcanzar al Amado por sí mismos[562]. Pero cuando recuerdan la cita coránica «Pedid la ayuda de Dios y sed constantes»[563], y atienden a la dimensión de la incomparabilidad divina, sus espíritus se marchitan y pierden su vigor, quedando reducidos a su mínima expresión, despojados de todo rasgo de soberbia. El maestro andalusí remite a la figura de Isrāfīl, uno de los cuatro ángeles más importantes de la religión musulmana. Según la tradición, cada día, debido al peso que produce sobre su corazón el reconocimiento de la Majestad de Dios, Isrāfīl se reduce setenta veces, hasta convertirse en un minúsculo gorrión[564]. Puede apreciarse aquí un movimiento de humildad que indica que los más elevados, los más cercanos a Dios, deben ser al mismo tiempo los que más se contraigan y reconozcan en su no-ser. Tanto en su dimensión corporal como en la espiritual, la marchitez se descubre como reducción y deterioro del amante a su dimensión esencial, pareja al reconocimiento de la grandeza del Amado.

Endeudamiento

El tercero de los rasgos de los amantes es *garām*, un término difícil de traducir por su ambivalencia. De un lado, significa «pasión», «anhelo», «amor». De otro, «castigo», «pena», «desgracia». Incidiendo en la faz negativa, Ibn ʿArabī invita a considerar la siguiente cita coránica:

> «¡Señor! ¡Aleja de nosotros el castigo de la gehena!» Su castigo [*garām*] es perpetuo»[565].

En el *Study Quran* editado por Seyyed Hossein Nasr, se traduce *garām* como *inescapable* (algo ineludible) y se señala que es

562 V. Ibn ʿArabī, *Tratado del amor*, p. 128.

563 C. 7:128, trad. Gloton, Ibn ʿArabī, *Tratado del amor*, p. 128. Cortés escribe «Busca a Dios y sé paciente».

564 Ibn ʿArabī, *Tratado del amor*, p. 130.

565 C. 25:65. Trad. Cortés.

una palabra relacionada con el estar enamorado o encaprichado y, también, con *garīm* («deudor»), lo que encajaría con el sentido de penalidad o deuda apuntado en la aleya[566]. El carácter de deuda es, precisamente, uno de los aspectos destacados por el Šayḫ en su comentario:

> Los amantes se consumen [*istihlāk*] debido a la visión [*šuhūd]* del Amado que cae constantemente sobre ellos. De hecho, el *garīm* que tiene *garām* es aquel sobre el que caen las deudas, y por eso se le llama *garīm*, deudor[567].

Ahondando en el potencial alusivo del término, Ibn ʿArabī considera su campo de interreferencia léxica, pero efectuando una variación en el orden de la raíz triconsonántica. En vez de *garām* (*g-r-m*), se detiene en *ragām* (*r-g-m*) palabra que significa el «yeso de la tierra», dimensión de bajura que contrapone al orgulloso andar con la nariz levantada. El amor de *garām* sería entonces propio de un amante humillado por haber sido obligado (*margam*)[568]. Cabe leer por tanto este epíteto como una vuelta inextricable del enamorado a su condición radicalmente humilde, menesterosa, su ser de barro, que se reconoce en deuda con el Creador.

El Šayḫ señala además una dimensión de sufrimiento: «[el *garām*] es un consumirse del amante debido a la persistencia de la melancolía [*kamad*]»[569]. Igual que sucedía con el amor *ʿišq* de la enredadera espinosa, el *garām* se descubre aquí como afecto que cae irremisiblemente sobre el amante: experiencia de heteronomía y dolor que se adhiere sin solución[570]. Si a pesar de la caída constante de la visión (*šuhūd*) del Amado, el endeudado (*garām*) siente

566 H. S. Nasr *et al.*, *Study Quran*, p. 1647.

567 Ibn ʿArabī, *al-Futūḥāt,* vol. V, p. 539. Winkel traduce: «Lovers are ruined on account of the constant, clinging vision of the beloved. In fact, the *gharīm* who has *gharām* is the one to whom a debt clings, and that is why he is called a *gharīm*, a debtor», Ibn ʿArabī, *The Openings revealed in Makkah,* vol. 8, prepublicación.

568 Ibid.

569 Ibn ʿArabī, *al-Futūḥāt,* vol. V, p. 539. Winkel traduce: «It is ruination in the beloved by means of the persistence of grief [*kamad*]», Ibn ʿArabī, *The Openings revealed in Makkah,* vol. 8, pre-publicación.

570 Por eso, en el poema dedicado al amor espiritual, lo traducimos como «amor dependiente», v. *supra*. p. 174.

melancolía, es en cuanto advierte la ausencia en la presencia. En Su manifestarse advierte Su ocultación, reconoce la Realidad Esencial del Amado que se esconde más allá de toda manifestación. En este sentido, la deuda, el anhelo, la pasión de amor, la melancolía, se orientan hacia la dimensión inaccesible del Amado.

Ardor amoroso

El cuarto rasgo de los amantes es el ardor amoroso o amor ardiente (*šawq)*[571]. En castellano suele traducirse como «ansia», «anhelo», «deseo ardiente», «añoranza», «nostalgia». Si atendemos a su campo de interreferencia léxica[572], encontramos además términos como: *šāq* («atar a»), *šiyāq* («cordaje, vientos de la tienda»), *šayyiq* («elegante, bonito, espléndido») o *šā'iq* («que despierta el deseo, anhelo o nostalgia»), voces que evocan una imagen de tensión amatoria, hacia un objeto que nos ata, que nos mantiene apuntando hacia él, en constante anhelo.

Justamente, Ibn ʿArabī habla del *šawq* en términos de movimiento *(ḥaraka)* y ardor deseante. El amante se detiene cuando encuentra la forma del amado, pero solo por un momento. En vez de reposar en la forma alcanzada y calmarse con la unión, pronto experimenta una turbación que da pie a un nuevo movimiento. Estamos, así, ante un amor en irrefrenable dinamicidad, cuasi trágica, que Ibn ʿArabī ilustra con este poema, de autor desconocido:

> Cuando están lejos de mí, los lloro de amor [*šawq*].
> ¡Y cerca de mí también, por el temor de ser alejado![573]

Este llorar es propio del amante que considera al Amado como algo externo, distinto a su propia entidad (*ʿayn*). El ardor amoroso muestra su carácter fatídico y sufriente, producto de una voluntad que se afana inútilmente en apresar lo real en forma estática

---

571 V. Ibn ʿArabī, *al-Futūḥāt,* vol. V, p. 639-640. En castellano, Ibn ʿArabī, *Tratado del amor,* pp. 131-133.

572 *El sentido alusivo aquí indicado es más débil que los anteriormente considerados, en cuanto solamente hay coincidencia de dos de las tres consonantes de la raíz š-y-q.*

573 Ibn ʿArabī, *Tratado del amor,* p. 132.

y definitiva. El amante quiere aprisionar lo amado. Y sufre por su inevitable sustraerse. Pero según Ibn ʿArabī, quienes aman verdaderamente a Dios no pueden tener miedo a la separación: pues como indica el Corán, los seres humanos tienen siempre la capacidad de encontrarse con Dios. Basta con volverse sobre uno mismo:

> Estamos [Dios] más cerca de él [el ser humano] que su misma vena yugular[574].
>
> Cuando tirabas, no eras tú quien tiraba, era Alá Quien tiraba[575].

Profundizando en esta idea, el Šayḫ comparte el siguiente poema:

> ¿Dónde está la separación
> cuando en la existencia
> no hay nada más que Él?[576].

El amor de quien está ardientemente enamorado se descubre entonces, en su dimensión espiritual, como posibilidad de gozo continuo. El amante sabe que puede encontrar a Dios en sí mismo en cualquier momento. Y no reposa, no se detiene en el ente creatural, sino que repara en él como soporte teofánico de una Realidad inapresable en Su Ipseidad que al mismo tiempo reclama un continuo dinamismo y cuidado.

Para finalizar su comentario sobre este rasgo, Ibn ʿArabī cambia una vez más de punto de referencia e invita a reconocer todo movimiento amoroso del ser humano como resultado del amor original de Dios hacia lo creado, ese amor por el cual, desde su independencia esencial respecto al Universo, decidió darse en movimiento amoroso para regalar la existencia a lo que no la tenía[577]. Dinamicidad y servicio amoroso se presentan así como horizonte, propuesta de acción, para la realización de la humanidad perfecta.

---

574 C. 50:16. Trad. Cortés.

575 C. 8:17. Trad. Cortés.

576 Ibn ʿArabī, *Tratado del amor*, p. 133.

577 Ibid.

Vagabundeo

El quinto rasgo tratado por el Šayḫ es *huyām*[578]. Asín Palacios lo traduce como «locura de amor»[579], Eric Winkel mantiene la forma árabe[580] y Hany Ibrahim opta por *infatuation*[581] («encaprichamiento, obsesión, fuerte sentimiento que nos impide pensar con claridad»). Consideramos, sin embargo, que la forma *errance amoureuse* («vagabundeo amoroso»), de Gloton[582] recoge mejor el potencial alusivo del término. En su campo de interreferencia léxica (*h-y-m*), encontramos una sugerente confluencia de imágenes: *hiyām* («tener sed»), *haym* («amar perdidamente, vagar, errar»), *hayām* («arena movediza»), *ahiyam* («noche —layla— sin estrellas»), *haymā'* («desierto sin agua»), *hiyām* («amor apasionado, sed violenta»).

Según Ibn *'Arabī*, el vagabundo amoroso anda como desorientado: se mueve en todas direcciones, ansioso, desesperado por unirse a su Amado[583]. Puede apreciarse aquí una continuación del tema del movimiento en el amor ardiente. Quien vagabundea busca a Dios en todas direcciones, pero sin centrarse en una específica, pues Lo reconoce en todas partes. Es, por tanto, un epíteto que conviene a los verdaderos amantes de Dios, pues saben que Él está en todas las formas y no está fijado exclusivamente a ninguna[584]. Desde este enfoque, el Šayḫ invita a considerar las siguientes aleyas:

> De Alá son el Oriente y el Occidente. Adondequiera que os volváis, allí está la faz de Alá. Alá es inmenso, omnisciente[585].

> Él es Quien creó los cielos y la tierra en seis días. Luego, se instaló en el Trono. Sabe lo que penetra en la tierra y lo que de ella sale,

---

578 *Cf.* Ibn 'Arabī, *al-Futūḥāt,* vol. V, pp. 640-641.

579 M. Asín Palacios, *El Islam cristianizado*, p. 499.

580 Ibn 'Arabī, *The Openings revealed in Makkah,* vol. 8, pre-publicación.

581 H. T. A. Ibrahim, *Love in the writings of Ibn 'Arabī*, p. 157.

582 Ibn 'Arabī, *Traité de l'amour*, p. 127

583 M. Asín Palacios, *El Islam cristianizado*, p. 499.

584 Ibid.

585 C. 2:115. Trad. Cortés.

> lo que desciende del cielo y lo que a él asciende. Está con vosotros dondequiera que os encontréis. Alá ve bien lo que hacéis[586].

Y es por esa actitud de constante búsqueda del Amado que a los *ʿārifūn* les conviene el nombre *haymān* (vagabundo), propio de quien no se contenta con el mero amor a las cosas creadas, sino que busca en todo el brillo de la manifestación divina. El amante vagabundo reconduce hacia el Amado cuanto encuentra en el camino: «Dios es para ellos el objeto único que sus ojos contemplan, que sus lenguas pronuncian, que sus oídos oyen»[587].

Suspiros

El sexto rasgos son los suspiros (*zafarāt*)[588]. Su raíz verbal, *zafar*, significa «suspirar profundamente», pero también «empezar el rebuzno», «llevar», «sacar [agua]» y «crepitar». Advertimos así en ella tanto el tema del movimiento como la relación entre lo interior y lo exterior. También se aprecia cierta conexión con el fuego del deseo amoroso ardiente. Justo en esa dirección, Ibn ʿArabī dice que los suspiros son:

> [...] como las chispas del voraz fuego que al corazón consume y que, no pudiendo este contenerlas, salen afuera empujándose unas a otras sin descanso en la salida, como síntoma de la angustia y tristeza que el amante experimenta. Y por eso los suspiros, cuando salen, dejan oír el sonido vibratorio del aire espirado, que está a una temperatura elevadísima, lo mismo que el fuego al arder deja escapar un estallido, que es lo que se llama chisporroteo [*zafara*][589].

Los famosos versos de san Juan de la Cruz vuelven a trazar un puente de contacto e iluminación con el sufismo akbarí. En concreto, los suspiros (¡oh!) del *Cántico espiritual* se revelan plenos de sentido:

586 C. 57:4. Trad. Cortés.
587 M. Asín Palacios, *El Islam cristianizado*, p. 500.
588 Ibn ʿArabī, *al-Futūḥāt*, vol. V, p. 641.
589 M. Asín Palacios, *El Islam cristianizado*, p. 500.

¡Oh, cristalina fuente,
si en esos tus semblantes plateados
formases de repente
los ojos deseados
que tengo en mis entrañas dibujados![590]

Estamos así ante un suspiro que nace de un profundo deseo de amor y un deseo que engendra la imagen del amado, la imagen buscada en todas partes... deseo que es también un arder, crepitar que ilumina, fuego de luz que, no pudiendo ser contenido en el corazón, es expulsado en el suspiro... Como en *Llama de amor viva*:

¡Oh, lámparas de fuego
en cuyos resplandores
las profundas cavernas del sentido,
que estaba oscuro y ciego,
con extraños primores
calor y luz dan junto a su Querido![591]

Melancolía

El séptimo y último de los epítetoses es la melancolía (*kamad*)[592]. Ibn ʿArabī lo describe como una tristeza (*ḥuzn*) profunda, la más grande que pueda acoger el corazón, pero que no se derrama en llanto. Quien la padece solo gime y suspira: «Intensísima tristeza del corazón, que no va acompañada de lágrimas, pero que obliga al amante a lanzar de continuo ayes y gemidos»[593]. Esta afección no tiene más causa que al amor y no puede curarse más que a través de la unión con el Amado. El amante queda centrado exclusivamente en Él y permanece ciego a toda percepción sensible. Cuando

---

590 San Juan de la Cruz, *Obra completa,* tomo 1, *op. cit.* p. 65.

591 Ibid., p. 73.

592 Ibn ʿArabī, *al-Futūḥāt,* vol. V, p. 642. Asín Palacios la traduce como «melancolía amorosa», M. Asín Palacios, *El Islam cristianizado*, p. 500; Gloton usa la misma fórmula «mélancolie amoureuse», Ibn ʿArabī, *Traité de l'amour*, p. 136; Winkel opta por «grief» (tristeza, dolor), Ibn ʿArabī, *The Openings revealed in Makkah,* vol. 8, pre-publicación; mientras que Hany Ibrahim utiliza la voz «anguish», (angustia, pena, gran sufrimiento o afección), H. T. A. Ibrahim, *Love in the writings of Ibn ʿArabī*, p. 152.

593 M. Asín Palacios, *El Islam cristianizado*, p. 500.

se entrega a cumplir Sus peticiones, se distrae del propio dolor. Pero cuando no encuentra un medio de establecer relación con Aquel a Quien ama, su sufrimiento se redobla.

4.2. Las cualidades de los amantes que Dios ama[594]

El primer epígrafe añadido por el Šayḫ a la unión sobre los epítetos de los amantes se titula «Las cualidades que se manifiestan en los seguidores, en virtud de las cuales Dios los ama» (*al-ṣifāt allatī qāmat bi-aqwām wa-aḥabba-hum Allāhu li-aǧli-hā*). El término *ṣifāt* suele traducirse como «atributos», «cualidades», «propiedades». Justo acabamos de leer *nuʿūt* precisamente como «rasgos» o «epítetos» que caracterizan a los amantes de Dios. ¿Estamos pues ante lo mismo?

Si atendemos a los campos de interreferencia léxica de ambos términos, se advierte una alusión a la mejor característica, la mejor cualidad de algo. La diferencia es que los *nuʿūt* tendrían un carácter más extrínseco, como afección sobrevenida, y los *ṣifāt* uno más intrínseco, como asentados rasgos de carácter. En el tratamiento de los epítetos, hemos visto un acento en los efectos que se producen sobre los amantes. En el comentario sobre las cualidades, Ibn ʿArabī se centrará en los rasgos que deben realizar los seres humanos para recibir el amor de Dios.

Como preámbulo al comentario, el maestro andalusí ofrece una breve introducción[595] que nos sitúa en la perspectiva del amor condicionado de Dios. Parte de la siguiente aleya: «Si amáis [*tuḥibbūna*] a Alá, ¡seguidme! Alá os amará y os perdonará vuestros pecados. Alá es indulgente [*Gafūr*], misericordioso [*Raḥīm*]»[596]. Y añade que Dios tiene un «amor doble» (*maḥabbatān*)[597]: el amor como El Omni-Compasivo (*al-Raḥmān*) con el que regaló la existencia a las criaturas y el amor como El Omni-Misericordioso (*al-Raḥīm*),

594 El presente epígrafe es una reelaboración de David Fernández Navas, «Hacer del propio ser un regalo de amor: Ibn ʿArabī y las cualidades (*ṣifāt*) que Dios ama», *Horizonte: Revista de Estudos de Teologia e Ciências da Religião*, v. 64, pp. 1-19, 2024.

595 *Cf.* Ibn ʿArabī, *al-Futūḥāt*, vol. VI, pp. 9-10. En castellano, Ibn ʿArabī, *Tratado del amor*, p. 139-142.

596 C.3:31. Trad. Cortés.

597 Ibn ʿArabī, *Tratado del amor*, p. 139.

derivado del primero, por el cual ofrece a los seres humanos un camino mediante el que ascender amorosamente hacia Él.

Este camino, como ya sabemos, ofrece dos modalidades. Por un lado, está el seguimiento de las obras de adoración obligatorias (*al-farḍ*), los conocidos como cinco pilares de la fe musulmana: profesión de fe (*šahāda*), oración (*ṣalāt*), azaque (*zakāt*), ayuno (*ṣawn*) y peregrinación (*ḥaǧǧ*). Por otro, el de las obras supererogatorias (*nawāfil*), cuyo sentido literal es «regalo», «botín», «abundancia», «algo que excede lo que se espera»[598]. Según la vía escogida, la persona recibe un amor diferente. En el caso de la adoración supererogatoria, tal y como vimos en el apartado dedicado al Ser Humano Perfecto, el siervo alcanza una cercanía mayor que produce una transformación personal. Basándose en el hadiz del oído, la vista y la mano, Ibn ʿArabī explica que Dios concede al siervo la función de representación (*ḫalīfa*) en el mundo, en cuanto ha asumido la voluntad (*irāda*) del Amado como si fuera la propia.

Apreciamos aquí un vínculo claro entre la dimensión divina del amor como interés en el propio bien del amado, el *ḥubb* como asunción de la voluntad del otro y el cumplimiento de las obras supererogatorias. Así mismo, resulta destacable el carácter binocular de la escritura akbarí que, en su consideración del amor condicionado, introduce de raíz la faz incondicional del amor como puro regalo, tanto en lo que refiere al amor originario de Dios por lo creado, como con relación al seguimiento de la vía de las obras supererogatorias.

Acerca de cuál sea la voluntad que debe abrazar el amante, el Šayḫ apunta que hay que cumplir con lo que el Profeta prescribió y prohibió, detenerse ante los límites de Dios y seguir a Muhammad en su conducta y carácter moral (*ḫuluq*)[599]. Como broche, en un nuevo cambio de perspectiva, señala que, en realidad, Muhammad solo hizo lo que le fue revelado y que cuando los seres humanos lo siguen, en realidad, es Dios el verdadero agente[600]. La cualidad que los hombres adquieren cuando cumplen Su voluntad no sería así

---

598 W. C. Chittick, *The Sufi Path of Knowledge*, p. 325.

599 Ibn ʿArabī, *al-Futūḥāt*, vol. VI, p. 10.

600 C. 6:106: «Sigue lo que se te ha revelado, procedente de tu Señor. No hay más dios que Él. Y apártate de los asociadores». Trad. Cortés.

sino una cualidad del propio Dios. Una vez más, el discurso akbarí transita de la superación del propio interés hacia el *tawḥīd* como reconocimiento de la Unidad del Ser. A continuación, abordamos, ya por fin, el comentario akbarí sobre las siete cualidades.

Los que se vuelven a Él (*al-tawwābūn*)

La primera cualidad considerada por el maestro andalusí es la de los que se vuelven a Él (*al-tawwābūn*)[601]. Su asiento coránico se encuentra en dos aleyas:

> Y a los tres que fueron dejados atrás hasta que la tierra, a pesar de su vastedad, les resultó angosta, y sus espíritus se angustiaron también, y creyeron que no había más refugio contra Alá que Él mismo. Luego, se volvió a ellos para que se arrepintieran [*li-yatūbū*]. Alá es el Indulgente [*al-Tawwāb*], el Misericordioso [*al-Raḥīm*][602].

> ¿No saben que Alá es Quien acepta el arrepentimiento de Sus siervos y recibe las limosnas [*ṣadaqāt*] y que Alá es el Indulgente [*al-Tawwāb*], el Misericordioso [*al-Raḥīm*][603]?

Esta traducción de Cortés ejemplifica la corriente comprensión de *Tawwāb* como «Indulgente», si es con relación a Dios, o como «arrepentirse», si es con relación a los seres humanos. Ibn ʿArabī invita, sin embargo, a considerar el término de modo más profundo. Según explica en su comentario a los 99 Bellos Nombres de Dios, el siervo que adopta (*taḫalluq*) el rasgo divino de *al-Tawwāb* «es aquel que en todo estado renuncia a sí mismo y a cualquier otra cosa volviéndose hacia su Señor»[604], mientras que Dios realiza (*taḥaqquq*) este Nombre en cuanto no cesa de hacer retornar al ser humano hacia Él[605]. Volverse hacia Dios sería entonces desplazar el interés desde uno mismo hacia Él, primar la atención sobre un Otro.

601 *Cf.* Ibn ʿArabī, *al-Futūḥāt*, vol. VI, p. 10. En castellano, Ibn ʿArabī, *Tratado del amor*, p. 142.

602 C. 9:118. Trad. Cortés.

603 C. 9:104. Trad. Cortés.

604 Ibn ʿArabī, *El secreto de los nombres*, p. 174.

605 Ibid.

En el comentario de las cualidades de los amantes, el maestro andalusí subraya que la vuelta a Dios no es más que una toma de conciencia del constante e inextricable acompañamiento divino, pues El Omni-Compasivo nunca abandona a sus criaturas, está con ellas dondequiera que se encuentren[606]. Dios, como El Que Se Vuelve (*al-Tawwāb*), responde con una buena conducta a la mala conducta de los humanos que le dan la espalda. Los que se vuelven a Él (*tawwābūn*), como un fiel reflejo, responden con buena conducta si son tratados con malos modos. Resulta interesante apreciar cuánto hay aquí de trascendimiento de una lógica relacional basada en la condicionalidad. La perfección para alcanzar el amor condicionado de Dios parece ser, paradójicamente, una superación de toda condicionalidad: volverse amante desasido de sí, vuelto por completo hacia el Amado.

Los que se purifican (*al-mutaṭahhirūn*)

La segunda cualidad que suscita el amor de Dios es la condición propia de quienes se purifican (*al-mutaṭahhirūn*)[607]. Su asiento profético se encuentra en C. 2:222: «Alá ama a quienes se arrepienten. Y ama a quienes se purifican [*al-mutaṭahhirūn*]»[608]. Según nuestro autor, purificarse y limpiarse (*taṭhīr*) significa hacer de algo *taqdīs wa-tanzīh*[609]. Antes de ofrecer una traducción de estos términos, conviene realizar una indagación en su dimensión alusiva.

Como ya sabemos, el término *tanzīh* apunta a la perspectiva de la incomparabilidad divina, un enfoque que insiste en la diferencia radical entre el Creador y lo creado, que conduce a reconocer a Dios como un siempre-otro, cuyas cualidades (por ejemplo, belleza, pureza y excelencia) se situarían más allá de cualquier comparación. Con la misma raíz trilítera (*t-n-z*) que *tanzīh*, tenemos: *nazh* («honorable, puro, exento de flaquezas, irreprochable, salubre, sano, imparcial»), *tanazzah* («alejarse de las aguas»),

606 Ibn ʿArabī, *Tratado del amor*, p. 143.

607 *Cf.* Ibn ʿArabī, *al-Futūḥāt*, vol. VI, p. 11. En castellano, Ibn ʿArabī, *Tratado del amor*, p. 144.

608 C. 2:222. Trad. Cortés.

609 Ibn ʿArabī, *al-Futūḥāt*, vol. VI, p. 11.

nazzah («alejar —del mal—»), *nazih* («abstenerse de toda impureza») y *nazah* («honorabilidad, rectitud, imparcialidad»).

En cuanto a *taqdīs,* su raíz trilítera (*q-d-s*) es la misma que la de *quds* («santo, puro, inmaculado»), palabra de fuerte presencia en la espiritualidad musulmana, ligada a la ciudad santa de Jerusalén (al-Quds) y a uno de los Bellos Nombres de Dios: *al-Quddūs* («El *Santo»*). Puede entenderse, así, como un «santificar». En su campo de interreferencia léxica encontramos, además, términos como *qadīs* («piedra preciosa, gema») o *qudās,* lo cual invita a pensar en *taqdīs* como un pulimiento de uno mismo, sacar lo puro, un despojarse de lo que ensucia. A propósito de *al-Quddūs,* Ibn ʿArabī explica en el *Kitāb kašf al-maʿnà* que Dios realiza (*taḥaqquq*) este Bello Nombre en cuanto «es Aquel cuya excelsa esencia trasciende lo que no se puede atribuir a Él en absoluto»; mientras que el hombre adopta (*taḫalluq*) este rasgo divino en cuanto asume la trascendencia de su esencia (*ḏāt*) «respecto a los que conllevan los vanos rasgos de carácter (*safsāf al-aḫlāq),* las faltas censurables con relación al cumplimiento de la Ley (*maḏāmm šarʿiyya*) y las cortas disposiciones espirituales que no aspiran a la posición de la proximidad (*al-makāna al-zulfà*)», esto es: que no buscan a Dios mediante la vía del corazón[610].

Puede apreciarse, así pues, una profunda armonía y consonancia semántica entre *tanzīh y taqdīs,* de manera que la expresión *taqdīs wa-tanzīh* abocaría a un reconocimiento de la pureza originaria de lo humano, de su límpida y santa dimensión interior, previa a la existencia, en cuanto refiere a su esencia (*ḏāt*) original tal y como fue prefigurada por *al-Raḥmān.* Los que se purifican *al-mutaṭahhirūn* serían aquellos que, conscientes de su pureza esencial, se sacuden lo que no es apropiado respecto a ella, como la soberbia, la tiranía, la arrogancia y la vanidad[611]. Hay aquí una íntima sintonía entre el planteamiento akbarí y otras tradiciones no-duales como el Vedanta advaita o el Tao, donde la cuestión del mal no se lee en meros términos de moralidad, sino en un plano sapiencial. La mancha, lo pecaminoso no estribaría más que en el desconocimiento de la condición de dependencia ontológica de la

---

610 Ibn Arabi, *El secreto de los nombres,* p. 55.

611 Ibn ʿArabī, *al-Futūḥāt,* vol. VI, p. 11.

parte respecto al Todo. Desde este enfoque, comprendemos que el maestro andalusí recuerde el pasaje coránico donde se vincula la ignorancia a la muerte y el conocimiento a la vida (C. 6:122) o el momento en el que Dios prohíbe la ignorancia a Muhammad[612].

Los que purifican (*al-muṭṭahirūn*)

La tercera cualidad es la de los que purifican (*al-muṭṭahirūn*)[613]. Según el maestro andalusí, pertenece a aquellos que en virtud del conocimiento de haberse purificado a sí mismos, guían a otros. Su autoridad sería la propia de un amigo (*walī*) que, amablemente, desde el amor que nos profesa, nos ayuda a salir de nuestro error.

Ante la posibilidad de interpretar estas consideraciones como una llamada a imponer la propia visión a otras personas, conviene destacar un par de puntos que nos sitúen en el justo corazón del discurso akbarí. En primer lugar, debemos tener en cuenta que en cualquier texto del Šayḫ, resulta esencial la voluntad de no limitar a Dios a la forma de la propia creencia. En *Los engarces de las sabidurías* (*Fuṣūṣ al-Ḥikam*), lo expresa con suma claridad:

> Aquel que se limita a un objeto de adoración en particular se muestra ignorante en esto, sin duda, por el mismo hecho de que se opone a los demás en sus convicciones dogmáticas respecto a Dios. Si conociera el sentido de las palabras de Junayd («el color del agua es el del recipiente que la contiene»), dejaría a cada uno en paz con su propia creencia. Conocería a Dios bajo toda forma y en toda religión[614].

En segundo lugar, es el propio Ibn ʿArabī quien en este apartado sobre los purificadores se cuida de indicar al lector que, al mismo tiempo, cada persona posee autoridad de amigo sobre sus propios miembros[615], lo cual puede leerse como reconocimiento de

612 Ibid.

613 Ibid. p. 13.

614 Ibn ʿArabī, *Los engarces de las sabidurías*, p. 283.

615 Ibn ʿArabī, *al-Futūḥāt*, vol. VI, p. 13. Winkel traduce: «[...] really all human beings are "friends authorized" over their own limbs, so there is nothing above that», Ibn ʿArabī, *The Openings revealed in Makkah*, vol. 8, pre-publicación.

la dignidad y poderío de cada perspectiva humana. Precisamente a propósito de los que se purifican, vimos cómo cada persona posee en el fondo de su corazón la llave hacia el conocimiento. La labor del amigo autorizado, el que purifica, sería en este sentido, no la de imponer ningún tipo de creencia, sino la de ayudar a que el otro descubra y vea por sí mismo su propia luz. Puede apreciarse en este movimiento —que, en la consideración de la autoridad del amigo, apela a la autoridad de cada uno sobre sí mismo— otra vez, el genuino ejercicio akbarí de conciliación de contrarios, como ver a uno en el otro, y al otro en el uno.

Los pacientes (*al-ṣābirūn*)

La cuarta cualidad de los amantes corresponde a los pacientes (*al-ṣābirūn*)[616]. Su asiento coránico es:

> ¡Cuántos Profetas han tenido que combatir junto a multitudes de seguidores devotos! No perdieron la fe por los reveses en la causa de Dios, no flaquearon ni se sometieron al enemigo. Dios ama a los perseverantes [*al-ṣābirūn*][617].

Ibn ʿArabī, considera que pacientes, tenaces o perseverantes son aquellos que, puestos a prueba por Dios, no piden más que a Él, sin perder jamás la esperanza, ni ceder al desaliento o al desánimo. En el *Kitāb kašf al-maʿnà*, el Šayḫ explica que la realización del Nombre *al-Ṣabūr* (el Paciente, el Constante, el Perseverante) consiste en abstenerse de tomar represalia contra quien nos hace mal, mientras que quien adopta (*taḫalluq*) este rasgo divino se contiene mansamente y pide a Dios que perdone a sus agresores, pues solamente son ignorantes[618]. En el comentario sobre las cualidades que suscitan el amor de Dios, el maestro andalusí se centra en la dirección de la queja de quien sufre el mal. El paciente es aquel que no culpa a Dios por el mal que le aflige y pide perdón para los hombres que hacen el mal, al considerarlos meros ignorantes. Al mismo tiempo, su plegaria se dirige a Dios como única fuente de poder: no

---

616 *Cf.* Ibn ʿArabī, *al-Futūḥāt,* vol. VI, p. 13.

617 C.3:146.

618 Ibn ʿArabī, *El secreto de los Nombres*, p. 203.

espera nada de las causas secundarias, sino que se encomienda al poder del Uno. El paciente solo confía en Él, cree que solo Él puede aliviar su sufrimiento. Lo contrario, advierte Ibn ʿArabī, sería un modo indecoroso de comportamiento. Es por ello que, a su juicio, el santo Job fue un ejemplo de tacto ante el poder divino[619].

Siguiendo el precepto de atribuir lo bueno a Dios y lo malo a uno mismo, el místico murciano añade que esta paciencia, en realidad, solo es posible gracias a Él y que no hay nada de lo que deban enorgullecerse los seres humanos. Nuevamente advertimos la perspectiva de la Unidad a la que se llega después de haberse encomendado a Él. En el caso de que el mal se dirija a Dios o a Su Mensajero, los pacientes repelen la molestia luchando contra ellos o educándolos, si son ignorantes y buscan conocimiento:

> [...] sabemos bien que algunas criaturas hacen daño a Dios y a Su Mensajero. Dios nos los ha descrito para que los reconozcamos con el fin de alejar el daño de Él —alabado sea— combatiéndolos o enseñándolos si, sin saberlo, ¡buscan la ciencia![620]

Este pasaje probablemente sea uno de los puntos del capítulo 178 de *Futūḥāt* que pueden resultar más problemáticos para un lector no familiarizado con el pensamiento akbarí. Pareciera que el principio amoroso Omni-Compasivo de apertura a cualquier creencia, cualquier forma, cualquier persona, quedase comprometido. Por nuestra parte consideramos fundamental preguntarnos qué significa hacer daño a Dios y a su Mensajero y qué significa aquí combatir y enseñar. Si la función de Muhammad como Enviado es guiar a los seres humanos hacia el ascenso amoroso hacia Dios, parece consecuente interpretar la lucha y el combate en ese preciso marco de amor espiritual. La labor de los pacientes respecto a otros seres humanos sería entonces similar a la de los que purifican, una función de guía amorosa, siempre atravesada por un respeto esencial al otro en cuanto otro y dinamizada por el compromiso servicial. El que hace daño a Dios y a Su mensajero podría ser entonces interpretado como aquel que atenta contra la ambivalente condición de la realidad divina, oculta en Su

619 Ibn ʿArabī, *al-Futūḥāt*, vol. VI, p. 14.

620 Ibid.

Esencia y manifiesta a través de la revelación. Hace daño a Dios quien reduce la riqueza de su Realidad Esencial a una de sus formas, quien constriñe Su amplitud a la horma de la propia creencia. Y hace daño al Mensajero quien niega la posibilidad de acceder positivamente a Dios, quien niega la posibilidad de acceder al espacio de la Manifestación. Cabe reconocer aquí por tanto una llamada al amor binocular: a reconocer la compleja ambivalencia de Dios en cuanto Realidad Oculta y Manifiesta. Fielmente enamorado de esos dos polos, el ser humano perfecto no puede más que oscilar entre ambos, pues sabe que cualquier mirada, cualquier forma es insuficiente. El suyo será un continuo servicio de amo similar al de El Omni-Compasivo renovando la creación a cada instante. Y un amor paciente, perseverante, en cuanto no se cede a la violenta tentación de intentar lograr aquí, ahora y para siempre la unión con ese Amado que irremisiblemente se escapa siempre que se muestra.

Otra forma de encarar la cuestión sería interpretar que el daño a Dios y a su Mensajero se refiere a aquellos que ejercen violencia directamente contra otros seres humanos, en un plano histórico. Las últimas líneas que Ibn ʿArabī dedica a los *ṣābirūn* creemos que pueden servir de apoyo para esta interpretación:

> En una de las recopilaciones de hadices se encuentra que: «Nadie es más constante ante una injusticia que Dios» ¡Debes, pues, estar dispuesto a recibir la amonestación que te hacemos en esta materia[621].

Desde este punto de vista, el paciente, el constante (*ṣābir) sería aquella persona con* un firme y decidido compromiso en la defensa del prójimo. El maestro andalusí estaría señalando cómo Dios ama al ser humano comprometido con el mundo. Los pacientes combinarían así tanto la necesidad de reaccionar ante lo injusto como la mansedumbre de quien soporta y se encomienda a Dios como el único capaz de satisfacer las demandas más profundas de lo humano.

621 Ibn ʿArabī, *Tratado del amor*, p. 150.

Los agradecidos (*al-šākirūn*)

La quinta cualidad de los amantes corresponde a los agradecidos (*al-šākirūn*)[622]. Su asiento profético es el siguiente:

> Safa y Marwa[623] figuran entre los ritos prescritos por Alá. Por eso, quien hace la peregrinación mayor a la Casa o la menor, no hace mal en dar las vueltas alrededor de ambas. Y si uno hace el bien espontáneamente, Alá es agradecido [*Šākūr*], omnisciente [*ʿAlīm*][624].

Puede intuirse en estos versos un nexo entre agradecimiento y conocimiento. En su comentario l Nombre Divino *al-Šakūr* (el Agradecido, el Reconocido), Ibn ʿArabī explica que el agradecimiento está vinculado de modo esencial al conocimiento: «Tienes necesidad de Él —Glorificado sea— para que no te impida estar consciente (*mulāḥaẓa*) de Verlo (*ru'ya*) en todo aquello con lo cual te ha agraciado»[625]. Como indica Pablo Beneito, «el verdadero agradecimiento es el reconocimiento de la gracia procedente de Él, el conocimiento de que la gracia *de todo cuanto se manifiesta* proviene de Él [...] es pues el agradecimiento propio del saber (*šukr ʿilmī*)»[626].

Este vínculo entre agradecimiento y saber preside también el comentario akbarí sobre los agradecidos. El maestro andalusí advierte que no deben agradecerse más que las cosas buenas, no como algunas personas que, confundidas, dan las gracias por las dificultades que se les presentan en la vida. Esto sería tan desacertado como agradecer el mal sabor de una medicina, en vez de

622 *Cf.* Ibn ʿArabī, *al-Futūḥāt*, vol. VI, p. 15. En castellano, Ibn ʿArabī, *Tratado del amor*, p. 150.

623 Safa y Marwa son dos pequeñas montañas adyacentes a la mezquita donde se ubica la Kaaba, centro cósmico y espiritual de la fe musulmana. Los fieles deben caminar siete veces entre ambas elevaciones como tributo a Haǧar, la esposa de Ibrahim. Según la tradición, esta mujer fue abandonada en el desierto junto a su hijo Ismael, pero nunca perdió la confianza en Dios. Sin descanso, buscaba agua entre Safa y Marwa hasta que, a la séptima carrera, se le apareció un ángel y Dios hizo brotar agua del suelo.

624 C. 2:158. Trad. Cortés.

625 Ibn ʿArabī, *El secreto de los Nombres*, p. 109.

626 Ibid., nota 1.

atender a su poder curativo. De igual modo, los agradecidos son aquellos capaces de reconocer el bien invisible que se esconde en cualquier situación, un bien que saben emana del amor del Omni-Compasivo, con independencia de si produce mal sabor. Hay así en ellos una mezcla de paciencia —para soportar el mal pasajero— y de conocimiento —saber a quién agradecer y saber que merece la pena ser paciente.

Según el Šayḫ, cuando los agradecidos agradecen el bien invisible, se produce una suerte de círculo virtuoso, pues Dios les concede otro bien, tal y como indica el Corán: «Y cuando vuestro Señor anunció: "Si sois agradecidos [*šakartum*], os daré más. Pero, si sois desagradecidos... Ciertamente, Mi castigo es severo"» (C.14:7). Y si alguien hace daño a Dios y se le combate, Dios nos lo agradece, pues sería igual que cuando tomamos una medicina execrable: un mal sabor que esconde un bien invisible[627]. Valga lo apuntado más arriba sobre los pacientes, para descartar cualquier interpretación no amorosa de este punto.

Los que se comportan como si Lo vieran (*al-muḥsinūn*)

La sexta cualidades es la de quienes se comportan como si Lo vieran (*al-muḥsinūn*)[628]. Su fundamento profético es: «Alá ama a quienes hacen el bien [*al-muḥsinūn*]»[629]. Ibn ʿArabī explica que los *muḥsinūn* son aquellos que practican el *iḥsān*, aquellos que adoran a Dios como si Lo vieran, tal y como viene expresado en el hadiz de Gabriel, donde Muhammad dice: «[el *iḥsān* es] adorar a Dios como si lo vieras, y si no puedes verlo, entonces Él te ve a ti»[630]. En lo que refiere a la acción de Dios, el Šayḫ invita a considerar dos aleyas, donde también se aprecia un juego de miradas y acompañamiento:

627 Ibn ʿArabī, *al-Futūḥāt*, vol. VI, p. 15.

628 Ibn ʿArabī, *al-Futūḥāt*, vol. VI, p. 17. En castellano, Ibn ʿArabī, *Tratado del amor*, p. 155.

629 C. 3:134. Trad. Cortés.

630 Mahmoud M. Ayoub, *Islam: Faith and History*, Oxford, One World, 2004, pp. 68-69.

> Les mostraremos Nuestros signos fuera y dentro de sí mismos hasta que vean claramente que es la Verdad. ¿Es que no basta que tu Señor sea testigo [*Šahīd*] de todo?[631]

> Él es Quien creó los cielos y la tierra en seis días. Luego, se instaló en el Trono. Sabe lo que penetra en la tierra y lo que de ella sale, lo que desciende del cielo y lo que a él asciende. Está con vosotros dondequiera que os encontréis. Alá ve bien lo que hacéis[632].

Siendo testigo, Dios protege a los hombres y los salva de la destrucción. Podríamos hablar, en este sentido, de una mirada amorosa que asiste, igual que el aliento de El Omni-Compasivo sostiene y renueva incesantemente la creación. Tal sería su bella y perfecta conducta.

En el comentario akbarí sobre el Nombre Divino *al-Šahīd* (el Testigo —Universal—, el que está presente, el Contemplador), encontramos justamente un vínculo entre la mirada de Dios y la mirada que le devuelve el ser humano. Dice allí Ibn ʿArabī que el ser humano necesita de Dios para contemplarLo con el debido pudor (*hayā'*): «Si tienes conocimiento de que eres visible objeto de contemplación (*mašhūd*) para Él, esfuérzate pues, de modo que "Él no te vea en cuanto te ha prohibido, ni te pierda *de vista* en cuanto te ha ordenado"»[633].

Los que luchan en el camino de Dios como si fueran un sólido edificio (*yuqātilūna fī sabīlihi ṣaffan ka-anna-hum bunyān*[un] *marṣūṣ*)

La séptima y última corresponde a aquellos que luchan en el camino de Dios como si fueran un sólido edificio (*yuqātilūna fī sabīlihi ṣaffan ka-anna-hum bunyān*[un] *marṣūṣ*)[634]. La expresión *fī sabīl Allāh* posee una larga tradición interpretativa. Además de C. 61:4, es corriente recurrir a C. 9:60: «Las limosnas [*zakāt*] son solo para los necesitados, los pobres, los limosneros, aquellos cuya voluntad

---

631 C. 41:53. Trad. Cortés.

632 C. 57:4. Trad. Cortés.

633 Ibn ʿArabī, *El secreto de los nombres*, p. 137.

634 Ibn ʿArabī, *al-Futūḥāt*, vol. VI, p. 17. En castellano, Ibn ʿArabī, *Tratado del amor*, p. 156. El asiento coránico se encuentra en C. 61:4.

[literalmente dice «cuyos corazones»: *qulubu-hum*] hay que captar, los cautivos, los insolventes, la causa de Alá [*sabīl Allāh*] y el viajero. Es un deber impuesto por Alá. Alá es omnisciente [*ʿAlīm*], sabio [*Ḥakīm*]»[635]. Suele traducirse como «luchar por la causa» o «por el bien de Dios», pero también como «aquellos que luchan por el camino de Dios». Entendemos que «camino» es una fórmula más adecuada, como senda espiritual, en cuanto Ibn ʿArabī está tratando aquí de una lucha que se produce en la dimensión del corazón, el *ǧihād* mayor, un esfuerzo de perfeccionamiento interior, inscrito en el orbe de la Sharía como escala de amor y conocimiento.

Aclarando en qué consiste esa lucha, el maestro andalusí habla del sólido edificio como una estructura que, gracias a la disposición de sus elementos constituyentes, no deja hueco para que entre Satán, al tiempo que en positivo, crea una forma. El rezo (*ṣalāt*) en la mezquita, donde los fieles se alinean perfectamente, sería símbolo de esta doble función. La cercanía entre estos para servir a la unidad divina sería análoga a la de los 99 Bellos Nombres de Dios en el Corán, que según la tradición también se encuentran ordenados perfectamente, sin vacío, unos juntos a otros, ofreciendo un camino (*sabīl*) hacia la Unidad Esencial:

> El Camino de Dios está hecho así a semejanza de la línea continua cuya realidad está constituida por puntos contiguos, entre los que no se halla ningún espacio vacío que la haría discontinua. Del mismo modo que la forma de la línea solo aparece con esta condición, la hilera solo manifiesta el Camino de Dios cuando los hombres están yuxtapuestos en ella. Dicho orden efectivo exige, sin duda alguna, la existencia de la multiplicidad, y esta disposición, considerada desde una perspectiva divina, compete a la interacción de los nombres de Dios [...]. Es así como el Vivo está en la cercanía ontológica contigua del Omnisciente [...] el Omnisciente es contiguo al Voluntario, y así ocurre para todos los demás nombres divinos [...][636].

Antes de caer en la tentación de interpretar estas imágenes según una ontología emergentista, conviene subrayar que la

635 C. 9:60. Trad. Cortés.

636 Ibn ʿArabī, *Tratado del amor*, p. 158.

doctrina akbarí invita a pensar desde otro marco: el de un juego de claroscuros e interreferencias entre una ontología descendente —donde el ser se despliega desde un principio de Unidad, Oculto e Inmaterial hacia una dimensión de multiplicidad, manifestación y materialidad— y un movimiento de ascenso amoroso-cognoscitivo por parte del ser humano —que se eleva en la contemplación desde lo Múltiple hacia lo Uno—. Desde dicho enfoque, Ibn ʿArabī llama a considerar el punto, la línea, el plano, el volumen y el cuerpo en progresión de lo simple a lo compuesto, desde la exterior multiplicidad hacia la compleja unidad de lo oculto y el haz de sus manifestaciones: «dos puntos forman una línea, dos líneas forman un plano, dos planos forman un volumen, y los volúmenes forman el cuerpo que es una forma perfecta y completa, basada en el 8, donde siete atributos manifiestan una esencia (*ḏāt*)»[637].

Los que luchan en el camino de Dios son considerados, en consecuencia, como aquellos que realizan tal perfeccionamiento interior que la disposición de cada uno de sus miembros no permite la entrada de Satán, es decir, la separación de Dios. O visto en positivo: sus cuerpos, tanto en sentido corporal como sobre todo sutil, se convierten en vía, senda que conduce a Dios, realidad que conecta la Unidad y la Multiplicidad, lo Oculto y lo Manifiesto. El cuerpo se hace entonces «creador» (*ḫāliq*)[638]. Estaríamos así ante una realización total de la persona como soporte para la manifestación divina y un acto de servicio completo al Amado. La colaboración del ser humano en la tarea de renovación de la creación se vería aquí actualizada.

Podemos concluir, por tanto, que la lucha en el camino de Dios se descubre, en una de sus faces, como un hacer de la propia existencia guía hacia el reconocimiento de Dios como realidad Esencial e Infinito flujo de Manifestaciones del Ser. La fisura, el hueco, no

637 Ibn ʿArabī, *al-Futūḥāt,* vol. VI, p. 17. Seguimos de cerca la versión de Winkel: «[...] you see, every two points a line, every two lines and more a plane, and every two planes a volume, and every volume a body which is a composite based on eight, and that is a complete, perfect form, manifesting from a *dhāt* and seven adjectives», Ibn ʿArabī, *The Openings revealed in Makkah,* vol. 8, pre-publicación.

638 Ibn ʿArabī, *al-Futūḥāt,* vol. VI, p. 19.

sería sino aquello que suponga una ruptura del camino, agujero que desencamina, que impide retrotraer el mundo de lo visible enteramente a la Esencia Oculta de lo Real. Si asumimos que el juego entre la manifestación y la ocultación exige reconocer un principio dinámico de la realidad en incesante renovación, cabe añadir que el hueco es la fijación de lo real, la limitación de su flujo dinámico y posibilidad a una sola de sus formas en posición estática, petrificada. Así pues, la lucha akbarí se descubre en su radical carácter amoroso, ético y cognoscitivo. El modelo de humanidad del que aquí se habla combate de esa manera: es el ser cuya acción en este mundo supone un constante acto de amor a imagen y semejanza del amor del Omni-Compasivo en Su incesante renovación de la creación. Ahí residiría el verdadero milagro, el verdadero *poder*: en hacer del propio ser un regalo de amor. Esa sería la cualidad esencial que suscita el amor de Dios.

El amor de Dios a la belleza

Dentro del espacio dedicado a las siete cualidades de los amantes, Ibnʿ Arabī aborda el amor de Dios a la belleza. Según un célebre hadiz, no cabe duda alguna: «Dios es bello y ama la belleza». Como cualquier texto profético, puede interpretarse en múltiples sentidos, desde la doctrina akbarí. Pero por nuestra parte consideramos que hay dos perspectivas fundamentales que considerar. De un lado, Dios se ama a sí mismo como ser bello que ama la belleza. Del otro, Dios ama en la belleza que reconoce en las criaturas, la cual está conectada a su propio ser. Ibn Arabi destaca que el amor a la belleza es un rasgo (*nuʿūt*) divino[639].

Para el amor humano a la belleza distingue entre quienes admiran la «belleza perfecta» y quienes aman la «belleza condicionada». Los primeros aman todas las cosas al reconocerlas como perfectas, en cuanto diseño de *al-Ḥakīm* (El Sabio, el Sapientísimo, El Prudente, el Juicioso). Mientras que los segundos solo admiran aquello que les gusta[640]. La actitud de los segundos se asemeja a la de quienes creen que Dios solo se encuentra en la dirección que

639 Ibn ʿArabī, *al-Futūḥāt*, vol. VI, p. 20.

640 Ibn ʿArabī, *Tratado del amor*, pp.162-163

marca la *qibla*[641]. O, dicho con otras palabras: incurren en el error de limitar la realidad divina al molde de su propia creencia, lo cual constituye una falta de amor y conocimiento. La actitud de los primeros supone, en cambio, el más alto grado de realización del amor a lo bello. El episodio del Šayḫ con el pescado maloliente puede ser interpretado justamente según este amor a la belleza perfecta[642]. El amor incondicional a todo lo creado, más allá del propio gusto, fue la razón de portar lo que para otros era nauseabundo y digno de rechazo.

Más allá de lo que Ibn ʿArabī plantea de modo explícito, cabe preguntarse por qué ubica esta reflexión justo a continuación de las cualidades de los amantes. Esta común atribución a Dios y a los seres humanos puede encontrarse también, según vimos, en la cualidad de los que se vuelven (*tawwābūn*) hacia Dios, cuyo movimiento resulta análogo al de Dios como *al-Tawwāb*. En otras cualidades de los amantes, como las de aquellos que purifican o los que se purifican, cabe reconocer una atribución a Dios, si bien no funcionaría del mismo modo, siendo el nombre divino *al-Quds* el gozne entre la cualidad humana y la Realidad divina. Entendemos que esta heterogeneidad entre las cualidades (*ṣifāt*), se debe a que el punto de referencia fundamental es la transformación del ser humano. En cada una de las aleyas donde se asienta el comentario akbarí encontramos, en efecto, una llamada a que los seres humanos se aparten de cierto tipo de conducta y se acerquen a Dios. Cada una de las cualidades es un camino que implica un cambio en la persona que se halla separada de Dios.

Y este es justamente el punto que marca una diferencia entre el amor a la belleza y los *ṣifāt*. En el hadiz no hay propiamente una incoación a los seres humanos, sino una descripción de la realidad divina. En correspondencia con este punto de vista, lo primero que dice Ibn ʿArabī sobre el amor a la belleza es que es un epíteto (*nuʿūt*) de Dios[643]. El punto de referencia en este sentido no es el ser

641 Ibid. p. 163.

642 Agradecemos a Eric Winkel la advertencia sobre este vínculo, en su citada traducción

643 Ibn ʿArabī, *al-Futūḥāt*, vol. VI, p. 20.

humano, sino Dios. Desde este enfoque el amor a la belleza no sería exactamente una más de las cualidades (*ṣifāt*), sino otra cosa.

Por otro lado, si recordamos lo dicho a propósito del cuerpo perfecto como formado por siete atributos que manifiestan una Realidad Esencial, encontramos una clave interpretativa desde la que resolver la naturaleza del amor a la belleza. Si las cualidades de los amantes son siete y si su punto de referencia es el ser humano, resulta factible entenderlas en línea con los atributos, a la vez que el amor de Dios a la belleza —al tener a Dios como referente— funcionaría como Esencia aunadora. El vínculo esencial de amor y belleza en Dios sería la raíz desde la que los seres humanos, como lugares más elevados de la manifestación del Ser, muestran rasgos que les hacen merecedores del amor de Dios. En última instancia, si Dios ama a los que se vuelven a Él, a los que se purifican, a los que purifican, a los pacientes... es en cuanto son bellos, en cuanto son adecuados lugares donde contemplar Su propia Belleza. Escribe el Šayḫ acerca de quienes realizan el amor a la belleza perfecta:

> [...] el mundo es la Belleza de Dios, ¡Él es el Bello y el Amante de la Belleza! Además, el que ama al mundo bajo este aspecto lo ama por amor a Dios y no ama, en definitiva, más que Su propia Belleza[644].

4.3. Los rasgos del amor

Cerrado el comentario sobre las siete cualidades (*ṣifāt*) de los amantes, Ibn ʿArabī señala que dichas cualidades pueden en realidad ser más. Es entonces que introduce un segundo epígrafe titulado «Los rasgos del amor» (*nuʿūt al-ḥubb*)[645]. En él enumera 58 rasgos que distinguen a los amantes de Dios. De ellos, 44 serán los mismos que desarrollará en la parte final del capítulo 178, dedicada a las cámaras nupciales del amor. Según el Šayḫ, quienes poseen estos rasgos son los portadores del Corán (*ḥamalat al-Qurān*)[646]. Para explicar qué quiere decir esta denominación, el maestro andalusí remite a ʿĀʾišā, la esposa del Profeta:

---

644 Ibn ʿArabī, *Tratado del amor*, p. 163.
645 Ibn ʿArabī, *al-Futūḥāt*, vol. VI, p. 22.
646 Ibid.

> [...] cuando le preguntaron cuál era el carácter del Mensajero de Dios, ella respondió que su carácter era el Corán. Solo eso respondió[647].

Y como complemento, comparte la respuesta que ofreció Ḏū l-Nūn a la misma pregunta. En ella apreciamos un énfasis en el carácter negativo del acercamiento amoroso a Dios como sometimiento de los seres humanos:

> Son aquellos sobre los que cae la lluvia de las nubes de la tristeza del amor, quienes han desgastado monturas y cuerpos, quienes están vestidos de temor y tristeza, quienes beben de la copa de la certeza, quienes se disciplinan con el ejercicio de la certidumbre, y cuyo frescor del ojo [*qurrat al-ʿayn*] está en lo pequeño y miserable, lo plenamente madurado y adecuado, y lo oculto y escondido. Sus ojos están perfilados con *koḥl* y enrojecidos por la falta de sueño, sus ojos se abstienen de mirar, sus ojos están hechos para adherirse a las duras lecciones, sus ojos están hechos para fijarse con cuidadosa consideración. Pasan la noche rezando despiertos y sin poder volver a dormir, y sus sollozos se vuelven continuos. Acompañan al Corán con sus delgados cuerpos y lo restauran con sus cuerpos marchitos, sus mentes desvanecidas y gemidos moribundos. El Corán se interpone entre ellos y la vida de comodidades, y las más altas esperanzas de los deseantes. Sus lágrimas caen efusivamente por Sus amenazas, sus cabellos se vuelven grises al recordarLo. Es como si hubiera un fuego bajo sus pies, y como si Su terrible amenaza fuera una señal para sus corazones[648].

---

647 Ibid. p. 23. Seguimos la traducción de Winkel: «[...] when she was asked about the character of Messenger of God; she said his character was the Qur'ān. She answered only with that», Ibn ʿArabī, *The Openings revealed in Makkah,* vol. 8, pre-publicación.

648 Ibn ʿArabī, *al-Futūḥāt,* vol. VI, p. 23. Winkel traduce: «They are the ones on whom rain the clouds of love sorrows, and they wear out rides and bodies, and they are clothed in fear and sorrows, and they drink from a cup of certainty, and they discipline themselves with the exercise of certitude, and their 'eye soothing' is in what is little and paltry, fully matured and sufficient, hidden and kept concealed. Their eyes are kohl-lined, 'red-rimmed' by sleeplessness, and their eyes are averted from gazing, and their eyes are made to stick to the dire lessons, and their eyes are made to fix on careful consideration. They stay up at night praying, waking and not able to sleep again, and their sobbing becomes continuous. They accompany the Qur'ān with thin bodies, and they restore him with withered bodies, and minds that have vanished, and deadly

Siguiendo esa línea del amor como aniquilación del amante, el Šayḫ refiere seguidamente tres historias. La primera es la de un iniciado sufí —quizá él mismo en sus años de juventud, pues no presenta la cadena de transmisión ni dice a quién se refiere— que fue a visitar a su maestro. Cuando este le habló del amor, el cuerpo del iniciado comenzó a derretirse hasta convertirse en agua —símbolo de retorno a la condición original, a partir de la cual fue creado—. La segunda historia versa sobre una tórtola que al ver que su pareja había sido capturada por un cazador, decidió quitarse la vida volando rápido hacia arriba para después precipitarse en caída libre y estrellar su pico contra el suelo. Y la tercera sobre un pájaro que escuchó un discurso de Samnūn sobre el amor y, embriagado por la belleza de lo oído, decidió quitarse la vida.

4.4. Contra los que claman: gozo y alegría en la vivencia del amor

Tras este paso por los efectos aniquiladores del amor, Ibn ʿArabī abre un tercer epígrafe, titulado «Consejo a la audiencia y argumento contra los que claman»[649] que puede considerarse como un decidido alegato a favor del gozo y la alegría en la vivencia del amor. El inicio es toda una declaración de principios. Escribe el Šayḫ:

> ¡Por Dios! Si tuviera que imaginar que el amor que siento se presentase ante el cielo, este se hendiría, o a las estrellas, estas se derrumbarían; o a las montañas, estas se desplazarían[650].

Y, sin embargo, el maestro andalusí advierte que Dios le ha dado la fuerza suficiente para no sucumbir ante el dominio del amor. Frente a la fuerza destructora de la pasión amorosa, los *ʿārifūn* son presentados como poseedores de una gracia especial, que les permite disfrutar de las indescriptibles maravillas que se muestran

---

moans. The Qur'ān interposes between them and the ease of comforts, and the utmost hopes of the desirous; their tears flow effusively from His dire threats, their locks turn gray from remembering Him; it is as if there is a fire under their feet, and it is as if His dire threat is a guidepost for their hearts», Ibn ʿArabī, *The Openings revealed in Makkah,* vol. 8, pre-publicación.

649 *Cf.* Ibn ʿArabī, *al-Futūḥāt,* vol. VI, p. 24. En castellano, Ibn ʿArabī, *Tratado del amor*, p. 171.

650 Ibn ʿArabī, *Tratado del amor*, p. 173.

en el ámbito de las teofanías. El *ʿārif* no está muerto, ¡sino vivo!, nos dice el Šayḫ[651]. Así, con relación a la historia del iniciado que se consumió en agua, explica que no habría sucedido lo mismo si el amor de este hubiera sido espiritual en vez de natural. En presencia del amor verdadero, lo propio del amor natural es la desaparición o aniquilación (*fanā'*). Mientras que el amor espiritual, en cuanto intermediario entre al amor natural y el divino, y en cuanto supone interés en el bien del amado, permanece (*baqā'*). De este modo, lo que desde una perspectiva corporal puede ser entendido como muerte, desde una perspectiva espiritual, se descubre como vida y transformación.

Siguiendo esta línea afirmativa, el maestro andalusí cuenta la historia de un joven que fue a ver a Ḏū l-Nūn. Mientras los otros discípulos lloraban, el muchacho reía. Al ser cuestionado por su conducta, respondió con los siguientes versos:

> Todos ellos a Dios rendidos sirven
> porque temen el fuego del infierno
> y creen que el librarse de esa pena
> es ya para ellos beneficio inmenso.
> Pero yo, que no pongo mis miradas
> ni en el infierno ni en el paraíso,
> en pago del amor que a mi Dios tengo,
> ni quiero recompensa ni la pido[652].

La enseñanza resulta clara. En vez de vivir en este mundo bajo el miedo al infierno u obcecado con el paraíso, lo propio del *ʿārif* será la alegría, el júbilo, la risa, desasido de toda instrumentalidad. Su disposición es celebrar el encuentro amoroso aquí y ahora, tiempo-instante, de gozo y encuentro amoroso. La distensión propia de la risa parece ir unida, así, a una confianza profunda en el Ser y un desasimiento de toda pretensión egoica, de modo similar a lo señalado sobre el temor y la experiencia de transjetividad[653].

También en clave de gozo y celebración, Ibn ʿArabī dedica unos párrafos a su maestra Fátima de Córdoba, figura clave durante sus

---

651 Ibid.

652 M. Asín Palacios, *El Islam cristianizado*, p. 250.

653 V., *supra*, pp. 193 y 194.

años de juventud en al-Ándalus, a la que recordará con cariño, respeto y devoción. La santa sufí es presentada según la belleza, la vida, el gozo y la alegría, a pesar de que cuando conoció a nuestro autor era una anciana casi centenaria:

> Tenía ella, a la sazón, más de noventa y cinco de edad y, sin embargo, me daba vergüenza mirarle al rostro, pues lo tenía, a pesar de sus años, tan bello y hermoso, por lo regular de sus facciones y lo sonrosado de sus mejillas, que se la hubiera creído una muchacha de catorce años, a juzgar por la gracia y delicadeza de su porte. Vivía en continuo trato [*ḥāl*] con Dios[654].

Esta radiación y exuberancia vital será posible gracias a la habilidad de Fátima para cultivar el conocimiento imaginal. La santa cordobesa era especialmente capaz de reconocer la manifestación de Dios en cada elemento de lo creado. Un día, le dijo a Ibn ʿArabī sobre aquellos que viven constantemente llorando por su amor a Dios:

> ¿Cómo pretenden amar a Dios estas gentes que lloran? ¿Cómo no se avergüenzan de llorar, si tienen a su Dios mucho más cerca que le pueden tener cuantos a Él intentan acercarse, pues el que a Dios ama, goza de la mayor proximidad respecto de Él, siendo como es el objeto único de toda su contemplación? ¡Por eso digo que es cosa que maravilla el verlo llorar![655]

Investida de poder, como corresponde a quien se prodiga en la adoración según las obras supererogatorias, Fátima había recibido un don muy especial: la azora *al-Fātiḥa* le prestaba servicio. Cuenta Ibn ʿArabī que un día se presentó una señora pidiendo ayuda. Creía que su marido, largo tiempo ausente, se había casado en otra ciudad. Atendiendo a sus súplicas, Fátima hizo que la *Fātiḥa* se corporeizara y le ordenó traer al marido de vuelta. Antes de que se hubiera cumplido siquiera el tiempo necesario para recorrer el camino, el hombre ya estaba allí. Y Fátima, satisfecha, se puso «a tañer el adufe en señal de regocijo»[656]. Puede leerse en este relato

---

654 M. Asín Palacios, *El Islam cristianizado*, p. 53.
655 Ibid.
656 Ibid.

una demostración de amor horizontal, en correspondencia con lo apuntado sobre el Ser Humano Perfecto. Tenemos un investimento de poder puesto al servicio de lo que la realidad demande, un constante servicio amoroso, desasido de sí. El gozo y alegría con que vivía Fátima se complementaba con su disposición de servicio hacia los demás. Su poder no tenía que ver con la autoafirmación, sino con el trascendimiento de sí.

Para terminar este apartado, Ibn ʿArabī cuenta una historia de Ḏū l-Nūn que tiene a la Kaaba como escenario y donde aparece el término *Qurrat al-ʿAyn*. Dice el maestro egipcio que se hallaba realizando la *circunambulación* ritual cuando se encontró ante una persona [*šaḫṣ*], pegada a las cortinas del Templo, que sollozaba por la separación [*firāq*] de Dios[657]: «¡Mi Bienamado! ¿Qué será de mí cuando tenga que presentarme ante Ti, cuando me abandone al sueño y Tú me prives de la intimidad de Tu Compañía? ¿Por qué, entonces, oh, refresco de mi alma [*qurrat al-ʿayn*], por qué?»[658]. Según Ḏū l-Nūn, el individuo añadió los siguientes versos:

> Temeroso mi corazón por la separación se encuentra,
> ¡nada más amargo que la separación ni más doloroso!
> Solo [concebir] la separación basta para separarnos,
> ¡Cuán largo tiempo por ello he estado temeroso![659]

---

657 Ibn ʿArabī, *al-Futūḥāt,* vol. VI, p. 27

658 Ibn ʿArabī, *Tratado del amor*, pp. 179-180

659 Ibn ʿArabī, *al-Futūḥāt,* vol. VI, p. 28. Trad. Propia. En la versión árabe encontramos: «rawwaʿtu qalbī bi-l-firāqi fa-lam aǧid / šayʾan amarra mina l-firāqi wa-awǧaʿā / ḥasbu l-firāqi bi-an yufarriqa bayna-nā / wa-la-ṭālamā qad kuntu min-hu murawwaʿā». Gloton traduce: «Par la séparation Tu effrayas mon coeur, / car je en trouvai rien qui en fut plus amer / ni d'une douleur plus vive que la separation. / Ne suffirait-il-pas que cette disposition / Eût pu être la cause de notre désunion? /Voici pourtant longtemps que je la redoutais», Ibn ʿArabī, *Traité de l'amour*, p. 168. Winkel opta por: «My heart is fearful of separation, and I don't find anything more bitter, and grievous, than separation. The idea of separation was enough to make a separation between us. How often I was terrified of it», Ibn ʿArabī, *The Openings revealed in Makkah,* vol. 8, pre-publicación. Por nuestra parte, hemos buscado un efecto rítmico similar al original, al tiempo que hemos respetado el orden en que Ibn ʿArabī coloca los términos vinculados a la separación (*f-r-q*) y el temor (*r-w-k*).

Entonces, el maestro egipcio se acercó. Y descubrió que aquella persona era una mujer (*imra'a*)[660].

Reconocemos en este relato algunos elementos que coinciden con el encuentro entre Ibn ʿArabī y Niẓām (Qurrat al-ʿAyn). El escenario es la Kaaba, el protagonista está realizando la circunambulación ritual, la presencia con que se encuentra es femenina y en ambas narraciones se menciona a Qurrat al-ʿAyn. El tema de los versos también presenta cierta analogía. Los que recitó Ibn ʿArabī antes de la aparición de Niẓām eran una queja por la confusión que sufre el amante de Dios. La mujer que se le aparece a Ḏū l-Nūn clama por la separación del Amado. Como solución a la queja, Niẓām señalaba la extinción del señorío que se produce en quien verdaderamente ama a Dios. Mientras que en el relato de Ḏū l-Nūn, en cambio, no se explicita una vía de salida. La mujer se limita a describir un círculo vicioso entre el temor y la separación.

A nuestro juicio, el lugar donde Ibn ʿArabī comparte la historia —el apartado dedicado a la defensa del gozo y la alegría frente a aquellos que claman— resulta capital. Deducimos que, sutilmente, el Šayḫ está señalando un error en el lamento de la mujer y que la mención al apelativo Qurrat al-ʿAyn es clave. Pues si la experiencia del amor espiritual es un camino hacia dentro, si el ojo del que mira coincide con la entidad de lo visto, el temor a la separación no tendría sentido: ¿cómo tener miedo a estar separado de uno mismo? Así como Qurrat al-ʿAyn/Niẓām señalaba una falta de conocimiento en quien se lamenta por la confusión que sufre el amante, quien conoce la naturaleza de Qurrat al-ʿAyn no puede lamentarse ni temer por la separación del Amado.

4.5. El secreto del amor

El cuarto y último epígrafe tiene por título «La historia de un amante que reveló el secreto de su amado» (*ḥikāyat muḥibb aḏāʿa sirra maḥbūbi-hi*)[661]. Está compuesto por cuatro historias.

La primera vuelve a tener a Ḏū l-Nūn como protagonista. El sabio egipcio preguntó a un joven, en el que intuyó un elevado

660 Ibn ʿArabī, *al-Futūḥāt*, vol. VI, p. 28.

661 Ibn ʿArabī, *al-Futūḥāt*, vol. VI, p. 28. Trad. propia.

estado espiritual, qué dones había recibido del Señor. El muchacho contestó que sería un error traicionar el secreto que le había sido confiado[662]. Ibn ʿArabī confiesa que, una vez, él mismo cometió el error de difundir el secreto y Dios le reprendió por ello. El problema estriba en confundir dos planos epistemológicos que tienen su propio estatuto, pues al comunicar sin cautela una verdad que se inscribe en el orden de lo saboreado, se puede producir el error de que lo dicho sea entendido como juicio intelectual acerca de la realidad, en vez de como un conocimiento que pertenece al orden de la experiencia espiritual directa.

En la segunda historia, Ḏū l-Nūn se encuentra con una mujer que cree que el amor a otras personas es un obstáculo para el encuentro amoroso con Dios: «No pude probar los manjares exquisitos de Tu unión hasta que se calmó el amor que yo sentía hacia los hombres»[663]. Esta postura recuerda a algunos de los primeros maestros sufíes, que buscaban lo divino a través del temor y la tristeza, como Fuḍayl, que decía: «Cuando llega la noche, me siento feliz de estar solo, sin separación, con Dios, y cuando llega la mañana, me siento afligido porque detesto ver a las gentes que vienen y turban mi soledad»[664]. Cuentan de este asceta sufí que solo se le vio sonreír una sola vez en toda su vida: el día en que murió su hijo, pues creía que «cuando Dios ama a su servidor, lo aflige y cuando lo ama mucho, pone su mano sobre él y no le deja ni familia ni riqueza»[665]. La postura de Ibn ʿArabī es muy diferente. Lejos de cualquier forma de desprecio por la dimensión terrena, el Šayḫ señala que si hubiera tenido oportunidad de hablar con la mujer del relato de Ḏū l-Nūn, le hubiera dicho: «Entonces ¡Él está allá a lo lejos (y solo allí)!»[666]. Advertimos en esta respuesta un reproche a la confusión de planos —como aquel que divulga el secreto— y a la incapacidad para simultanear dimensiones aparentemente enfrentadas.

En la tercera historia, Ḏū l-Nūn tiene un misterioso encuentro con una mujer mientras realiza la circunambulación ritual sobre

662 Ibn ʿArabī, *Tratado del amor*, p. 181.
663 Ibid., p. 182.
664 A. M. Schimmel, *Las dimensiones místicas, op. cit.* p. 51.
665 Ibid., pp. 51-52.
666 Ibn ʿArabī, *Tratado del amor*, p. 183.

la Kaaba. Pegada a las cortinas del Templo, ella clama ante Dios. El sabio egipcio empatiza con su dolor. Pero le reprende por la fórmula utilizada en la súplica; «¿No te habría bastado decir "Por el amor que tengo por Ti" en lugar de especificar "Por el amor que Tú tienes por mí?"»[667]. La mujer se dirige con mucha seriedad hacia el sabio. Llamándole por su nombre le pregunta si acaso no sabe que el amor de Dios por sus criaturas es anterior a todo amor. Asombrado, el maestro sufí le pregunta cómo es que conoce su nombre. Ella replica: «¿Bromeas? Los corazones andan por la plaza de los misterios, así es que te he conocido. Ahora, gírate»[668]. Ḏū l-Nūn obedece. Pero al terminar de girar sobre sí, la mujer ha desaparecido.

En la cuarta historia, Ḏū l-Nūn conoce a un hombre en Yemen con el que emprende un viaje a caballo[669]. En cierto momento, le pregunta cuál es el signo distintivo del amante de Dios. El hombre responde que los amantes de Dios ven Su Majestad a través de la luz de sus corazones; que su cuerpo está pegado al mundo, su intelecto en el cielo y su espíritu cubierto por un velo (*ḥiǧāb*); y que su obediencia es completa, sin miedo ninguno al castigo del Fuego. Ibn ʿArabī concluye que el hombre era un auténtico *ʿārif*, pues afirma a la vez la dimensión del cuerpo, el intelecto y lo imaginal (simbolizado por el velo)[670].

Reconocer la Majestad divina a través de la luz del corazón es, precisamente, una de las propuestas de Ibn *ʿArabī en su tratado sobre la Majestad y la Belleza, el Kitāb al-Ǧalāl wa-l-Ǧāmāl.* Más allá de la tradicional postura según la cual el intelecto reconoce a Dios en su lejanía según Su Majestad, mientras que el corazón Lo reconoce en su cercanía según Su Belleza, el Šayḫ invita en esta obra a adoptar una mirada inversa que concilie contrarios: que aprecie la Belleza en la Majestad y la Majestad en la Belleza. Finalizamos

---

667 Ibid.

668 Ibn ʿArabī, *al-Futūḥāt,* vol. VI, p. 31. Winkel traduce: «You're kidding me. The hearts roam the plaza of mysteries, so I recognized you», Ibn ʿArabī, *The Openings revealed in Makkah,* vol. 8, pre-publicación. Acerca de las plazas de los misterios, véase Eric Winkel, «La estructura geométrica de los grados en el universo de los estados espirituales», Traducción de María Mercedes Rubio Muñoz, *El Azufre Rojo,* n º 3, 2016, pp. 89-118.

669 Ibid.

670 Ibid., p. 186.

nuestro epígrafe con una cita de dicho libro, que ayuda a situar todo lo apuntado sobre la actitud jubilosa de los amantes de Dios:

> Cuando se nos revele la teofanía de la Majestad de la Belleza hemos de responder con intimidad, ya que si así no fuera pereceríamos, pues la Majestad y el temor conjuntamente no permiten que nada subsista. Siendo esto así, a la Majestad procedente de Él necesariamente ha de responderse con una actitud de intimidad, gracias a la cual podamos mantenernos en estado de equilibrio durante la contemplación, de modo que seamos capaces de aprehender lo que vemos sin quedar pasmados y desconcertados.
>
> Por el contrario, siendo la Belleza el trato abierto y afable (*mubāsaṭa*) de la divina Verdad (*al-Ḥaqq*) con nosotros, y la Majestad Su glorioso poder con respecto a nosotros, cuando en la contemplación se nos revela una teofanía de la Belleza hemos de recibir entonces su expansión con temor reverente, dado que la expansión recibida con expansión conduce a la falta de cortesía, y la conducta inadecuada en la [divina] presencia es la causa del distanciamiento y la lejanía [que, respecto a ella, se impone a quien no sabe comportarse].
>
> Por ello dijo uno de los verificadores, de entre quienes conocen este significado: «Siéntate [a contemplar la Belleza] sobre esta alfombra (*bisāṭ*), pero ¡guárdate de la laxitud (*inbisāṭ*)!»[671]

5. LAS CÁMARAS NUPCIALES DEL AMOR

La octava y última unión del capítulo 178 de *Futūḥāt* está dedicada a las cámaras nupciales (*manaṣṣāt al-aʿrās*) del amor[672]. Ibn ʿArabī utiliza el término *manaṣṣa* en otras partes del libro, como el capítulo dedicado al Nombre Divino *al-Wadūd*[673]. Su sentido técnico es muy preciso. Así lo expone Beneito:

---

671 P. Beneito, *El lenguaje de las alusiones*, p. 94.

672 *Cf.* Ibn ʿArabī, *al-Futūḥāt,* vol. VI, p. 33. Eric Winkel traduce así el título de la sección: «The section link by which we end this chapter, called with us, The brilliant radiance of the True to the ʿárifín who are lovers, in the bridal dais displaying kinds of lovers in love», Ibn ʿArabī, *The Openings revealed in Makkah,* vol. 8, pre-publicación.

673 Véase P. Beneito, «La doctrina del amor», *op. cit.*

> Nombre de lugar del verbo *naṣṣa*, que significa «elevar», «mostrar» (con *ilà*, «atribuir», «señalar», «fijar»...; con *ʿalà* «hacer sentar a la novia en su sitial», «ordenar»...), *manaṣṣa* tiene las acepciones de «cámara nupcial», «sitial», «podio», «trono»... Designa pues, un lugar de elevación y manifestación. Ibn ʿArabī lo emplea con un sentido análogo al de *maẓhar*, lugar de exteriorización (*ẓuhūr*), o *maŷlà*, el soporte de la epifanía (*taŷallī*). No obstante, el término *manaṣṣa* remite a la imagen de la Amada, con el rostro cubierto y elevada en su sitial durante la ceremonia pública, que, tras la celebración de la boda, se devela en el tálamo nupcial al recién desposado: de ahí su especificidad y su poeticidad en el contexto amatorio epitalámico[674].

Podemos entender, así pues, las cámaras nupciales del amor como lugar de encuentro entre los amantes, al tiempo que como lugar de elevación y manifestación[675]. Es decir, desde la perspectiva del ser humano en su relación amorosa con Dios, la cámara nupcial sería ese espacio donde debe elevarse para encontrarse con el Amado, allí donde se descorren los velos que impiden la contemplación y la unión. Mientras que, desde la perspectiva de Dios, sería el lugar al que Él desciende como teofanía para hacerse conocido.

Ahondando en la riqueza alusiva del término, Beneito apunta un tercer sentido: de un lado, la alusión al matrimonio (*ʿarūs*), permite cierta intercambiabilidad, pues *ʿarūs* puede referirse tanto al novio como a la novia[676]; de otro, en virtud de la acepción de *naṣṣa* como «señalar», «fijar», *naṣṣ* significa «texto»; lo cual invita a considerar la cámara nupcial como el lugar de la revelación del texto coránico[677]. Desde esta perspectiva, podemos considerar la lectura del Corán como un doble movimiento de descenso de lo divino y acenso del ser humano. A continuación, comentamos cada una de las 44 cámaras nupciales presentadas por el maestro andalusí.

---

674 Ibid., p. 76.

675 Ibid.

676 Ibid.

677 Ibid., pp. 76-77.

5.1. Ser asesinado

La primera de las cámaras nupciales es ser asesinado (*maqtūl*)[678]. Se debe a la naturaleza ambivalente de cada persona como ser espiritual, orientado hacia la luz, y ser natural, orientado hacia la oscuridad. Estas dos dimensiones se encuentran en tensión, de modo que la prevalencia de una supone la aniquilación de la otra. Si la naturaleza domina, se ama lo Real (*al-Ḥaqq*) a través de lo creado (*ḫalq*). Pero si domina el espíritu, se ama lo creado (*ḫalq*), a través de lo Real (*al-Ḥaqq*). Como en una balanza, la fuerza sobre un platillo genera un movimiento contrario en su opuesto. Por eso, dice el maestro andalusí que, aunque no nos demos cuenta y con independencia del estado en que nos encontremos, siempre estamos siendo asesinados. En términos amorosos, cabe añadir que sea cual sea la disposición que adoptemos, siempre estaremos rindiendo relativo tributo a la ambivalente condición de lo Real como oculto y manifiesto.

5.2. Estar roto

En la cámara nupcial del estar roto (*tālif*)[679], encontramos también una acusada tensión entre contrarios. En este caso, la causa es la ambivalente condición de Dios como realidad Exterior (*al-Ẓāhir*) e Interior (*al-Bāṭin*). Según el *Šayḫ*, cuando Dios se mostró (*taǧallī*) a los seres humanos diciendo «no hay nada que se Le asemeje» (C. 42:11), provocó en ellos un estado de rotura y desconcierto, pues no les proveyó de la medida con que equilibrar la balanza de estas dos dimensiones aparentemente contradictorias[680]. Entendemos que la realización del amor binocular akbarí precisa de una ruptura de la lógica basada en el principio de no-contradicción: una quiebra que abre la posibilidad de movimiento, para dar servicio a la ambivalente condición del Ser.

---

678 Ibn ʿArabī, *al-Futūḥāt*, vol. VI p. 33. En castellano, Ibn ʿArabī, *Tratado del amor*, p. 189.

679 Ibn ʿArabī, *al-Futūḥāt*, vol. VI, pp. 33-34. Ibn ʿArabī, *Tratado del amor*, p. 191.

680 Ibn ʿArabī, *Tratado del amor*, p. 191.

5.3. Fluir hacia Dios a través de Sus nombres

La cámara nupcial del «fluir hacia Dios a través de Sus nombres»[681] implica una inmersión profunda en el potencial de la lengua como herramienta develadora de la realidad divina. Ya no se trata de acercarse a Dios mediante la consideración de Sus 99 Bellos Nombres. Hay que dar un paso más. Quien accede a esta cámara nupcial advierte que cada uno de los nombres que existen en la lengua encierra la posibilidad de convertirse en vía de acceso al Amado. Cada elemento de la creación se descubre como símbolo, genuina posibilidad teofánica, canal hacia el fondo insondable de lo Real: «El ámbito en que tiene lugar esta contemplación impone que cada nombre de la criatura se aplique, en su principio, a Dios verdaderamente y a esta simbólicamente, sin significación real»[682].

5.4. Volar

Dando un paso más en la consideración de toda entidad como símbolo, Ibn ʿArabī introduce la cámara nupcial del volar (*ṭayyār*)[683]. En ella el ser humano descubre que los nombres son como un nido de pájaro (*wikar*)[684], estaciones temporales, germinativas, desde las que elevarse hacia otra consideración, otra visión de lo divino. Según el maestro andalusí, el que vuela hace así, espirales en el cielo, volando desde una manifestación de Dios hacia otra.

5.5. No dormir

En la cámara nupcial del «no-dormir» (*dāʿim al-sahar*), el amante no se permite descansar en el sueño, pues significaría separarse del Amado[685]. Ya vimos algo similar cuando tratamos la somnolen-

681 *Cf.* Ibn ʿArabī, *al-Futūḥāt,* vol. VI, pp. 34-35. En castellano, Ibn ʿArabī, *Tratado del amor*, pp.191-193.

682 Ibn ʿArabī, *Tratado del amor*, p. 193.

683 Ibn ʿArabī, *al-Futūḥāt,* vol. VI, p. 35. En castellano, Ibn ʿArabī, *Tratado del amor*, p. 193-194.

684 Ibid.

685 Ibid. En castellano, Ibn ʿArabī, *Tratado del amor*, p. 194.

cia de los portadores del Corán[686]. En esta ocasión, Ibn ʿArabī se apoya en la siguiente aleya: «No hay más dios que Él, el Viviente [*al-Ḥayy*], el Subsistente [*al-Qayyūm*]. Ni la somnolencia ni el sueño se apoderan de Él»[687]. La vigilia divina sería el modelo realizativo de quien accede a esta cámara. Por eso, el amante conoce el modo en que Dios guarda el cosmos[688]. En su comentario sobre los Bellos Nombres, el maestro andalusí explica que los seres humanos dependen de El Viviente [*al-Ḥayy*], para mantenerse vivos, tanto en el mundo presente como en el futuro[689], mientras que El Subsistente [*al-Qayyūm*] les permite cumplir con aquello que les ha sido ordenado[690]. El no dormir se descubre, entonces, como actitud que refleja el cuidado constante de Dios hacia Sus criaturas y permite el encuentro amoroso. Una tensión erótica, donde no puede haber descanso:

> El sueño lejos de Ti me está negado.
> ¿Cómo se puede dormir separado del Amado?[691]

5.6. Ocultar la tristeza

En la cámara nupcial del «ocultar la tristeza» (*kamin al-gamm*)[692], el amante recuerda una aleya que incide en la importancia manifestación divina: «No han valorado a Dios debidamente cuando han dicho: "Dios no ha revelado nada a un mortal"»[693]. Y siente un dolor un profundo por aquellas personas que no tratan al Amado de forma conveniente. Movido por un celo protector, desea expresar su queja. Pero al reparar en que todas las criaturas existen y son movidas por Dios, se da cuenta de que es mejor no manifestar

---

686 V. *supra*. pp. 223-224.

687 C.2:255. Trad. Cortés.

688 Ibn ʿArabī, *Tratado del amor*, p. 194.

689 Ibn ʿArabī, *El secreto de los nombres*, p. 155.

690 Ibid., p. 157.

691 Ibn ʿArabī, *Tratado del amor*, p. 195.

692 Ibn ʿArabī, *al-Futūḥāt*, vol. VI, p. 36. En castellano, Ibn ʿArabī, *Tratado del amor*, p. 195.

693 C. 6:91. Trad. Cortés.

ese sentir. Comprende que el velo que cae sobre algunas criaturas forma parte del plan del Omni-Compasivo.

5.7. Desear salir de este mundo para encontrarse con el Amado

El amante que accede a la cámara nupcial de «desear salir de este mundo para encontrarse con el Amado»[694] siente tanto dolor por la separación que el único modo que concibe para ponerle fin es la muerte. Pero no una mínima muerte como la de la aniquilación y la subsistencia, sino una que ponga definitivo fin a la vida en este mundo. Para comprender esta voluntad tanática, Ibn ʿArabī remite a un famoso hadiz, donde Muhammad tiene apoyada la cabeza en el regazo de ʿĀʾišā y se desmaya[695]. Al despertar, el Profeta confiesa que prefiere la muerte a la vida terrena, pues no hay nada comparable al gozo de estar junto a los compañeros del Jardín. Según el Šayḫ, esta es la disposición de los amantes que desean salir del mundo. En virtud de una experiencia extática, la dimensión creatural se les presenta como obstáculo para encontrarse con el Amado. Estamos, por tanto, ante una cámara vinculada al deseo de Absoluto, donde celosamente no se admite mediación alguna entre amante y amado. Una búsqueda monocular que solo podrá satisfacerse a través de la muerte.

5.8. Quejarse por el velo que se interpone entre el amante y el Amado

La cámara nupcial del «quejarse por el velo que se interpone entre el amante y el Amado»[696] es bastante similar a la anterior. El amante está impaciente y se siente frustrado por todo lo que se interpone entre él y Dios. Su deseo le lleva a reclamar una unión total. Pero al no lograrlo se deprime. Ibn ʿArabī advierte que esta actitud no es propia de los *ʿārifūn*. Estos son conocedores de que el mundo de lo creado

---

694 *Cf.* Ibn ʿArabī, *al-Futūḥāt*, vol. VI, p. 36. En castellano, Ibn ʿArabī, *Tratado del amor*, p. 196.

695 Ibn ʿArabī, *Tratado del amor*, p. 196.

696 *Cf.* Ibn ʿArabī, *al-Futūḥāt*, vol. VI, p. 37. En castellano, Ibn ʿArabī, *Tratado del amor*, p. 198.

puede ser vía hacia el Amado. Ya lo vimos con Fátima de Córdoba y también con Ḏū l-Nūn. La alegría y el gozo, la confianza y el desprendimiento de todo asidero egoico caminan unidos de la mano.

5.9. Dar abundantes suspiros de amor

La siguiente cámara, «dar abundantes suspiros de amor»[697], ofrece una perspectiva inversa. Aquí el deseo de encontrarse con el Amado no deriva en queja ni angustia, no se queda en la oscuridad, sino que, de modo productivo e iluminador, el suspiro contribuye a engendrar la imagen del Amado. Algo similar vimos en el *Cántico Espiritual* de san Juan de la Cruz. Escribe Ibn ʻArabī: «Cuando el Ser divino se manifiesta desde el interior del propio amante, el ojo de la mirada interna Lo mira, pues el corazón (según un hadiz santo) contiene al Ser divino»[698,699]. El maestro andalusí vincula, además, el aliento (*nafas*) del suspiro con el alma (*nafs*)[700] y el aliento del Omni-Compasivo (*nafas al-Raḥmān*). Siguiendo esta analogía, es posible añadir que el estatuto ontológico de la imagen de Dios respecto al ser humano que suspira es el mismo que el de lo creado respecto al Creador. La realidad percibida se descubre entonces como sueño dentro de sueño, evanescencia que nace de la fuente del amor[701].

5.10. Encontrar reposo en las palabras del Amado y recordarLo recitando Sus palabras

La cámara nupcial de «encontrar reposo en las palabras del Amado y recordarLo recitando Sus palabras»[702], se mantiene en la dimensión de cercanía y encuentro amoroso. El recuerdo (*ḏikr*) de Dios a través de la concentración en Sus Bellos Nombres es una de las

697 *Cf.* Ibn ʻArabī, *al-Futūḥāt*, vol. VI, p. 38. En castellano, Ibn ʻArabī, *Tratado del amor*, p. 200.

698 Ibn ʻArabī, *Tratado del amor*, p. 201.

699 Ibn ʻArabī, *Tratado del amor*, p. 201.

700 Ibid.

701 Acerca del sueño dentro del sueño, véase Oludamini Ogunnaike, «Inception and Ibn ʻArabī», *Journal of Religion and Film*, vol. 17, iss. 2, art. 10, 2013

702 *Cf.* Ibn ʻArabī, *al-Futūḥāt*, vol. VI, p. 39. En castellano, Ibn ʻArabī, *Tratado del amor*, p. 202.

más conocidas técnicas sufíes de contemplación. Para ahondar en su sentido, el Šayḫ invita a considerar la siguiente aleya: «Verdaderamente somos Nosotros quienes hemos enviado el Recordatorio [*ḏikr*] y seguramente Somos su Conservador» (C. 15:9)[703]. E interpreta que Dios llama aquí a Su palabra, El Corán, una rememoración de Sí[704].

5.11. Acordarse a lo que ama el amado

La cámara nupcial del «acordarse a lo que ama el Amado»[705] nos sitúa en el ámbito del amor seminal (*al-ḥubb)* como asunción de la voluntad del Amado. Ibn ʿArabī toma un verso de Mahyār al-Daylimī: «Todo lo que el amado ama es amado»[706]. Nos encontramos así en las coordenadas del trascendimiento de todo interés egoico. Si el amado prefiere la lejanía, el amante acepta. Aunque egoístamente desee gozar de la cercanía y su belleza, prioriza el bien del amado y se con-forma a su deseo. En los siguientes versos del maestro andalusí, se ilustra el estado que caracteriza a esta cámara nupcial y cómo se trata de un amor más perfecto que el de quienes meramente buscan la unión:

> Entre bondad y belleza, mi pasión me hostiga,
> y solo un hombre fuerte puede dominarla.
> El ser de corazón débil es frágil ante ella.
> Versátil es en la felicidad y la facilidad.
> ¡Pero mi actitud, en la separación,
> me es más agradable que el abrazo de la unión!
> Pues, en la unión permanezco esclavo de mi alma;
> ¡en la separación esclavo de mi Dueño!
> Mi preocupación por el Amado, por doquier,
> ¡me parece más grata que por mi alma![707]

---

703 Seguimos la traducción de H. S. Nasr *et al. Study Quran, op. cit.* «Truly it is We Who have sent down the Reminder [*ḏikr*] and surely We are its Preserver» [Los corchetes son nuestros].

704 *Cf.* Ibn ʿArabī, *al-Futūḥāt,* vol. VI, p. 39.

705 *Cf.* ibid. p. 40. En castellano, Ibn ʿArabī, *Tratado del amor*, p. 204.

706 Seguimos la traducción de Winkel: «Everything the beloved does is beloved», Ibn ʿArabī, *The Openings revealed in Makkah,* vol. 8, pre-publicación

707 Ibn ʿArabī, *Tratado del amor*, p. 205.

Resulta interesante, por otro lado, atender a la interreferencia léxica de *muwāfiq*. El término es una derivación de *waffaq* («adaptar, cohonestar, coordinar»). Su raíz trilítera (*w-f-q*) es la misma que la de *tawāfaq* («coincidir, entenderse, convenir»). La doble dirección de la cámara nupcial, como encuentro del Amado que desciende y del amante que asciende, parece así que viene sugerida en *muwāfiq*. Acordarse de lo que ama el amado puede ser entendido, por tanto, como una transformación en favor del amado (dimensión activa) y como un ser transformado gracias al don divino (dimensión pasiva).

5.12. Temer a no cumplir con el Amado

La siguiente cámara nupcial es la de quienes temen quedarse cortos en el cumplimiento de los servicios al Amado[708]. Corresponde a los *'ārifūn* que solo reconocen el Ser divino. Según Ibn 'Arabī, los versos de al-Ḥallāğ: «Yo soy quien amo / y a quien amo yo», representan «la sola y única causa» de su miedo[709]. O, dicho con otras palabras: quienes se encuentran en esta cámara nupcial temen que la afirmación de sí mismos o del mundo suponga una descortesía ante el Amado.

5.13. Considerarse insignificante y reconocer la importancia del Amado

Considerarse insignificante (*istiqlāl*) y reconocer la importancia (*istikṯār*) del Amado es la siguiente cámara nupcial[710]. El amante reconoce la insignificancia de lo que da a su Señor y magnifica lo que recibe de Él. De modo similar, cuando el amante es Dios, considera lo poco que recibe de los seres humanos como si fuera mucho. Y no tiene en cuenta las faltas de estos, más que en función de la capacidad de cada uno[711]. El «sí» profundo del Omni-Compasivo

---

708 *Cf.* Ibn 'Arabī, *al-Futūḥāt*, vol. VI, p. 41.

709 Ibn 'Arabī, *Tratado del amor*, p. 207.

710 *Cf.* Ibn 'Arabī, *al-Futūḥāt*, vol. VI, p. 42. En castellano, Ibn 'Arabī, *Tratado del amor*, p. 208.

711 C.2:286: «Dios no pide nada a nadie más allá de sus posibilidades». Trad. Cortés.

vemos cómo ejerce, una vez más, la primacía en la concepción akbarí de la realidad.

5.14. Obedecer y evitar desobedecer

En la cámara nupcial de «obedecer al amado y evitar desobedecerle» volvemos a encontrarmos con el trascendimiento de la propia voluntad que caracteriza al amor originario (*ḥubb*), acompañada de confianza y gozo. Si el Amado ordena algo que supone ocultación y lejanía, el amante obedece y «permanece, a pesar de todo, en el bienestar y la dulzura procuradas por el asentimiento deliberado a los edictos de su Dueño»[712]. Esta obediencia guarda cierta analogía con el ámbito de lo divino. Según el Šayḫ, cuando los seres humanos piden a Dios para que sus corazones no se desvíen, Él se sitúa igualmente en una posición de obediencia hacia ellas.

5.15. Ser enteramente externo a sí

La cámara nupcial de «ser enteramente externo a sí»[713] se ubica también en el orbe del amor originario (*ḥubb*). Ibn ʿArabī explica que cuando el amante abraza la voluntad (*irāda*) del amado, es como si hubiera salido completamente de sí y su alma ya no trabajara para él[714]. Es decir: se ha convertido en siervo perfecto de Aquel a quien ama. En lo que refiere al amor de Dios hacia los hombres, el Šayḫ recuerda el hadiz por el que Dios explicó a Moisés que el mismo acto de la creación no era sino una acción de amor desinteresado: «Oh, hijo de Adán, he creado las cosas por tu causa»[715], lo cual nos lleva de nuevo a la perspectiva del amor de *al-Raḥmān* como preeminente sobre cualquier otro de los rasgos divinos. El mismo acto de la creación sería, en este sentido, un salirse de Dios, un trascender Su propio interés en beneficio de un otro.

---

712 V. Ibn ʿArabī, *al-Futūḥāt,* vol. VI, p. 43. En castellano, Ibn ʿArabī, *Tratado del amor*, p. 210.

713 *Cf.* Ibn ʿArabī, *al-Futūḥāt,* vol. VI, p. 43.

714 Ibid.

715 Ibn ʿArabī, *Tratado del amor*, p. 212.

5.16. No reclamar el precio de la sangre al ser asesinado

Para asumir la voluntad del amado como si fuera propia, resulta crucial que no haya ningún tipo de cálculo instrumental. No cabe esperar un beneficio para uno mismo. Esto es precisamente de lo que trata la siguiente cámara nupcial: «no reclamar el precio de la sangre al ser asesinado»[716]. El amante hace del propio ser un regalo de amor, sin esperar nada a cambio. Ello evoca a la figura de Rābiʿa al-ʿAdawiyya. Cuentan que esta santa sufí llevaba una antorcha y un cubo de agua, para poder prenderle fuego al cielo o apagar las llamas del infierno el día en que muriera y asegurarse así que, mientras, su amor por Dios fuese verdaderamente puro[717]. Según Ibn ʿArabī, cuando el ser humano ama a Dios de esta manera, sin esperar recompensa por la propia muerte, puede decirse que «su vida está en su muerte»[718]. En lo que refiere al amor divino, el maestro andalusí apunta que Dios creó el cosmos entre Sí y las criaturas, también de modo absolutamente desinteresado, como ámbito intersticial que evitara que estas quedaran abrasadas por la radiancia de Su fulgor.

5.17. Guardar paciencia ante cualquier adversidad

La siguiente cámara nupcial es «guardar paciencia ante cualquier adversidad derivada del seguimiento de las órdenes del Amado, incluso cuando estas se oponen a la propia disposición natural»[719].

716 Ibn ʿArabī, *al-Futūḥāt*, vol. VI, p. 44.

717 A. M. Schimmel, *Las dimensiones místicas del Islam*, p. 97. Acerca de esta figura clave de la espiritualidad musulmana, consúltese Margaret Smith, *Rábi'a the mystic and her fellow saints in Islam*, Cambridge, University Press, 2010. También resulta de gran interés el artículo de Luce López-Baralt: «Anonimia y posible filiación espiritual islámica del soneto "No me mueve, mi Dios, para quererte"», *Nueva Revista de Filología Hispánica*, tomo 24, nº 2, 1975, pp. 243-266. La investigadora portorriqueña muestra la enorme presencia del amor puro y desinteresado en la espiritualidad musulmana y defiende una continuidad con la literatura española del Siglo de Oro, en concreto en el anónimo *Soneto a Cristo crucificado*. Como antecedente de todos, estaría la patrística de Clemente de Alejandría, quien dedicó importantes reflexiones a este tema.

718 Ibn ʿArabī, *Tratado del amor*, p. 212.

719 *Cf.* Ibn ʿArabī, *al-Futūḥāt*, vol. VI, p. 45. En castellano, Ibn ʿArabī, *Tratado del amor*, p. 214.

Según vimos en el comentario de las cualidades de los amantes que Dios ama, los pacientes (*al-ṣābirūn*) no pierden nunca la esperanza en Dios ni Le culpan jamás del mal que sufren[720]. En el comentario a esta cámara nupcial, Ibn ʿArabī insiste en la misma idea y añade que la resistencia ante el mal supone una importante dificultad, ya que la disposición natural del ser humano es huir del daño. Los pacientes son, así, capaces de dominar su condición natural en sintonía con la paciencia de Dios que, según Su nombre al-Ṣabur, es Constante en su amor, con independencia del daño que le inflijan Sus criaturas[721].

5.18. Tener un corazón errante

La cámara nupcial de quien tiene un corazón errante (*hā'im al-qalb*)[722] corresponde a quien realiza dinámico servicio a la manifestación de Dios en cada faceta del mundo. Es decir, aquel cuyo corazón se encuentra siempre en movimiento, siempre atento al flujo de la manifestación del Ser para ofrecerle servicio adecuado. Como remache a este acento dinámico, Ibn ʿArabī invita a considerar la interreferencia léxica de corazón (*qalb*), cuya raíz trilítera (*q-l-b*) es la misma de alternancia (*taqallub*)[723]. La función propia del corazón será alternar de un lugar para otro en movimiento amoroso, de modo similar a Dios ocupado cada día con una tarea (C. 55:29)[724].

5.19. Preferir la compañía del Amado a cualquier otra

La siguiente cámara nupcial es «preferir la compañía del Amado a cualquier otra compañía»[725]. Ibn ʿArabī plantea que al ser humano le ha sido confiada la tarea de cuidar el mundo. Sin descargo de

720 V., *supra*, pp. 213-217.

721 Ibn ʿArabī, *Tratado del amor*, p. 215.

722 *Cf.* Ibn ʿArabī, *al-Futūḥāt*, vol. VI, p. 46. En castellano, Ibn ʿArabī, *Tratado del amor*, p. 215.

723 Ibid. En *Fuṣūṣ al-Ḥikam*, Ibn ʿArabī incide en esta misma cuestión, v. Ibn ʿArabī, *Los engarces de las sabidurías*, pp. 119 y ss.

724 «Los que están en los cielos y en la tierra Le imploran. Siempre está ocupado en algo» (C. 55:29). Trad. Cortés.

725 *Cf.* Ibn ʿArabī, *al-Futūḥāt*, vol. VI, p. 46. En castellano, Ibn ʿArabī, *Tratado del amor*, p. 217.

ello, los amantes que conocen según la fragancia (los *ʿārifūn*) combinan ese cuidado con la preferencia de la compañía del Amado. Allá donde estén, disfrutan de Su perfume.

5.20. Desaparecer en la afirmación

La vigésima cámara nupcial es «desaparecer en la afirmación»[726]. Consiste en la realización de obras de adoración ritual (afirmación del Amado) en las que el siervo es aniquilado en cuanto ser separado (desaparición del amante). El maestro andalusí invita a considerar algunas aleyas, que apuntan al reconocimiento de la menesterosidad ontológica de los seres humanos: «Es Dios quien os ha creado a vosotros y lo que hacéis» (C. 37:96), «No tienes nada que ver en este asunto» (C. 3:128), «Por cierto, el asunto pertenece totalmente a Dios» (C. 3:154), «Tú no lanzaste cuando lanzaste» (C. 8:17), «Distribuid generosamente los bienes que Él os ha concedido (C. 57:7)[727]. Según el Šayḫ, estas aleyas «prueban muy claramente que se trata aquí de un desaparecer ante una afirmación»[728]. En cuanto a la dimensión divina, el maestro andalusí explica que Dios desaparece según la perspectiva del ser humano que afirma el mundo. Puede advertirse aquí una lógica entre contrarios, similar a la señalada a propósito del ser asesinado (*maqtūl*).

5.21. Adaptar el alma a los requerimientos del Amado

La siguiente cámara nupcial es «adaptar el alma a los requerimientos del Amado»[729]. El amante de Dios reconoce el derecho del mundo de la creación sobre sí, tal y como indica el célebre hadiz: «Y tu visitante tiene derecho sobre ti (*wa-li-zā'iri-k ʿalay-ka ḥaqq*)»[730]. Su deber es acoger amorosamente todo lo creado, en cuanto todo nace del aliento del Omni-Compasivo. Esto incluye, un deber

726 *Cf.* Ibn ʿArabī, *al-Futūḥāt*, vol. VI, p. 49. En castellano, Ibn ʿArabī, *Tratado del amor*, p. 221.

727 Ibid.

728 Ibid.

729 *Cf.* Ibn ʿArabī, *al-Futūḥāt*, vol. VI, p. 49. En castellano, Ibn ʿArabī, *Tratado del amor*, p. 222.

730 Ibn ʿArabī, *Tratado del amor*, p. 222.

especial con el extranjero, el visitante[731]. Se trata, pues, de ejercitar la mirada de la similaridad y reconocer a Dios en cualquiera de las faces de la realidad, contemplar el brillo de Su manifestación en todas y cada una de las criaturas. El adaptarse puede ser así entendido como un descender la mirada hacia las cosas creadas y adoptar una actitud de servicio ante ellas, convertirse en espejo bruñido donde el Omni-Compasivo pueda contemplarse a Sí mismo. Respecto a Dios como amante, el maestro andalusí cambia el enfoque y adopta la perspectiva de la incomparabilidad para plantear que, en realidad, Dios no depende de nada. Apreciamos en este movimiento otra muestra de cortesía por parte del autor, de equilibrio tras haber mostrado una perspectiva según la cual Dios parecería estar necesitado del rebajamiento del ser humano.

5.22. Estar penetrado por las cualidades del Amado

Esta cámara nupcial muestra una nueva faceta del amor como *ḥubb*[732]. Según el Šayḫ, cuando el amante trasciende el propio interés y abraza la voluntad del Amado como si fuera la suya propia, es penetrado (*mutadāḫal*) por las cualidades (*ṣifāt*) de Dios[733]. El verbo daḫal significa «entrar», «penetrar», «ingresar», «consumar el matrimonio», «yacer con»... Puede advertirse en este sentido una

731 Ibn ʿArabī incluye este hadiz en*al-Miškāt al-Anwār*: «God, ever mighty and majestic is He, will say on the Day of Resurrection, "O child of Adam, I was sick, and you did not visit Me". [The man] asks: "My Lord, how could I visit You, when You are the Lord of the universes?". He will reply: "Did you not know that one of My servants was sick, and you did not visit him? Did you not know that if you had visited him, you would have found Me with him?". "O child of Adam, I asked you for food, but you did not feed Me". [The man] asks: "My Lord, how could I feed You, when You are the Lord of the universes?". He will reply: "Did you not know that one of My servants asked you for food, and you did not feed him? Did you not know that if you had fed him, you would have found that with Me?". "O child of Adam, I asked you for drink, but you gave Me nothing to drink". [The man] asks: "My Lord, how could I give you a drink, when You are the Lord of the universes?". He will reply: "One of My servants asked you for drink but you did not quench his thirst. Did you not know that if you had quenched his thirst, you would have found that with Me?"», Ibn ʿArabī, *Divine Sayings,* pp. 75-76.

732 *Cf.* Ibn ʿArabī, *al-Futūḥāt,* vol. VI, p. 50. En castellano, Ibn ʿArabī, *Tratado del amor*, p. 224.

733 Ibn ʿArabī, *al-Futūḥāt,* vol. VI, p. 50.

voluntad de alusión a la unión sexual que enriquece la noción de *ḥubb*, presentada en otros pasajes con acento en lo espiritual y en cierta oposición a la dimensión natural, física del amor. La faz carnal y el ámbito interior parecen fundirse en esta peculiar penetración. En lo que concierne al amor de Dios hacia los seres humanos, el Šayḫ apunta que su Ultimidad penetra Su Anterioridad, y viceversa: Su Anterioridad penetra su Ultimidad[734]. Con «Ultimidad» se refiere a las criaturas como manifestación última del Ser divino, mientras que con Anterioridad apunta a la Esencia (*ʿAyn*) divina, a Él considerado en su propio Ser sin relación a lo creado. Gracias al amor, sin embargo, ambas dimensiones se interpenetran.

5.23. No tener aliento

En la cámara nupcial del no tener aliento (*nafs*)[735], el amante se encuentra siempre atento a cómo satisfacer la voluntad (*irāda*) del Amado, siempre preocupado por la cantidad de cosas que desconoce sobre Él. Su disposición, por tanto, es de puro servicio, de pura entrega hacia el Otro. En lo que refiere al amor de Dios, Ibn ʿArabī enfatiza igualmente la dimensión servicial de Su amor, como *al-Raḥmān, amante* que no descansa, que no deja de atender a las necesidades de Sus criaturas, ni de ayudarles a mejorar en este mundo y en el próximo. Es así como lee las siguientes aleyas: «Los que están en los cielos y en la tierra Le imploran. Siempre está ocupado en algo» (C.55:29)[736], «Creamos los cielos, la tierra y lo que entre ellos está en seis días, sin sufrir cansancio» (C.50:38)[737].

5.24. Pertenecer enteramente al Amado

La cámara nupcial del «pertenecer enteramente al Amado» también se sitúa en el orbe de la entrega servicial[738]. Pero más que

734 Ibid. p. 51.

735 *Cf.* Ibn ʿArabī, *al-Futūḥāt,* vol. VI, p. 50. En castellano, Ibn ʿArabī, *Tratado del amor*, p. 226.

736 Trad. Cortés.

737 Trad. Cortés.

738 *Cf.* Ibn ʿArabī, *al-Futūḥāt,* vol. VI, p. 51. En castellano, Ibn ʿArabī, *Tratado del amor*, p. 226.

ocuparse del modo de ese darse o de sus efectos, trata la ontología que le subyace. El ser humano es una «aglomeración», en el sentido de una suma de elementos que permite la emergencia visible de su ser esencial[739]. Tenemos aquí una descripción que recuerda lo apuntado en el poema de la entrada en Siria[740] y en el apartado sobre quienes luchan en el camino de Dios como si fueran un sólido edificio[741]. El ser humano refleja ese juego entre unidad y multiplicidad, ocultación y manifestación que procede de la misma ambivalencia de la realidad divina.

5.25. Culparse a uno mismo ante la realidad del Amado

La cámara nupcial del «culparse a uno mismo ante la realidad del Amado»[742] consiste en un reconocimiento humilde de la propia limitación a la hora de ofrecer el servicio amoroso. El amante se da cuenta de que no está dentro de sus posibilidades, en cuanto ser terrenal, limitado, dar al Amado todo lo que merece o necesita. Si el amante es Dios, la atribución de culpa no será a Sí mismo, sino al ser humano. El maestro andalusí introduce aquí el término *ʿitb*[743], una reprobación que se hace a un amigo, una crítica desde el amor, motivada por el sincero deseo de mejora del otro, que recuerda a lo comentado sobre aquellos que purifican a los demás (*al-muṭṭahirūn*)[744].

5.26. Disfrutar en el sobresalto

La cámara nupcial del «disfrutar en el sobresalto»[745] se refiere al momento de la aparición repentina del Amado: el instante en que Dios sin previo aviso, se manifiesta (*taǧallī*), dejándolo estupefacto.

739 Ibid.

740 V. *supra*. p. 144.

741 V. *supra*. p. 218.

742 *Cf.* Ibn ʿArabī, *al-Futūḥāt,* vol. VI, p. 52. En castellano, Ibn ʿArabī, *Tratado del amor*, p. 227.

743 Ibid.

744 V., *supra,* p. 212.

745 *Cf.* Ibn ʿArabī, *al-Futūḥāt,* vol. VI, p. 53. En castellano, Ibn ʿArabī, *Tratado del amor*, p. 230.

Ibn ʿArabī precisa que el término *hağūm*[746], «ataque impetuoso», «arrebatador» expresa singularmente la naturaleza de esta situación. En su campo de interreferencia léxica (*h-ğ-m*), encontramos la palabra *hağma* «ataque», «carga» pero también «sorpresa» o «llegada repentina de calor o frío». Estaríamos hablando, así, de una experiencia de rapto o asalto que sobrecoge al amante, que lo deja desprotegido, pero que, sin embargo, no le impide vivir gozosamente el acontecimiento, en cuanto encuentro con Aquel a Quien apunta su más íntimo deseo. En lo que refiere al amor de Dios, el Šayḫ se cuida de subrayar que a Él nada puede forzarLo[747]. Dios eligió sin coerción posible, desde Su Sabiduría, cuál sería el orden de lo creado. Lo más cercano al sobresalto del amante humano tendría que ver con el momento de la oración. Allí Dios recibe la petición del fiel. Y ello le produce deleite. Para terminar de ilustrar esta cámara, el maestro andalusí cuenta la historia de dos personas que rogaban al Señor. Una era amada por Él y la otra no tanto. Sorpresivamente, Dios atendió con rapidez a la segunda y se demoró con la primera. El motivo, según el Šayḫ, fue el deseo de gozar de la voz del amado durante más tiempo. En este sentido, Ibn ʿArabī llama a considerar la demora de Dios en la respuesta a Sus siervos, como la pausa, el detenimiento que realiza el amante cuando disfruta de la subyugante figura del Amado.

5.27. Traspasar los límites

La siguiente cámara nupcial es la de quienes «traspasan los límites» (*ḥudūd*)[748]. En un contexto islámico, traspasar los límites significa realizar actos que son merecedores de un castigo divino. Ibn ʿArabī sostiene que el amante que habita esta cámara nupcial se encuentra en una situación similar a la de los supervivientes de la batalla de Badr. Tras el enfrentamiento, los compañeros de Muhammad infringieron algunas reglas. Sin embargo, según un

---

746 Ibid.

747 Ibid.

748 *Cf.* Ibn ʿArabī, *al-Futūḥāt,* vol. VI, p. 54. En castellano, Ibn ʿArabī, *Tratado del amor*, p. 232.

hadiz, Dios les dijo: «Haced lo que queráis, ya os he perdonado». Escribe Maurice Gloton:

> […] hay que entender que se encontraban en un estado de espiritualidad tal que Dios los consideraba liberados y no transgresores. Ciertos comportamientos exteriores de dichos compañeros [del Profeta] atrajeron las críticas provisionales, rápidamente apaciguadas ante el reconocimiento de su condición de combatientes de Badr. Por una inmunidad providencial debida a la excelencia de estos individuos extraordinarios, Dios les preservó de la impiedad y de la maldad, de modo que su «transgresión» solo lo era de aspectos menores que no comprometían nunca la integridad fundamental de estos seres elegidos […]. Se puede afirmar, pues, que estos personajes de excepción son su propia ley, pero puede ser también ocasión de escándalo o de desaprobación en entornos no expertos[749].

Ibn ʿArabī considera que los amantes que acceden esta cámara nupcial pueden traspasar las reglas que previamente habían observado, sin por ello desobedecer a Dios. El motivo es que las reglas no son un fin en sí mismo, sino herramientas mediante las que transitar el camino de ascenso amoroso. Quien se encuentra en una estación de conocimiento (*ʿilm*) y realización suficientemente elevada, puede entonces traspasarlas sin incurrir en desobediencia. Al mismo tiempo, cuando Dios concede al siervo más de lo que le corresponde, está traspasando los límites por Él mismo impuestos. De tal modo que, en ambos casos, la fuerza del amor disuelve la fijación del límite.

5.28. Sentir celo por el Amado

La siguiente cámara nupcial es «sentir celo (*gayra*) por el Amado»[750]. Ibn ʿArabī indica que se trata de la morada más adecuada a la realidad (*ḥaqq*) y al ser (*wuǧūd*) de quienes aman a Dios[751]. Presenta como ejemplo a Šiblī, un discípulo de Ǧunayd en Bagdad que,

---

749 Ibn ʿArabī, *Tratado del amor*, p. 280 n.144.

750 *Cf.* Ibn ʿArabī, *al-Futūḥāt*, vol. VI, p. 55. En castellano, Ibn ʿArabī, *Tratado del amor*, p. 234.

751 Ibn ʿArabī, *al-Futūḥāt*, vol. VI, p. 55.

consciente de la inaccesibilidad de Dios y de la insignificancia de su propio ser, ocultaba su amor. También apunta a Muhammad, quien un día bajó del púlpito en mitad de un sermón para ayudar a 'Ā'iša, Ḥasan y Ḥussayn, los cuales acababan de sufrir un tropiezo. Según el Šayḫ, todo amante debería hacer lo mismo: proteger y honrar la dignidad del amado, su carácter sagrado (*quds*)[752]. Respecto a la dimensión divina, Ibn 'Arabī añade que, en Su amor por los seres humanos, Dios ha hecho que algunas ofensas sean tabúes, para así protegerlos celosamente. Puede reconocerse aquí la típica inversión de mirada akbarí. Si en la anterior cámara nupcial encontrábamos cierta permisividad y relajación, en la presente advertimos una llamada al reconocimiento de los límites y la protección celosa del Amado. Ni una postura ni la otra podrán ser nunca definitivas en el dinamismo propuesto por el maestro andalusí. Pero tanto la una como la otra deben ser guiadas por un amor que refleje el del Omni-Compasivo.

5.29. Amar según la medida del intelecto

La siguiente cámara nupcial pertenece a quienes «aman según la medida del intelecto»[753]. Ibn 'Arabī distingue entre un uso inadecuado de la inteligencia, que sería el de la razón especulativa aplicada a Dios (realizar enunciados positivos de Dios según la razón) y un uso adecuado, que sería el de atender a la dimensión de la incomparabilidad y reconocer la distancia que media entre la Realidad esencial (*Ḥaqq*) y los existentes o entre el Creador y Sus criaturas[754]. El amante que usa adecuadamente el intelecto realiza así un acto de apertura hacia el Amado. Da un «sí» profundo mediante el que se dispone a aceptar el modo en que Dios se describe a Sí mismo. Según el maestro andalusí, cuando Dios es el que ama, Su conocimiento (*'ilm*) resulta análogo al intelecto humano. Su conocimiento colabora en la perfecta realización de Su amor[755].

752 Ibid.

753 *Cf.* Ibn 'Arabī, *al-Futūḥāt,* vol. VI, p. 56. En castellano, Ibn 'Arabī, *Tratado del amor,* p. 236.

754 Ibn 'Arabī, *al-Futūḥāt,* vol. VI, p. 56.

755 Ibid.

5.30. Ser inocente como un animal

La trigésima cámara nupcial es «ser inocente (*ǧubar*) como un animal»[756]. Ibn ʿArabī cuenta la historia de un pájaro que, durante el cortejo amoroso, le dijo a su amada que, si ella se lo pidiera, derrumbaría el mismísimo templo de Salomón. El rey pidió explicaciones al animal. Y este se excusó alegando que «el amor tiene un lenguaje que solo los amantes hablan»[757]. Según el Šayḫ, Dios solamente tiene en cuenta lo que hacen las personas mientras son capaces de usar su intelecto. Así que, al valorar los excesos de los enamorados, no puede más que perdonarles, pues su estado resulta similar al del inocente pájaro del cuento. La ubicación de esta cámara nupcial junto la de amar según los límites del intelecto puede leerse de nuevo, como el típico movimiento akbarí de equilibrio entre perspectivas. En la primera, encontramos una llamada a no trasgredir la dimensión de la incomparabilidad. Mientras que, en la segunda, aparece la compasión superlativa del Creador.

5.31. Un amor que no aumenta ante lo bueno ni decrece ante lo malo

En la siguiente cámara nupcial[758], Ibn ʿArabī retoma la noción del *ḥubb* como trascendimiento de todo interés egoico. Según nos dice, quien verdaderamente busca el bien del Amado no se ve afectado por la conducta de Este, sino que permanece estable en su afecto, con independencia de cómo le traten. Su amor no aumenta ante lo bueno ni decrece ante lo malo. Como en el siguiente poema, compuesto por una mujer cuyo nombre no desvela:

> Aunque llegara a hacerme pedazos
> ¡solo amor por Ti ganaría![759]

756 *Cf.* Ibn ʿArabī, *al-Futūḥāt,* vol. VI, p. 57. En castellano, Ibn ʿArabī, *Tratado del amor*, p. 237.

757 Ibid.

758 *Cf.* Ibn ʿArabī, *al-Futūḥāt,* vol. VI, p. 57. En castellano, Ibn ʿArabī, *Tratado del amor*, p. 239.

759 Ibn ʿArabī, *Tratado del amor*, p. 239.

Vemos aquí algo muy similar a lo apuntado sobre el amor de Rābiʿa. El amor que nada espera se sitúa más allá de toda instrumentalidad y condicionalidad. La santa de Basora es considerada por nuestro autor como una cima espiritual, alguien que superó a todos los hombres en estado (*ḥāl*) y estación (*maqām*)[760]. En reconocimiento de su condición, comparte un poema suyo, donde se advierte la distinción entre cierto egoísmo que acompaña al amor como *hawā* y el servicio al Amado que implica el amor como *ḥubb*:

Te amo con dos amores:
con el amor de la pasión [*hawā*],
y con otro amor [*ḥubb*]
¡pues digno eres de ello!

El amor de la pasión
me absorbe en Tu solo nombre.
El amor [*ḥubb*] del que eres digno
me hace quitar el velo
a fin de verTe.

No me pertenece la gloria
ni por el uno ni por el otro,
pues esta claramente es Tuya
¡por este amor y por el otro![761]

Siguiendo el tema del desasimiento de todo interés instrumental, el maestro andalusí cita otro poema escrito por una mujer, en este caso una esclava de ʿAtab, el escriba:

¡Objeto de mis ansias!
¡Señor y Dueño! ¡Apoyo y sostén mío!
¡Cuanto ha que te deseo!
¿Cuándo será que a Ti me vea unido?
Si tus vergeles celestiales busco,
No es por gozar allí de tus deleites.
Solo los apetezco,
Porque en ellos, Señor, espero verte[762].

760 Ibn ʿArabī, *al-Futūḥāt,* vol. VI, p. 57.
761 *Ibn ʿArabī, Tratado del amor*, p. 240.
762 M. Asín Palacios, *El Islam cristianizado*, p. 250.

Como broche ofrece, ahora sí, un poema compuesto por él mismo, donde advertimos el trascendimiento de toda lógica condicional, la asunción amorosa de la voluntad del Amado y la celebración de la renovación de la existencia:

> Son para mí del cielo las delicias
> igual que los suplicios de tu infierno:
> el amor que me tienes no se amengua
> con el castigo, ni lo aumenta el premio.
> Todo aquello que Tú de mí prefieras,
> eso solo amaré, tan solo eso.
> Porque el amor que Tú, Señor, me tienes,
> lejos de marchitarse con el tiempo,
> es, cual la creación con que me animas,
> acto de amor eternamente nuevo[763].

Respecto a Dios como amante, Ibn ʿArabī se sitúa en una perspectiva de la incomparabilidad y nos dice que Él no se ve afectado en realidad por la conducta de Sus criaturas. Es por ello que Su amor resulta incondicional y los pecados son siempre perdonados[764].

5.32. No estar obligado a la cortesía

La cámara nupcial de «no estar obligado a la cortesía» (*adab*)[765] se ubica igualmente en las coordenadas del amor incondicional del Omni-Compasivo. Dice Ibn ʿArabī que el amante que habita esta cámara queda excusado de la cortesía hacia el Amado, pues está aturdido por la posesión amorosa y no puede servirse de su intelecto (*ʿaql*)[766]. El paralelismo con la condición animal e inocente de los amantes resulta aquí evidente. También con la cámara nupcial de traspasar los límites (*ḥudūd*). En lo que respecta a Dios como amante, el Šayḫ considera que Él no está obligado

763 Ibid., p. 251.

764 Ibn ʿArabī, *al-Futūḥāt,* vol. VI, p. 59.

765 *Cf.* Ibn ʿArabī, *al-Futūḥāt,* vol. VI, p. 59. En castellano, Ibn ʿArabī, *Tratado del amor*, p. 242.

766 Ibid.

a las buenas maneras hacia Sus siervos, sino que les proveyó de las mismas como muestra de amor, pues resultaban adecuadas para ellos[767].

5.33. Olvidar la propia suerte y la del Amado

La siguiente cámara nupcial es «olvidar la propia suerte y la del Amado»[768]. El amante está tan centrado en el amor que siente que termina descuidando al Amado y a sí mismo[769]. Según Ibn ʿArabī, esto ocurre en la vivencia del amor (*ḥubb al-ḥubb*)[770]. Por nuestra parte, consideramos interesante recordar el momento en el que Qays pide a Layla que se marche[771]. Desde la perspectiva abierta por esta cámara nupcial, puede interpretarse como un doble olvido contrapuesto al genuino juego de ambivalencias que representa el amor a Zaynab. Por un lado, Qays olvida a su amada: desprecia su voluntad y prima el propio anhelo. Pero al mismo tiempo, se olvida de sí mismo: restringe el caudal de su propio deseo y potencial realizativo, pues primando el gozo de la ausencia se cierra al gozo de la presencia.

5.34. Despojarse de todo epíteto

En estrecha relación con la aniquilación propia y del amado, la siguiente cámara nupcial, «despojarse de todo epíteto» (*naʿt*)[772], pone el acento en la dimensión negativa del amor. Según Ibn ʿArabī, el amante que accede a esta cámara no posee ningún epíteto que lo defina ni limite, de tal modo que puede atender en plenitud a lo que reclame el Amado. Puede verse la conexión con la morada de la no-morada (*maqām lā maqām*), como máximo estado de reali-

767 Ibid.

768 *Cf.* Ibn ʿArabī, *al-Futūḥāt,* vol. VI, p. 59. En castellano, Ibn ʿArabī, *Tratado del amor*, p. 243.

769 Ibn ʿArabī, *Tratado del amor*, p. 243.

770 Ibn ʿArabī, *al-Futūḥāt,* vol. VI, p. 59.

771 V., *supra*, p. 149.

772 *Cf.* Ibn ʿArabī, *al-Futūḥāt,* vol. VI, p. 60. En castellano, Ibn ʿArabī, *Tratado del amor*, p. 243.

zación personal[773]. Los más elevados de todos los seres humanos son aquellos que no poseen forma que los condicione, aquellos dispuestos a adoptar la medida que la realidad demande. Esta perfección se relaciona con la propia Esencia divina, a la cual nada se asemeja, nada la limita.

5.35. Permanecer anónimo

La cámara nupcial del permanecer anónimo (*maǧhūl al-asmā'*)[774] desarrolla una línea muy similar a la anterior. El amante rechaza ser nombrado para optimizar la servidumbre amorosa. Si alguien le pregunta cómo se llama, reclama para sí la condición de desconocido y remite toda cuestión al Amado. Como en los siguientes versos, pertenecientes a Abū ʿAbd-Allāh al-Magribī al-Zāhid[775]:

> Cuando ella me llama, es para decirme: «¡Oh, esclavo mío!»
> ¡Por eso este nombre es el más noble que poseo![776]

Puede advertirse aquí un dominio de la acción, el verbo, sobre el nombre. Y en cuanto la acción es de carácter servicial, una primacía de la afirmación del otro, del Amado, sobre uno mismo[777]. A este efecto, resulta interesante recordar cómo la asistencia Omni-Compasiva de Dios sobre las criaturas es el primer despliegue de Su inefable Realidad Esencial. Anonimia y puro amor están conectados también para quien habita la morada de la no-morada (*maqām lā maqām*). Según Ibn ʿArabī, gracias a que Dios es Esencia

773 V., *supra*, pp. 86-87.

774 *Cf.* Ibn ʿArabī, *al-Futūḥāt*, vol. VI, p. 60. En castellano, Ibn ʿArabī, *Tratado del amor*, p. 244.

775 Agradecemos a Eric Winkel el señalamiento de la autoría de los versos.

776 Ibn ʿArabī, *Tratado del amor*, p. 244.

777 Esta primacía del amado sobre el amante puede ser rastreada en la misma estructura de la lengua árabe. En un interesante estudio comparativo sobre las nociones de «identidad» y «alteridad» en las lenguas indoeuropeas y semitas, Carlos Andrés Segovia defiende que, en las primeras, domina una gramática donde el sujeto se afirma a sí mismo, mientras que las segundas se caracterizan por la apertura hacia un otro, *cf.* Carlos Andrés Segovia, «El mismo y el otro. La evolución asimétrica de algunos lexemas propios de las lenguas semíticas e indoeuropeas y su incidencia en la revelación bíblica y coránica», *Límite. Revista de Filosofía y Psicología*, vol. 2. nº 15, 2007, pp. 21-37.

oculta absolutamente inaccesible en Su Ipseidad, atiende a cualquier nombre y llamada. La disposición del siervo no es sino reflejo de la radical apertura amorosa de la divinidad.

5.36. Parecer descuidado

La cámara nupcial del «parecer descuidado»[778] encierra cierta paradoja. Según el Šayḫ, es típica del momento de máxima absorción del amor. El amante sufre tal sacudida, tal afección, que puede volverse incapaz de reconocer a su Amado, incluso aunque lo tenga justo enfrente de sí. Pero lejos de ser un verdadero descuido, estaríamos ante el mero efecto avasallador del enamoramiento.

5.37. No estar afectado por la conexión ni por la separación

La siguiente cámara nupcial es «no estar afectado por la conexión ni por la separación»[779]. Según Ibn ʿArabī, el amante que accede a esta cámara se concentra de tal modo en el Amado que su amor permanece igual. Para ilustrarlo comparte unos versos de Abū l-ʿAbbās Aḥmad Ibn Sayyid al-Lāṣ al-Išbīlī:

> Mi noche unido a ella o separado de ella es siempre idéntica.
> ¡Me quejo tanto de la larga noche como de la noche corta![780]

No se trata de que el amante no esté afectado, en el sentido de no sentir gozo por la conexión o tristeza por la separación. La falta de afección debe entenderse aquí como falta de variación en su estado. Goza la conexión y padece la separación. Pero de un modo tan equilibrado, tan fiel a ambas dimensiones, que su estado se mantiene estable. Ahondando en esa imagen de firmeza, fruto del doble compromiso con la manifestación y la ocultación del Amado, Ibn ʿArabī compone el siguiente poema:

---

778 *Cf.* Ibn ʿArabī, *al-Futūḥāt,* vol. VI, p. 61. En castellano, Ibn ʿArabī, *Tratado del amor,* p. 246.

779 Ibid.

780 Ibid.

Por ella me preocupo. Una noche estoy unido y otra separado.
Y tanto caso hago de la noche que dura como de la efímera[781].

5.38. Mostrarse consentido

La siguiente cámara nupcial es «mostrarse consentido» (*idlāl*)[782,783]. El amante exhibe un poder que puede interpretarse, en primera instancia, como soberbia. Pero en lo más hondo de su corazón, no es más que un cautivo que se humilla ante el Amado, pues el poder con el que es investido solo puede haber nacido de una humillación previa.

5.39. Estar confundido

En la cámara nupcial del «estar confundido»[784], el maestro andalusí distingue dos momentos. En el primero, el amante está desorientado por culpa de su ignorancia: no sabe cómo actuar porque no conoce cuál es la voluntad del Amado. En un segundo momento, conoce que lo mejor que puede hacer por Él es seguir lo dispuesto en la Ley. La confusión inicial desaparece entonces de su corazón, pero puede que siga confundido respecto a los misterios divinos. Si así fuera, deseará compartir los deleites disfrutados en su experiencia personal y favorecer que el resto de las criaturas reparen en la belleza del Amado. Pero al mismo tiempo, temerá incurrir en una descortesía al revelar aquellos secretos que solo a él le han sido confiados. Por lo que respecta a Dios como amante, Ibn ʿArabī considera que Su acción creadora dispone a algunos seres humanos a no seguir el camino de la Ley. Pero ello no supone un problema para Su conocimiento —pues Su orden coincide con Su Conocimiento— ni tampoco para Su Señorío —pues desobedecer la Ley, según la perspectiva de *al-Raḥīm*, es, sin embargo, obedecerLe según la perspectiva de *al-Raḥmān*—.

---

781 Ibid., p. 247.

782 *Cf.* Ibn ʿArabī, *al-Futūḥāt,* vol. VI, p. 62. En castellano, Ibn ʿArabī, *Tratado del amor*, p. 247.

783 *Cf.* Ibn ʿArabī, *al-Futūḥāt,* vol. VI, p. 62. En castellano, Ibn ʿArabī, *Tratado del amor*, p. 247.

784 *Cf.* Ibn ʿArabī, *al-Futūḥāt,* vol. VI, p. 62. En castellano, Ibn ʿArabī, *Tratado del amor*, p. 248.

5.40. Sobrepasar la medida

El amante que sobrepasa la medida (*wazn*)[785], dedica todos sus esfuerzos a la rememoración (*ḏikr*) del Amado. Es por esto que excede todo límite y mesura a la hora de hablar sobre Él. Pero Dios no lo tiene en cuenta, pues sabe que se encuentra en un estado de enajenación donde no puede haber sabiduría (*ʿilm*) ni reflexión. En lo que respecta a la dimensión divina, Ibn ʿArabī sostiene que Dios sobrepasa la medida cuando ama a los seres humanos sin tener en cuenta si son merecedores de ello.

5.41. Decir «yo soy quien amo y a quien amo yo»

La siguiente cámara nupcial es la más breve del capítulo 178[786]. Los amantes que acceden a ella se expresan como Ḥallāǧ y dicen «yo soy quien amo y a quien amo yo» (*ana man ahwā wa-man ahwā ana*). A juicio de Ibn ʿArabī, esta locución nace de la consumación del amante en el Amado. Otro maestro sufí de Persia, Abū Yazīd Bisṭāmī también habría accedido a esta cámara. Según la tradición, «durante doce años, fue el herrero de su sí, hasta que hizo de sí mismo, un espejo puro»[787].

5.42. Realizar un esfuerzo agotador

La cámara nupcial de quien realiza un «esfuerzo agotador» está íntimamente vinculada al amor seminal (*ḥubb*)[788]. Pertenece a quienes han realizado una consunción de la propia voluntad de tal calibre que solo la voluntad del Amado queda en ellos. Es por esto que Dios jamás les pide explicaciones por lo que han hecho: «El amante está consumido por un fuego que lo abarca todo y reside

785 *Cf.* Ibn ʿArabī, *al-Futūḥāt*, vol. VI, p. 63. En castellano, Ibn ʿArabī, *Tratado del amor*, p. 249.

786 *Cf.* Ibn ʿArabī, *al-Futūḥāt*, vol. VI, p. 64. En castellano, Ibn ʿArabī, *Tratado del amor*, p. 251.

787 A. M. Schimmel, *Las dimensiones místicas*, p. 64.

788 Ibn ʿArabī, *al-Futūḥāt*, vol. VI, p. 64. En castellano, Ibn ʿArabī, *Tratado del amor*, p. 251.

en un corazón quemado por todo lo que no sea el Bienamado»[789]. De forma similar, al amor del Omni-Compasivo tampoco se le pedirán explicaciones.

5.43. Rasgar el velo

La penúltima cámara nupcial es «rasgar el velo»[790]. Pertenece a quienes han hecho público el secreto del encuentro amoroso con Dios. Pero lejos de censurarlos, el maestro andalusí los presenta como amantes verdaderos, pues el verdadero amor entiende que es algo que no se puede esconder:

> Aquel que pretende ocultar su amor,
> hasta el punto que se dude de él,
> se le llama embustero.
>
> El amor, domina tanto al corazón
> ¡que sobre él el velo no tiene efecto!
> Cuando aparece el secreto del ser penetrante,
> muestra al muchacho que queda sumergido,
>
> por eso envidio al cauto enamorado,
> que no despierta sospechas en corazones ni en miradas[791].

En cuanto al amor divino, Ibn ʿArabī apunta a cómo Dios no pudo tampoco esconder su afecto por los seres humanos y por eso se reveló a Muhammad a través del Ángel Gabriel.

5.44. Ignorar que uno es amante

La última de las cámaras nupciales corresponde a quien ignora su propia condición de amante[792]. La persona que accede a este estado siente un deseo ardiente y una gran nostalgia, pero no

789 Ibid.

790 *Cf.* Ibn ʿArabī, *al-Futūḥāt*, vol. VI, p. 64. En castellano, Ibn ʿArabī, *Tratado del amor*, p. 252.

791 Ibn ʿArabī, *Tratado del amor*, p. 252.

792 *Cf.* Ibn ʿArabī, *al-Futūḥāt*, vol. VI, p. 65. En castellano, Ibn ʿArabī, *Tratado del amor*, p. 253.

sabe de qué. Está en Dios, pero no sabe que está en Él. Su situación es así análoga a la de Adán. Según un célebre hadiz, Dios le mostró Sus manos cerradas para que eligiese una. Adán respondió: «Elijo la mano derecha de mi Señor, y ambas manos de mi Señor son justas y benditas». La mano derecha se abrió y allí estaba Adán y su progenie[793]. Según Ibn ʿArabī, el amante está en Él y no está en Él.

5.45. El cierre de las cámaras nupciales

Llegamos así al fin del capítulo 178 de Futūḥāt dedicado al conocimiento de fragancia (*maʿrifa*) del amor. Después de tan minucioso adentramiento en las sutilezas de la experiencia amorosa, Ibn ʿArabī ofrece un último párrafo[794] donde adopta una perspectiva aunadora que a la vez se abre a una multiplicidad infinita:

> Los atributos [*nuʿūt*] de los amantes son tan numerosos que no pueden enumerarse todos, ¡es más son ilimitados! [...] El amor original [*ḥubb*], la emoción extática [*waǧd*], el deseo ardiente [*šawq*], la nostalgia [*kamad*] son una sola y misma realidad que adopta connotaciones distintas en función de las diferentes clases de enamorados. Tales son los atributos del amor cuya influencia domina

793 Ibn ʿArabī incluye este hadiz en *Miškāt al-Anwār:* «When God created Adam and breathed into him the spirit, Adam sneezed and said "Praise be to God!", and he praised Him with His permission. His Lord replied: "May God have mercy on you, O Adam!". Then he went to a group of angels who were sitting together, and said to them: "Peace be upon you!". They replied to him: "And upon you be peace and the mercy of God!" . Then he returned to his Lord, who said to him: "This shall be your greeting and the greeting of your children to each other". Then God said, keeping His two Hands closed: "Choose whichever you will!". "I choose the Right Hand of my Lord, and both Hands of my Lord are Right and Blessed". Thereupon God opened it, and there were Adam and his progeny. "My Lord, who are they?", Adam asked. "These are your progeny", God replied. Each human being had the duration of their life inscribed between their eyes. There was among them a man with a light more radiant than the others, or [at least] one of the most radiant. Adam asked: "My Lord, who is he?". "That is your son David, to whom I have assigned forty years of life". "My Lord, prolong the duration of his life!". "But that is what I have ordained for him". "But Lord, I have already committed myself to giving him sixty years of my own term". He replied: "You have, so be it"», Ibn ʿArabī, *Divine Sayings,* p. 24.

794 Ibn ʿArabī, *al-Futūḥāt,* vol. VI, p. 66.

a cualquiera que está dotado de ellos: ninguno se refiere al amado, y ninguna de sus virtudes se aplica sin que se encuentre correlativamente un amante. ¡Tienes que entenderlo! Este tratado ha descrito brevemente, pero de forma suficiente, las características de los seres a los que concierne el amor, tanto por parte del amante como por parte del Amado[795].

795 Ibn ʿArabī, *Tratado del amor*, p. 255. Los corchetes son nuestros.

EPÍLOGO

La primera parte de nuestro estudio se titulaba «Del amor procedemos, a él estamos consagrados». Como en el poema akbarí:

> Del amor procedemos,
> con él fuimos creados;
> así al amor tendemos
> y estamos consagrados[796].

Estos versos invitan a concebir una imagen de unidad, donde integrar las diversas perspectivas sobre el amor que hemos tratado en la segunda parte del libro.

Imaginemos un círculo marcado por los cuatro puntos cardinales. Y recordemos el discurso de Ibn ʿArabī sobre las «diferenciaciones del amor». En lo más alto del círculo, en el polo Norte, actúa el «amor divino», en su modalidad incondicional. Por compasión hacia lo que carece de existencia, *al-Raḥmān* regala Su hálito vivificador, que se derrama por el lado occidental, sobre todas y cada una de las criaturas; desde lo más espiritual hasta lo más corporal, hasta llegar al ser humano, en el mismo polo Sur: la verdadera culminación de Su acto creador, el reflejo de Su propio ser, ser hecho a Su imagen y semejanza. El amor del ser humano se despliega como «amor natural» y «amor espiritual». Al amante natural solo le interesa su propio bien, solo desea satisfacer su sed de unión a través

796 P. Beneito, «La doctrina del amor en Ibn Al-ʿArabî», p. 62.

de otras criaturas, en el mero plano de lo corporal. Por ello cabe decir que se reafirma en su posición en el círculo, se afianza en el polo Sur. Al amante espiritual, en cambio, sí le importa el bien del amado. Ello supone un trascendimiento del impulso natural, una superación de la lógica autoafirmativa. Su amor le conduce más allá de sí mismo, por eso su amor se asemeja al del Omni-Compasivo. Pero mientras el amor incondicional de *al-Raḥmān* desciende por el lado occidental del círculo, el humano amor espiritual asciende por el oriental. El motivo es claro. Occidente es el lado de la ocultación divina; Oriente, el lugar donde se advierte el brillo de las teofanías. El ser humano que imita el amor del Omni-Compasivo es quien mejor puede espejar Su realidad. Cuando lo logra, complace además el amor condicional de *al-Raḥīm*, tesoro que desea ser conocido.

Evoquemos ahora la doctrina sobre las «denominaciones del amor». El amor originario o seminal (*ḥubb*), la simiente de la creación, nace en el polo Norte, allí donde surge la compasión superlativa de Dios hacia lo que carece de existencia. Desciende por el Occidente, hasta el Sur, como amor constante (*wudd*): asistencia de un Creador cuyo compromiso con las criaturas se mantiene fie y se renueva conforme al ritmo de la exhalación y la inhalación, convirtiendo cada instante en una nueva creación. El amor envolvente (*'išq*), en cuanto giro de toda criatura hacia su Creador, nace en el polo Sur y asciende hacia el Norte, por el lado occidental, como adoración esencial. El amor pasional (*hawā*), ya específicamente humano, sube en sentido inverso: desde el Sur hacia el Norte, a través de las luces de Oriente. La pasión que cae sobre la persona se convierte en deseo de adelanto escatológico, que la lleva a consagrar su vida al amor. Es así que su amor se eleva, se desplaza del mero Sur. Y, purificado, se decanta en amor originario (*ḥubb*) donde se abraza la voluntad del amado como si fuera la propia. Siguiendo el ascenso por el lado oriental, aparece el amor envolvente (*'išq*), que ya no solo es afección del corazón, sino transformación total —interior y exterior—, del amante. Y por último, se realiza el amor constante (*wudd*), aquel que refleja perfectamente la intensidad del amor del Omni-Compasivo en su constante asistencia a las criaturas, alcanzando el polo Norte y completando nuevamente el círculo.

Consideremos, por último, los «epítetos de los amantes». En su sentido denso, aparecen en el mismo polo Sur, allí donde se afirma la desnuda corporalidad. Mientras que, en su sentido sutil, se manifiestan en un plano más elevado, en el lugar donde el amor originario (*ḥubb*) asume la voluntad del amado como si fuera suya. Siguiendo el ascenso por el lado oriental, encontramos las «cualidades de los amantes que hacen que Dios los ame», que se corresponden con el amor envolvente (*'išq*) que transforma el interior y el exterior del amante. Y, por último, las «cámaras nupciales», como lugar de contacto entre el descenso divino y el ascenso humano. Estas coincidirían con el humano amor constante (*wudd*) que refleja el amor divino, completando una vez más nuestro círculo.

Esta imagen circular permite integrar las diferentes visiones del amor que hemos venido persiguiendo. De un lado, el amor incondicional de *al-Raḥmān*. Del otro, el amor humano cuya máxima posibilidad de despliegue, la humanidad perfecta, consiste en amar de forma análoga y cumplir el anhelo de *al-Raḥīm* de ser conocido. Amor divino y humano quedan separados por el abismo que diferencia a Dios de Sus criaturas. Pero también unidos por el círculo de la Unidad de la existencia, por el hálito Omni-Compasivo que dibuja la Unidad del Amor y posibilita la realización perfecta de lo humano, en perfecto espejamiento, las perfectas nupcias amorosas. Desde esta perspectiva se entiende que, para Ibn 'Arabī, sea Dios Quien Se ama a Sí mismo, que sea Él el Amado y el Amante. En su gran diván de poesía, escribía el maestro andalusí:

> Tal es la situación si bien lo entiendes:
> Si eres en Él, entonces eres tú.
>
> En verdad eres tálamo nupcial
> en donde revela el Verdadero,
> pero no eres tú cuando tú eres.
>
> A Quien tanto querías conquistaste
> y así, pues conociste al que adorabas,
>
> ya sabes que nos Layla, ni tampoco
> es Lubna, sino Aquel que tú bien sabes.

Si vieras en Su amor, desde ti mismo
podrías contemplarlo siendo tú,
pues solo a sí mismo el amante ama,
ya que todo eres Tú, todo eres Tú[797].

797 P. Beneito, *La taberna de las luces*, *op. cit.*, p. 28.

REFERENCIAS BIBLIOGRÁFICAS

Addas, Claude. *Ibn ʿArabī o la búsqueda del Azufre Rojo.* Buenos Aires, Yerrahi, 2021.

Antón Pacheco, José Antonio. «Cuatro calas en Henry Corbin», *Axis mundi: cosmología y pensamiento tradicional*, nº 8, 1996, pp. 73-75.

Antón Pacheco, José Antonio. *Intersignos: aspectos de Louis Massignon y Henry Corbin.* Sevilla, Athenaica, 2015.

Antón Pacheco, José Antonio. «*Hic et nunc*: una categoría de la hermenéutica de la existencia en Henry Corbin», *Utopía y Praxis Latinoamericana*, nº 72, 2016, pp. 113-121.

Asín Palacios, Miguel. *El Islam cristianizado: estudio del «sufismo» a través de las obras de Abenarabi de Murcia.* Madrid, Plutarco, 1931.

Ayoub, Mahmoud M. *Islam: Faith and History.* Oxford, One World, 2004.

Bashier, Salman H. *Ibn al-ʿArabī's Barzakh.* Albany, SUNY, 2004.

Beneito, Pablo. *El lenguaje de las alusiones: amor, compasión y belleza en el sufismo de Ibn ʿArabī.* Murcia, Editorial Regional de Murcia, 2005.

Beneito, Pablo. «La doctrina del amor en Ibn al-ʿArabî. Comentario del nombre divino *al-Wadūd*». *Anales del seminario de Historia de la Filosofía*, nº 18, 2001, pp. 61-77.

Beneito, Pablo. *La Taberna de las luces: Poesía sufí de al-Ándalus y el Magreb (del siglo XII al siglo XX). Ibn ʿArabī de Murcia, aš-Šuštarī de Granada, al-Ḥarrāq y otros autores.* (selecc., present. y trad. P. Beneito), Murcia, Editorial Regional de Murcia, 2004.

Beneito, Pablo. «Qurrat al-ʿAyn, the Maiden of the Kaʿba: On the Themenophany Inspiring Ibn ʿArabī's *Tarjumān*», *Religions*, nº 12: 158, 2021, pp. 1-18.

Beneito, Pablo. «El tiempo de la gnosis: consideraciones acerca del pasado y el futuro de la mística en la obra de Ibn ʿArabī», en *La mística en el siglo XXI,* Madrid, Trotta, 2002, pp. 89-106.

Carmona, Alfonso (ed.). *Los dos Horizontes (Textos sobre Ibn Al 'Arabí).* Murcia, Editorial Regional de Murcia, 1992.

Cacciari, Massimo. *El ángel necesario,* Madrid, Visor, 1989.

Chittick, William C. «Between the Yes and the No: Ibn al-ʿArabī on *Wujūd* and the innate capacity», en R. Frosman (ed.), *The Innate Capacity,* Oxford University Press, 1998, pp. 95-110.

Chittick, William C., *Mundos imaginales.* Sevilla, Mandala, 2004.

Chittick, William C., *The Self-Disclosure of God: Principles of Ibn 'Arabī's Cosmology.* Albany, SUNY, 1998.

Chittick, William C. *The Sufi Path of Knowledge: Ibn al-ʿArabi's Metaphysics of Imagination,* Nueva York, SUNY, 1989.

Chodkiewicz, Michel. *An Ocean Without Shore: Ibn Arabi, the Book, and the Law,* (trad. David Straight). Albany, State University of New York Press, 1993.

Chodkiewicz, Michel. «Toward reading the Futûhât al-Makkiya», en Ibn ʿArabī, *The Meccan Revelations*, Vol. II (ed. M. Chodkiewic, trad. C. Chodkiewicz, D. Grill y D. Streight), Nueva York, Pir, 2004, pp. 3-45.

Chodkiewicz, Michel. «El Corán en la obra de Ibn ʿArabī», en Carmona, Alfonso (ed.). *Los dos Horizontes (Textos sobre Ibn Al 'Arabí).* Murcia, Editorial Regional, 1992, pp. 131-148.

Corbin, Henry. «De Heidegger à Sohravardî: entretien avec Philippe Nemo: entretien avec Philippe Nemo» (1976), en https://www.amis-corbin.com/biographie/de-heidegger-a-sohravardi/ [consultado el 20 de noviembre de 2023].

Corbin, Henry. *El hombre y su ángel.* Barcelona, Destino, 1995.

Corbin, Henry. *La imaginación creadora en el sufismo de Ibn 'Arabî.* Barcelona, Destino, 1993.

Culdaut, Francine. *El nacimiento del Cristianismo y el gnosticismo: propuestas. Madrid, Akal, 1996.*

Delclòs, Jordi. *La dimensión terapéutica de la música en el sufismo.* Madrid, Mandala, 2011,

De Diego González, Antonio. «Islam(s) periférico(s). Miradas desde una perspectiva decolonial», en *Acción-Saberes decoloniales/Semilleros de Investig-acción,* Universidad de Granada, 2017.

Elmore, Gerald. «The Alchemical Marriage of Intellect and Soul», en https://ibnarabisociety.org/alchemical-marriage-of-intellect-and-soul-gerald-elmore/ [consultado el 25 de mayo de 2023].

Ernst, Carl y Richard Martin (eds.) *Rethinking islamic studies. From Orientalism to cosmopolitism.* Columbia, University of North Carolina Press, 2010.

Ernst, Carl. «Between Orientalism and Fundamentalism: Problematizing the Teaching of Sufism», en: Brannon Wheeler (ed.) *Teaching Islam*, Oxford, Oxford University Press, 2002, pp. 108-123; Carl Ernst, *Following Muhammad. Rethinking Islam in the Contemporary World. Islamic civilization and Muslim networks.* Chapel Hill & London, University of North Carolina Press, 2003

Ebstein, Michael. *Mysticism and Philosophy in al-Andalus: Ibn Masarra, Ibn al-ʿArabī and the Ismāʿīlī Tradition,* Leiden, Brill, 2014.

Gril, Denis. «The Science of Letters», en Ibn ʿArabī, *The Meccan Revelations.* Vol. II (ed. M. Chodkiewic, trad. C. Chodkiewicz, D. Grill y D. Streight), Nueva York, Pir, 2004, pp. 107-149.

Guénon, René. *Símbolos fundamentales de la ciencia sagrada.* Madrid, Paidós, 1995.

Hakim, Souad. «The Spirit and the Son of the Spirit: A Reading of Jesus according to Ibn Arabi», *Journal of the Muhyiddin Ibn ʿArabi Society,* Vol. 31, 2002, pp. 1-28.

Hirtenstein, Stephen. «La tierra del olivo: polaridades Oriente-Occidente según Ibn ʿArabī» (trad. J. Fernández Fernández). *El Azufre Rojo*, nº 1, 2014, pp. 52-67.

Hirtenstein, Stephen. *The Unlimited Mercifier: the spiritual life and thought of Ibn ʿArabī,* Oxford, Anqa, 1999.

Hirtenstein, Stephen. «Selected Major Works of Ibn ʿArabī», en https://ibnarabisociety.org/selected-major-works-of-ibn-arabi-stephen-hirtenstein/ [consultado el 10 de junio de 2023].

Ibn ʿArabī. *al-Futūḥāt al-Makkiyya,* 13 vols. (ed. Al-Manṣūb). El Cairo, al-Mağlis al-aʿlā li-l-ṯaqāfa, 2017.

[Pseudo] Ibn ʿArabī. *El árbol del universo* (ed. Arthur Jeffery). Madrid, Sufí, 1989.

Ibn ʿArabī. *El Intérprete de los deseos* (ed. C. Varona). Murcia, Editorial Regional de Murcia, 2002.

Ibn ʿArabī. *El secreto de los nombres de Dios* (ed. Pablo Beneito). Murcia, Tres Fronteras, 2012.

Ibn ʿArabī. *Il mistero dei custodi del mondo* (ed. C. Caseller, est. P. Urizzi). Turín, Il Leone Verde, 2001.

Ibn ʿArabī. *Las Iluminaciones de La Meca,* (ed. V. Pallejá). Madrid, Siruela, 2005.

Ibn ʿArabī. *L'Interprète des désirs* (ed. Maurice Gloton). París, Albin Michel, 2012.

Ibn ʿArabī. *Los engarces de las sabidurías* (ed. A. Guijarro). Madrid, Edaf, 2006.
Ibn ʿArabī. *Sufíes de Andalucía.* Barcelona, Sirio, 2007.
Ibn ʿArabī. *Textos sobre la caballería espiritual* (ed. A. Guijarro). Madrid, Edaf, 2006.
Ibn ʿArabī. *The Meccan Revelations,* vol. I (ed. M. Chodkiewicz, trad. W. C. Chittick y J. Morris). Nueva York, Pir, 2004.
Ibn ʿArabī. *The Meccan Revelations,* vol. II (ed. M. Chodkiewicz, trad. C. Chodkiewicz, D. Grill y D. Streight). Nueva York, Pir, 2004.
Ibn ʿArabī. *The Openings revealed in Makkah* (ed. E. Winkel) vol. 8, Nueva York, Pir Press, pre-publicación.
Ibn al-ʿArabī. *The Tarjumán al-Ashwáq: a collection of mystical odes* (ed. R. A. Nicholson). Londres, Royal Asiatic Society, 1911.
Ibn ʿArabī. *The Translator of Desires* (ed. M. Sells). Princeton, University Press, 2021.
Ibn ʿArabī. *The Seven Days of the Heart: Prayers for the Nights and Days of the Week* (ed. P. Beneito y S. Hirtenstein). Oxford, Anqa, 2008.
Ibn ʿArabī. *Traité de l'Amour* (ed. M. Gloton). París, Albin Michel, 1986.
Ibn ʿArabī. *Tratado del amor* (ed. M. Gloton). Madrid, Edaf, 1996.
Ibrahim, Hany Talaat Ahmed. *Love in the writings of Ibn ʿArabī.* Tesis Doctoral, University of Calgary, 2020.
Izutsu, Toshihiko. *Sufismo y taoísmo: estudio comparativo de conceptos filosóficos clave,* vol. I. Madrid, Siruela, 1993.
Jambet, Christian. *La Grande Résurrection d'Alamût: les formes de la liberté dans le shi'isme ismaélien.* París, Verdier, 1990.
Jambet, Christian. *La lógica de los orientales: Henry Corbin y la ciencia de las formas,* Madrid, Fondo de Cultura Económica, 1989.
Johnson, Scott. «El simbolismo sufí de la perla», *Sufi,* nº8, 2004, pp. 45-49.
Khalil, Atif y Shiraz Sheikh «Sufism in the World of Islam & Orientalist Scholarship», *Philosophy East and West,* 66, nº1, 2016, pp. 194-217.
Khawaja, Irfan. «Essentialism, Consistency and Islam: A Critique of Edward Said's Orientalism», *Israel Affairs,* 13:4, pp. 689-713.
Fernández Navas, David. «Amor divino, espiritual, natural y elemental», *Anales del Seminario de Historia de la Filosofía,* 41 (1), 2024, pp. 27-37.
Fernández Navas, David. «El "sí" y el "no" de Ibn ʿArabī a Averroes: un profundo "sí" de amor», en V. Raga Rosaleny y M. Bermúdez Vázquez (eds.) *Filosofía, método y otros prismas: historia y actualidad de los problemas filosóficos.* Madrid, Dykinson, 2022, pp. 145-159.
Fernández Navas, David. «Eugenio Trías e Ibn ʿArabī: una sombra de la filosofía del límite», *Anales del Seminario de Historia de la Filosofía,* 37 (2), 2020, pp. 203-215.

Fernández Navas, David. «Fenomenología y alteridad en Henry Corbin», *Revista Cultura de Guatemala: Actas XII Congreso Internacional Universidad Rafael Landívar «Pensar América Latina: Fenomenología, teoría crítica y descolonialidad. Intersecciones y debates»,* vol. I, 2021, pp. 61-77.

Fernández Navas, David. «Sufismo y política en María Zambrano», *Anales del Seminario de Historia de la Filosofía,* 41 (2), 2024, pp. 393-403.

Flaquer, Jaume. «The Akbarian Jesus: The Paradigm of a Pilgrim in God», en https://ibnarabisociety.org/the-akbarian-jesus-jaume-flaquer/ [consultado el 19 de mayo de 2023].

Garrido Clemente, Pilar. «Ibn Masarra a través de las fuentes: obras halladas y escritos conocidos». *Estudios humanísticos,* Filología, nº 31, 2009, pp. 87-106.

Lirola Delgado, Jorge y José Miguel Puerta-Vílchez (coord.). *Enciclopedia de al-Ándalus vol. I: diccionario de autores y obras andalusíes,* Almería, Fundación Ibn Tufayl de Estudios Árabes, 2006.

López-Baralt, Luce. *Asedios a lo indecible: San Juan de la Cruz canta al éxtasis transformante.* Madrid, Trotta, 2016.

López-Baralt, Luce. «La amada nocturna de San Juan pudo haberse llamado Layla», *Quaderns de la meditarrània,* n° 12, 2009, pp. 201-211.

López-Baralt, Luce. *La cima del éxtasis.* Madrid, Trotta, 2020.

Massignon, Louis, *Essai sur les origines du lexique technique de la mystique musulmane.* París, Cerf, 1999.

Massignon, Louis. *La passion de Husayn Ibn Mansur Hallâj: martyr mystique de l'Islam execute a Bagdad 1e 26 mars 922.* París, Gallimard, 1975.

Massignon, Louis. *Palabra dada,* (ed. Jesús Moreno Sanz). Madrid, Trotta, 2005.

Mora, Fernando. «Creación continua: "El abandono de toda certeza"», *El Azufre Rojo,* n º 3, 2016, pp. 31-54.

Mora, Fernando. *Ibn ʿArabī: vida y enseñanzas del gran místico andalusí.* Barcelona. Kairós, 2011.

Moreno Sanz, Jesús. «María Zambrano e Ibn ʿArabī: la confluencia entre dos mares y el Dios compadeciente», *El Azufre Rojo,* nº 2, 2015, pp. 261-284.

Morris, James. «How to Study the *Futûhât*: Ibn 'Arabi's Own Advice» (1993) en https://ibnarabisociety.org/how-to-study-the-futuhat-james-morris/ [consultado el 5 de mayo de 2024].

Morris, James. «Introduction», en Ibn ʿArabī. *The Meccan Revelations,* vol. I (ed. M. Chodkiewicz, trad. W. C. Chittick y J. Morris). Nueva York, Pir, 2004, pp. 3-26.

Nasr, Seyyed Hossein, C. K. Dagli., M. M. Dakake, J. E. B. Lumbard y M. Rustom (eds.). *The Study Quran: A New Translation and Commentary.* Nueva York, Harper Collins, 2015.

Nwyia, Paul. *Exégèse Coranique Et Langage Mystique, Nouvel Essai Sur Le lexique Technique Des Mystiques Musulmans.* Beirut, Dar-El Machreq, 1991.

Oñate y Zubía, Teresa. «Hermenéutica y *nóesis* en la posmodernidad: contra la violencia del inmundo idiota y su desmesurado color». *Scientia Helmantica: revista internacional de Filosofía,* nº 6 vol. 3, 2016, pp. 12-32.

Patrizi, Luca. «Thus Spoke Adam» (2021), en https://www.youtube.com/watch?v=wAIgnVkXVSY[consultado el 16 de junio 2023].

Platón, *Diálogos III, Fedón, Banquete, Fedro.* Madrid, Gredos, 1988.

Prado, Abdennur. *El islam anterior al Islam.* Barcelona, Oozebap, 2007.

Prado, Abdennur. *Genealogía del monoteísmo. La religión como dispositivo colonial.* Ciudad de México, Akal, 2018.

Pseudo Dionisio Areopagita. *Obras Completas. Los nombres de Dios. Jerarquía celeste. Jerarquía eclesiástica. Teología mística. Cartas varias.* Madrid, Biblioteca de Autores Cristianos, 2007.

Rumi, Jalal al-Din. *The Masnavi.* Oxford, University Press, 2004.

San Juan de la Cruz. *Obra Completa,* 2 vol. (ed. L. López Baralt y E. Pacho). Madrid, Alianza, 2003.

San Martín, Javier. *La fenomenología de Husserl como utopía de la razón: introducción a la fenomenología.* Madrid, Biblioteca Nueva, 2008.

Scheler, Max. *Ordo amoris.* Madrid: Caparrós, 2008.

Schimmel, Anne Marie. *Las dimensiones místicas del islam.* Madrid, Trotta, 2001.

Telaranta, Mikko. *Aristotelian Elements in the Thinking of Ibn al-'Arabí and the Young Martin Heidegger.* Tesis Doctoral, University of Helsinky, 2012.

Shabistari, Sa'd Ud Din Mahmud. *Gulshan i Raz: The Mystic Rose Garden.* Londres, Trübner and Co. Ludgate Hill, 1880.

Twinch, Cecilia. «La sabiduría del corazón "Una estrella giróvaga, una estrella viajera"» (trad. M. López Torres). *El Azufre Rojo,* nº 3, 2016, pp. 119- 134.

Twinch, Cecilia. «Muḥyiddīn Ibn ʿArabī y la sabiduría interior», en Carmona, Alfonso (ed.). *Los dos Horizontes (Textos sobre Ibn Al'Arabí).* Murcia, Editorial Regional de Murcia, 1992, pp. 407-426.

Vattimo, Gianni; Oñate y Zubía, Teresa y Amanda Núñez García (coords.), *Politeísmo y encuentro con el Islam. Hermenéutica entre civilizaciones II,* Madrid: Dykinson, 2008.

Uždavinys, Algis. «Sufism in the Light of Orientalism», *Acta Orientalia Vilnensia,* 6.2, 2005, pp. 114-12.

Winkel, Eric. «La estructura geométrica de los grados en el universo de los estados espirituales», Traducción de María Mercedes Rubio Muñoz, *El Azufre Rojo,* n º 3, 2016, pp. 89-118.

Winkel, Eric. «Understanding, and Translating, the *Futūḥāt al-Makkīya*» (2014), en https://ibnarabisociety.org/understanding-and-translating-the-futuhat-eric-winkel/ [consultado el 16 de marzo de 2024].

Este libro, por encomienda de la editorial Almuzara, se terminó de imprimir el 23 de mayo de 2025. Tal día, de 1493, en España, los Reyes Católicos ordenan el envío al nuevo continente de veinticinco caballos del antiguo Reino nazarí de Granada.